公共政策学

姜国兵　编著

协同研究

华南农业大学公共管理学院
广东省公共事务与社会治理研究会
广东省减贫治理与乡村振兴研究院

协同参与人员

张　玉　武玉坤　黎正忠　张开云
邵任薇　赵　卞　姜莉英　墨绍山
梁廷君　王嘉宝　张　程　郑灿威
欧阳晓东

本书得到

教育部人文社会科学研究规划项目(项目编号:20YJA630025)

广东省哲学社会科学规划学科共建项目(项目编号:GD22XGL14)

华南农业大学高水平大学建设项目

资助

前　言

党的二十大报告强调以中国式现代化全面推进中华民族伟大复兴，并指出中国式现代化是中国共产党领导的社会主义现代化，既有各国现代化的共同特征，更有基于自己国情的中国特色。中国式现代化是人口规模巨大的现代化，是全体人民共同富裕的现代化，是物质文明和精神文明相协调的现代化，是人与自然和谐共生的现代化，是走和平发展道路的现代化。作为显学的公共政策学，更应该在中国式现代化中承担起应有的职责，实现公众对公共政策实践和政府的期待。然而，遗憾的是，现在不仅公共政策研究，甚至公共管理研究，大多数还是立足于宏大的叙事，充满着"正确的废话"，难以承担"科学"之名，在学界不时造成学科的"合法性危机"。一方面，理论研究难以准确预测公共政策实践和进一步推动理论反思；另一方面，实践研究不能推动公共政策实践的进步和理论发展。

拉斯韦尔被公认为公共政策学的创始人之一，他对公共政策学的六点界定至今仍振聋发聩：一、它是关于民主主义的学问。它须以民主的政治体制为前提，还须对政府和政治权力具有敏锐的洞察力。二、它的哲学基础是逻辑实证主义。三、它是一门对于时间和空间都极敏感的学问。四、它具有跨学科的性质。五、它是一门须和政府官员共同研究的学问。六、它是一门以社会变迁和发展为研究对象、以动态模型为核心的学问。但是，到目前为止，国内关于公共政策研究的教科书与论文，以静态描述公共政策的主体、程序、机制等居多，抑或以狭隘视野在公共政策领域自说自话见长，此种定位丝毫无益于理论积累和实践指导，创新的面貌并未受到太多重视。现有的公共政策研究实质上背离了拉斯韦尔开创的研究框架，忽视了以民主的政治体制为前提、以社会变迁和发展为研究对象等具有决定性的主旨，使得公共政策的研究越来越显得玄虚。我们认为，若沿着公共政策理论反思和实践观摩进行更为深入的讨论，可能会获得非常有价值的发现。

本人自承担"公共政策学"课程的教学任务以来，已有十余年。在教学过程中充分认识到公共政策本来是具有历史、传统特色的领域，却深受西方思想的影响。因此，我在本书的编写工作中，在充分吸收国内如陈振明、谢明、宁骚等前辈的公共政策学教材优点的基础上，一方面，将大量具有传统文化特点的历史素材纳入教材当中，尤其像《资治通鉴》《续资治通鉴》等所论及的经典素材，试图从中国语境去探索公共政策之道；另一方面，考虑到公共政策学与时下公务员考试中申论的密切关系，精心选择了部分申论素材作为案例分析材料列入书中，以供学生练习之用。值得说明的是：张玉、武玉坤和黎正忠作为副主编，协助本人承担了不少工作，其余协同参与人员也付出了不少时间和精力，在此一并表示感谢。

本书可作为攻读公共管理专业的大学本科生与研究生的参考用书，对社会科学其他专业的大学本科生与研究生以及实践部门的公务员也具有一定的阅读价值。为了配合课程内容的讲授，本书同时制作了精美的 PPT。若有同仁有意采用本书为课程参考用书，可发邮件至 jgbing@163.com 索取 PPT。

  由于撰写时间和作者水平有限，书中难免存在纰漏之处，敬请读者不吝批评指正。

姜国兵

2023 年 1 月于广州

目 录

第一章 公共政策学概述 / 1
    第一节 公共政策定义 / 2
    第二节 公共政策问题及分类 / 6
    第三节 公共利益 / 12
    第四节 公共政策系统和功能 / 18
    案例分析与练习 / 32

第二章 公共政策制定 / 37
    第一节 公共政策问题建构 / 37
    第二节 议程设定 / 49
    第三节 政策规划 / 55
    第四节 政策合法化 / 60
    案例分析与练习 / 71

第三章 公共决策体制 / 82
    第一节 公共决策体制的构成变量 / 82
    第二节 自上而下的公共决策体制 / 86
    第三节 自下而上的公共决策体制 / 92

第四节　协商式的公共决策体制 / 98
   案例分析与练习 / 106

第四章　公共政策执行 / 113
   第一节　公共政策执行研究的缘起 / 113
   第二节　政策执行的过程 / 126
   第三节　政策失败、政策偏差及其矫正 / 135
   案例分析与练习 / 148

第五章　公共政策工具 / 154
   第一节　公共政策工具概述 / 154
   第二节　政策工具的分类 / 163
   第三节　政策工具的研究视角 / 176
   案例分析与练习 / 187

第六章　公共政策评估 / 194
   第一节　公共政策评估概述 / 195
   第二节　公共政策评估基础的理论框架 / 212
   第三节　重构公共政策评估的三大领域 / 217
   案例分析与练习 / 226

第七章　公共政策监控 / 234
   第一节　公共政策监控概述 / 234
   第二节　我国监察制度的演变与发展 / 243
   第三节　公共政策监控理论的失效及重塑 / 250

案例分析与练习　／　260

第八章　政策终结与政策周期　／　268
　　第一节　政策终结　／　268
　　第二节　政策周期　／　286
　　案例分析与练习　／　292

第九章　政策风格与政策悖论　／　299
　　第一节　政策风格　／　300
　　第二节　政策悖论　／　312
　　案例分析与练习　／　322

第一章　公共政策学概述

> 大道之行也，天下为公，选贤与能，讲信修睦。故人不独亲其亲，不独子其子。使老有所终，壮有所用，幼有所长，矜、寡、孤、独、废疾者皆有所养。男有分，女有归。货恶其弃于地也，不必藏于己；力恶其不出于身也，不必为己。是故谋闭而不兴，盗窃乱贼而不作，故外户而不闭，是谓大同。
>
> ——《礼记·礼运》

公共政策是伴随着国家和政府的产生而产生的。《礼记·礼运》就对原始社会的公社制度有着大同世界的描述，虽然这种描述寄托着儒家崇高的社会理想，但同样是古代圣贤对社会制度的期盼，为中国公共政策的发展提供着思想养分。当然，近代之后公共政策才成为一门相对独立的研究领域，进入研究者的视野。作为一门科学和学科，公共政策学（政策研究、公共政策分析、政策科学、政策学）于20世纪80年代末90年代初被引入我国，并迅速发展起来。本章将对公共政策学的基本内容进行简要介绍，对公共政策的内涵、问题、类型、系统和功能等方面进行梳理。

第一节　公共政策定义

政策自古有之，是公权力主体采取的行为和具体措施，主要是规范社会的一种手段。公共政策最本质的属性是公共性，即具有公共权力的组织为了解决公共问题、实现公共利益而制定和实施公共政策，这在现代社会体现得尤为明显。

中国传统文化里，对政治领导的认识总包含着一种道德理想，因此，对于政策中"公利"与"私利"的界定，也就反映出社会对政策本身的认知水平。西周历史上，周厉王在位期间，任用荣夷公为执政大臣，实行"专利"政策，将原来国人可以使用的山林湖泽收归国家，改由天子直接控制，不准国人进入其中谋生。《史记·卷四·周本纪第四》记载，大臣芮良夫反对"专利"政策，认为："夫利，百物之所生也，天地之所载也，而有专之，其害多矣。""今王学专利，其可乎？匹夫专利，犹谓之盗，王而行之，其归鲜矣。荣公若用，周必败也。"

在具体的"专利"政策中，芮良夫直指王权不能垄断百物所生、天地所载的自然之利，《国语·周语》记载芮良夫所言："夫王人者，将导利而布之上下者也，使神人百物无不得其极，犹曰怵惕，惧怨之来也。"周厉王的"专利"政策违背了"王道"，属于与民争利的政策范畴，故"周必败也"。

政策科学的倡导者拉斯韦尔（Harold Lasswell）提出，政策科学有三个区别于先前学科的特点，即多学科性、解决问题导向和明确的规范性。① 所谓多学科性，指的是政策科学应当突破关于政治机构和结构的狭隘研究范围，吸收诸如社会学、经济学、法学以及政治学等领域的研究成果；所谓解决问题导向，指的是政策科学应当严格坚持适当的规范，以解决现实世界的问题为导向，而不是开展纯学术的、往往无明确结果的争论；所谓明确的规范性，指的是在政府行为的研究中，不可能将目标和手段或者价值与技术分离开来。作为政策科学的创始人之一，拉斯韦尔及其后继者掀起了"政策科学运动"，他们提出的论断至今依然具有参考价值。

公共政策是一种复杂的现象，涉及的主体和客体众多，这也给提出精确的定义带来了困难。拉斯韦尔认为，公共政策是一种"含有目标、价值和策略的大型计划，以制定政策规划和政策备选方案为焦点，运用新的方法对未来的趋势进行分析的学问"②。这一定义过于简单，仅奠定了学科基础，而无法广泛应用。

著名的公共政策学家托马斯·戴伊（Thomas R. Dye）同样给出了一个宽泛的定义："政府选择要做或者不做的事。"③ 这一定义主要说明了公共政策的主体是政府，以及公共政策是在做或者不做的事方面做选择。当然，这一定义同样没有将公共政策丰富的内涵呈现出来。

政治学家戴维·伊斯顿（David Easton）则认为，公共政策是

---

① ［加］迈克尔·豪利特、M. 拉米什. 公共政策研究：政策循环与政策子系统［M］. 庞诗等译. 北京：生活·读书·新知三联书店，2006：5.
② Harold D. Lasswell, "The Policy Orientation", in D. Lerner and Harold D. Lasswell (eds.), *The Policy Sciences: Recent Development in Scope and Method*, Stanford: Stanford University Press, 1951.
③ Thomas R. Dye, *Understanding Public Policy*, Englewood Cliffs, NJ: Prentice-Hall, 1972, p. 2.

对全社会的价值做权威的分配。① 这种解释涉及政治学的基本问题：谁，什么时候，得到什么。这个定义侧重于公共政策的价值分配功能。由于"价值"本身过于模糊和广泛，因此这个定义对于公共政策的阐释也显得比较模糊。为免于对"价值"一词有宽泛的理解，同时又能突出公共政策的本质，陈庆云建议，不如把"价值"改为"利益"，即公共政策的本质是社会利益的集中反映。

詹姆斯·安德森（James E. Anderson）提出了一个更专业的定义，他把政策定义为"一个或一组行动者为解决一个问题或相关事务所采取的相对稳定的、有目的的一系列行动"②。他认为这种定义更关注政府实际所做的事，而不是那些仅仅被提出或打算去做的事。

国内学者张金马比较全面地指出了公共政策的表现方式，认为公共政策是党和政府用以规范与引导有关机构、团体和个人行动的准则或指南。其表现形式有法律规章、行政命令、政府首脑的书面或口头声明和指示，以及行动计划与策略等等。相似的定义还有，陈振明认为，政策是国家机关、党政及其他政治团体在特定时期为实现或服务于一定社会政治、经济、文化目标所采取的政治行为或规定的行为准则，是一系列谋略、法令、措施、办法、方法、条例的总称。③

上述学者从不同方面界定了公共政策的内涵，但无论从怎样的角度来理解，对公共政策的内涵界定都需要回答一些基本的问

---

① D. Easton, *The Political System*, New York: Kropf, 1953, p. 129.
② [美]詹姆斯·E. 安德森. 公共政策制定（第五版）[M]. 谢明等译. 北京：中国人民大学出版社，2009：3.
③ 陈振明. 政策科学——公共政策分析导论（第二版）[M]. 北京：中国人民大学出版社，2003：50.

题。美国学者尼古（Stuant S. Nagel，也译作"那格尔"或"内格尔"）指出，政策分析应该围绕着五个基本问题展开："（1）谁是决策者？决策者是指处理方法论问题和实质性问题时，决定备选政策的人。（2）怎样获得价值标准并以此作为政策标准，以及怎样观察备选方案之间的关系？（3）什么样的目标值得实现以及它们的重要性如何？（4）从较普遍的意义上讲，哪些是备选方案？（5）良好的政策分析的标准是什么？"①

公共政策作为一门学科，有一套自己的概念、词汇、术语和关注点。虽然其中许多概念借鉴于其他学科，但在公共政策研究的运用中却有着某种特定的含义。② 生物学家斯万森（Carl P. Swanson）说过："任何一门科学都好像是一条河流。它有着朦胧的、默默无闻的开端；有时在平静地流淌，有时湍流急奔；它既有枯竭的时候，也有涨水的时候。借助于许多研究者的辛勤劳动，或是当其他思想的溪流给它带来补给时，它就获得了前进的势头，它被逐渐发展起来的概念和归纳不断加深和加宽。"③ 公共政策学作为一门科学，亦是在许多研究者的辛勤劳动基础上不断发展的。综合不同学者的理解和公共政策要回答的基本问题，我们认为公共政策是具有公共权力的机关，在其职能范围内，为了解决公共问题，实现公共利益的目标而采取的一系列行动的总称。这个定义明确了公共政策主体是具有公共权力的机关，目的是解决公共

---

① ［美］斯图亚特·S. 尼古. 政策学：综合与评估［M］. 周超等译. 北京：中国人事出版社，1991：224-225.
② ［加］迈克尔·豪利特、M. 拉米什. 公共政策研究：政策循环与政策子系统［M］. 庞诗等译. 北京：生活·读书·新知三联书店，2006：5.
③ ［美］蕾切尔·卡森. 寂静的春天［M］. 吕瑞兰、李长生译. 上海：上海译文出版社，2006：276-277.

问题,宗旨是实现公共利益。

第二节　公共政策问题及分类

公共政策的产生源于问题,公共政策之所以必要,就是因为它要解决某些具体的或潜在的问题。从哲学层面看,"问题是主体对客体的状态、本质、关系以及客体对主体的意义在有所断定又未能完全断定的条件下所作出的一种探索性反映"[①]。探索性反映既表现为"提出问题",如新冠疫情下是要与病毒共处,还是为消灭病毒而长期斗争,民众对待经济性管制的认知态度是怎样的,等等;也表现为"问题"本身,如可泛指"情况""事情",特指"难题""困难",表达"议题""话题",等等。但问题并不必然导致政策的产生,并不是所有的问题都需要通过政策来解决,因此需要对问题与公共政策问题进行区分。例如某人生病,这是一个问题。解决的方法是去医院看病,根本不需要政策来解决。但此人是否可以享受公费医疗,如果可以享受,要按什么标准享受,医院的诊治价格、药品价格是否合适等等诸如此类的问题,就不是他个人可以解决的问题了,因为这些问题不仅仅涉及他一个人,而且涉及社会中的某一类人甚至可能涉及社会中的所有人,因而这些问题就构成了需要由公共政策来解决的问题。

一、问题与公共政策问题

现实社会一般存在两种相互对立的状态:现状与期望。现状

---

① 杨世宏.论问题的质和量 [J]. 齐鲁学刊, 1996 (4).

是当下人们正在经历的实际现象的总和,而期望是人们对当下或未来应有现象的一种描绘。显然,现实与理想之间总会存在一定差距。不论是"偏差"还是"差距",问题所表述的都是一定行为主体的主观期望与客观现状之间的矛盾状态。

在各种问题中,从问题涉及的实质范围来讲,有些是涉及当事人个人的,可以称为私人问题;有些是涉及社会某一部分群体的,可以称为公共问题。私人问题和公共问题都具有初始问题性即客观性,就是说它们都拥有一种客观存在的现状与期望之间的不符状态(其期望主体是个人或任何非官方主体)。它们也都具有潜在的政策问题性,即它们具有成为政策问题的可能。但它们要想成为"政策问题"则需要政府或权威机构的认定。也就是说,并不是所有客观存在的私人问题和公共问题都可以成为政策问题,只有那些被政府和权威机构认定具有广泛性并亟待解决的,或被认定具有优先性的问题,才能被纳入政策议程,作为政策问题加以处理。另外,有些私人问题,譬如某些传播性疾病,很容易变成社会问题,这样的问题往往由于其传播速度快、危害性广等特征而很容易得到社会广泛认知和权威机构的认定,从而迅速转变为政策问题。

在公共政策学的知识范围内,还有一种"假问题"需要引起注意:公共权力主体将假现象感知为真现象并将其纳入政策议程。公共政策学把这种情形称为"假问题"[1]。假问题在一些论著中也有所体现,如下表所示。

---

[1] 杨腾原、代佳朋."假问题":公共政策学的一个概念[J].内蒙古大学学报(哲学社会科学版),2021(1).

表 1-1　假问题表述列表

相关表述	来源
我们经常会因为分类有误或对根本不存在的问题提出答案，而给错误的问题制造正确的答案，或者是解决正确的问题太晚。	卡尔·帕顿、大卫·沙维奇：《政策分析和规划的初步方法》，华夏出版社 2001 年版，第 119 页
如果不重视对政策问题的分析，就很有可能产生第三类错误：解决错误的问题。错误的政策分析往往导致用正确的方案解决错误的问题。	王达梅、张文礼：《公共政策分析的理论与方法》，南开大学出版社 2009 年版，第 173—174 页
问题诊断就是对问题进行系统分析……问题诊断有时候会出现错误，其原因除了与问题诊断者的指导思想和反映问题的信息不足、不准有关外，还往往与研究者没有学会科学诊断和分析问题的方法有关。	钱再见：《公共政策学新编》，华东师范大学出版社 2006 年版，第 127 页
建立在假问题或者定位不准确的问题之上的决策，不仅不能够取得预期的效果，反而会适得其反……经过问题认定，有些公共问题被纳入了政府机关的政策议程而成为公共政策问题，有些公共问题则被搁置，有些被社会舆论炒得很热的公共问题则属于假问题。	宁骚主编：《公共政策学》，高等教育出版社 2018 年版，第 233、248 页

毫无疑问，将假问题纳入公共政策议程，不仅会浪费有限的公共资源，而且会影响公共机构的公信力。

社会生活丰富多彩，与此相应的是社会问题也层出不穷。显然，并不是所有的社会问题都会被纳入公共政策制定的议事日程，政策制定者注意到一些问题的同时也会忽略另一些问题，因此，首先需要弄清问题和状况的区别。比如我们每天都在忍受恶劣的气候、每况愈下的自然环境等状况，但这些状况至少目前没有成为政策问题。那么状况是怎样被界定成问题的呢？在著名的政策学家约翰·金登（John W. Kingdom）看来，价值观、对比以及分类都有助于这种转换。① 价值观这一因素在问题界定中具有重要的作用，所观察的状况与一个人对某一理想状态的知觉之间的不相匹配就变成了问题的差距；对比是在比较过程中认识到的问题所在，比如贫富问题、军事竞赛等；分类是指如果一个问题被归于一种类型而非另一种，那么就会产生不同的结果。比如如果将对流浪乞讨人员进行收容遣送归类为社会治安和管理问题，那么孙志刚案件也许就不会引起人们的太多关注。但当这一事件被界定为公民权利问题时，就成了媒体所称的"中国法治化道路上的一个里程碑"。

二、公共政策分类

公共政策的类型多种多样，按照不同标准，可以将公共政策分为不同类型。

一般而言，按照公共政策发生和发展的逻辑顺序及重要性，公共政策大体上可以分为三类，即元政策、基本政策和具体政策。

元政策是关于政策系统总的指导思想和价值标准，是就制定什么样的政策、怎样制定政策、怎样执行政策的根本性规定，是制定政策的政策。元政策规定了政策的价值导向、过程规则和结果走向。郭巍青和卢坤建将元政策分为三类：方向性元政策、价值性元政策和程序性元政策。方向性元政策是对整个政策走向的基本选择和规定，如我国的"改革开放"和"以经济建设为中心"等政策；价值性元政策是对政策系统所要反映的价值理念的整体

---

① ［美］约翰·W. 金登. 议程、备选方案与公共政策［M］. 丁煌等译. 北京：中国人民大学出版社，2004：139.

性规定，譬如"效率优先，兼顾公平"的价值选择；程序性元政策是对政策过程基本程序的规定，如中国共产党关于民主集中制的规定等。① 我们再把视野扩大一些，将元政策的范围延伸到传统政治统治的范畴，如儒家思想对中国政策的影响。虽然儒家既不是一个统一的政治派别，也不是一个统一的哲学派别，但儒家有共同的思想形式、共同的语言特征和共同的宗师。在《礼记》提出"修身齐家治国平天下"的政治方程式后，儒家大量的言论不是讲具体的政策，而是从具体的政治事件与历史中抽象出理论或原则，指导着政策的制定与发展。被视作儒家之作的《周礼》，被认为是论述国家政治体制最完备、最系统的一部著作。根据刘泽华的考证，贯穿《周礼》最基本的思想是君主专制，如国家体系中只有行政执行的机构，六官全部是王的臣子仆从和办事人员。《周礼》六官职责中都有对下级官吏推行考察、检查的规定，但是没有平行的监督机构，更没有对王的监督机关。一切权力机构都是君主的办事机构，这是君主专制制度的一个重要特征。所以从周代礼制的整个体系看，不存在制约王权的制度，也不存在行政过程之外的任何其他具有制约性的民主机构。②

法家是一个毁誉参半的思想流派。如果说儒、墨等流派倡导以圣为师、以贤为师，将教育作为相对独立的存在，那么，法家提出的以吏为师，则一笔勾销了教育的相对独立性，使教育完全变成政治的从属品，同时也取消了教育的认识价值。教育的职能只有一个，就是政治驯化。从先秦的教育发展史看，以吏为师扼

---

① 郭巍青、卢坤建. 现代公共政策分析[M]. 广州：中山大学出版社，2000：23.
② 刘泽华. 中国政治思想史（先秦卷）[M]. 杭州：浙江人民出版社，2020：232、233、244.

杀了教育的发展，窒息了人们对知识的追求和探讨。①

基本政策是连接元政策与具体政策的中间环节，是在元政策的指导下在层次上相对较高、在范围上相对广泛、在时间上相对较长的全局性、战略性政策，如我国长期把"计划生育"作为基本国策等。具体政策主要指针对特定而具体的公共政策问题做出的政策规定。从政策层次方面来说，除了元政策和基本政策以外的政策都可以纳入具体政策的范畴，因此，具体政策设计的层次较多，范围也较广。

安德森从公共政策基本特征和实质内容的角度，将公共政策划分为实质性政策和程序性政策。② 实质性政策是针对实际问题提出来的，与政府将要采取的行动有关，如修建高速公路、抓捕恐怖分子、禁止醉酒驾车等。程序性政策只涉及怎样采取行动和由谁来采取行动的问题，即"怎么做"和"谁来做"。程序性政策可能具有实质性的影响，比如，通过决议的票数要求对不同的人群可能有不同的影响。人们往往会试图利用程序性问题推迟或阻止实质性的决定与政策的通过。阿西莫格鲁（Daron Acemoglu）和罗宾逊（James A. Robinson）用更宽广的视角，从包容性和汲取性、政治和经济两个维度进行分类，提出包容性政治制度、包容性经济制度、汲取性政治制度和汲取性经济制度。他们认为政治是社会赖以选择治理规则的过程，政治超越于制度之上。汲取则意味着从根本上是为了从社会一部分人那里攫取收入和财富，让另一

---

① 刘泽华. 中国政治思想史（先秦卷）[M]. 杭州：浙江人民出版社，2020：324.
② [美] 詹姆斯·E. 安德森. 公共政策制定（第五版）[M]. 谢明等译. 北京：中国人民大学出版社，2009：8.

部分人受益。①

公共政策还有其他分类方法，常见传统的分类方法有：按照涉及的领域，可以分为经济政策、文化政策、外交政策、福利政策等类型；按照政策目标的多寡，可以分为单目标政策和多目标政策等类型；按照政策的协调方式，可以分为分配性政策、管制性政策和再分配性政策等类型。总之，政策的类型是一种相对的分类，在不同的参照系下，某一项政策可能会被划归到不同类型中。

第三节　公共利益

公共利益是公共政策的出发点和最终目标。公共利益作为公共政策的出发点，贯穿于公共政策认识、选择、形成和实现的全过程。公共利益作为公共政策的最终目标，体现了公共政策的价值取向。公共利益是一个宽泛的概念，其内涵的伸缩性极大，所以将之与个人利益、共同利益、集体利益与国家利益等区分开来尤为重要。②

公共利益不同于个人利益。个人利益是指个人生存和发展的各种需要，是个人活动的前提和动力，包括物质需要和精神需要两大方面。公共利益是个人利益的有机总和，每个个体都可能从中汲取营养，成为其中的受益体。这种利益总和使公共利益这种普遍合理利益得以生成和延续。当然，公共利益不是个人利益的

---

① ［美］德隆·阿西莫格鲁、詹姆斯·A. 罗宾逊. 国家为什么会失败［M］. 李增刚译. 长沙：湖南科学技术出版社，2015：51-55.
② 高丽. 公共政策中的"公共利益"问题探讨［J］. 哈尔滨学院学报，2013（5）.

简单加总，两者既具有同一性，互为存在的条件，也有对立的一面，有各自的特征和属性。

个人利益和公共利益的纠葛贯穿于中华历史长河之中。《资治通鉴·卷第四十三·汉纪三十五》记载，汉光武帝任董宣为洛阳令。湖阳公主的仆人白天杀了人，躲进公主府，官吏无法逮捕。公主外出的时候，又叫这个仆人陪乘。董宣就在夏门亭等候，叫车停下来，牵制住马匹，用刀划地不准再走，大声指责公主的过错，喝令仆人下车，当场杀死了他。公主立即回宫，向光武帝告状。光武帝大怒，召见董宣，要用刑杖打死他。董宣叩头说："请让我说完一句话再死！"光武帝说："你想说什么？"董宣回答："皇帝圣德使汉家天下得到复兴，却放纵奴仆杀人，将怎么治理国家呢？我不须用刑杖，请准我自杀！"随即用头撞柱子，血流满面。光武帝命令小太监拉住董宣，又叫他给公主磕头认错，董宣就是不肯；又强迫他磕头，董宣双手撑地，始终不肯低头。公主对光武帝说："您当老百姓的时候，藏匿逃亡的人，官吏都不敢进门抓人。如今当了皇帝，您的威严还制服不了一个小县令吗？"光武帝笑着说："做皇帝和当老百姓可不一样！"于是赐予董宣为"强项令"，赏钱三十万。董宣把钱全部分给了下边的官员。董宣将制度的权威置于个人的生死之上，从此以后，他打击豪强，那些豪强没有不心惊胆战的。

公共利益不同于共同利益。公共利益是能够满足一定范围内所有人生存、享受和发展的，具有公共效用的资源和条件，具有主体数量的不确定性、实体上的共享性等特征。共同利益由若干人组成的共同体和若干人利益的综合两个要素构成，共同体的规模有大有小，有共同的利益关系，且利益关系处于不断的变化中；

有共同的行动和共同的立场，立场与行动的性质与共同利益关系的本质属性相关，并不具备公共部门所独具的深层次的公共性价值层面的意义。

公共利益不同于集体利益。集体利益是所在群体全体成员的共同利益。克鲁斯克（Earl R. Kruschke）和杰克逊（Byron M. Jackson）在《公共政策词典》中认为，公共利益是社会或国家中占绝对地位的集体利益，而不是某个狭隘或专门行业的利益。① 这就将公共利益与集体利益混为一谈了。在我国，集体利益是特定时期针对特定团体利益的界定，它根源于我国法律上关于集体所有制的表述。集体所有制实现的法权制度就是集体所有权。由于集体所有制下的生产资料不属于国家所有，只归部分劳动者集体所有，由集体成员不可分割地共同享有所有权，所以集体利益并非公共性的体现。以由官僚政治所催生的官僚阶层为例，王亚南认为，近代中国的官僚阶层既不代表封建贵族阶级的利益，也不代表资产阶级的利益，而是"自有特殊利益"。官僚政治是一种特权政治。在特权政治下的政治权力，不是用来表达人民意志的，反而是在"国家的"或"国民的"名义下用来管制人民、奴役人民的，以达成权势者自私自利的目的。②

《资治通鉴·卷第六十九·魏纪一》记载，魏文帝曹丕要迁徙冀州籍士兵家属十万户，充实河南郡。当时天大旱，又闹蝗灾，百姓饥馑，朝廷各部门都认为不可迁徙，而文帝态度却很坚决。侍中辛毗和众朝臣求见，文帝知道他们要劝谏，板起面孔以待，

---

① ［美］克鲁斯克、杰克逊. 公共政策词典［M］. 唐理斌等译. 上海：上海远东出版社，1992：30.
② 王亚南. 中国官僚政治研究［M］. 北京：中国社会科学出版社，1981：41、162.

群臣都不敢言。辛毗说:"陛下要迁徙士兵家属,是为了什么?"文帝说:"你认为我要迁徙不对吗?"辛毗回答说:"确实不对。"文帝说:"我不和你讨论。"辛毗说:"陛下不认为臣不贤,所以将我安排在陛下身边,作为谋议的官员,陛下怎么能不和我讨论呢?臣所说的话,都不是私事,而是为国家着想,有什么理由对我发脾气呢?"文帝不答,起身就往内室走。辛毗伸手拉住他后边的衣襟,文帝猛地拽过衣襟,头也不回地走了进去,过了很久才又出来,对辛毗说:"你逼我太急了!"辛毗说:"迁徙民众,既失人心,又缺少粮食,所以我不得不力争。"这样,文帝只迁徙了五万户。对于统治阶级,辛毗等没有局限于狭隘的集体利益,而是为"国家""人心"着想,据理力争。文帝曾外出射雉取乐,问官员们:"射雉快乐吗?"辛毗对答说:"这对陛下来说,的确是件高兴事;但对我们这些臣子来说,可是件苦差事。"文帝默不作声,以后就很少出来射雉了。

公共利益不同于国家利益。国家利益通常是作为一个政治上的概念出现的,应该是在公民个人利益的保护前提下形成国家利益,不能以国家利益来片面地限制公民个人利益,这是一个主要的发展趋势。在市民社会对权力的制约和控制还不完善的情况下,无法保证一个凌驾于社会之上的国家不会将社会作为实现其特殊利益的工具,也不能保证不会将公共利益与社会利益、个人利益对立起来,以抽象的公共利益代替甚至否定个人利益和社会利益,从而导致国家利益的异化。

可以这样界定公共利益:它是指全社会的共同利益,需要全体社会成员或其代表通过政策对话和协商的方式实现。当少数社会成员的利益与多数社会成员的利益产生冲突并且无法通过社会成员间相互协商来达成共识时，公共政策应该首先对少数人的利益进行补偿，然后再努力实现多数人的共同利益。

公共利益是公共政策的合法性来源和价值归属，这是公共政策自身的逻辑使然。要使公共利益成为公共政策制定过程的价值核心，政策制定主体必须积极推动公共利益的讨论进入具体公共政策制定的每一环节，最终体现在政策文本之中，并将其设定为衡量公共政策好坏的标准。如果公共利益本身的意义模糊，则会阻碍政策目标的实现。①

以中国历史上著名的商鞅变法为例，着重论述商鞅一派在当时秦国施行的变法理论和具体措施的《商君书》记述，变法肇始，贵族代表甘龙、杜挚等守旧派极力反对变法。他们认为："法古无过，循礼无邪。"商鞅针锋相对地指出："前世不同教，何古之法？帝王不相复，何礼之循？""治世不一道，便国不法古。汤、武之王也，不循古而兴；殷夏之灭也，不易礼而亡。然则反古者未必可非，循礼者未足多是也。"他认为，治国必须要从现实出发制定政策，不能让古老的传统拖住历史的车轮。变法之争结束后，秦孝公于公元前359年命商鞅在秦国国内颁布《垦草令》，内容包括：刺激农业生产；抑制商业发展；重塑社会价值观，提高农业的社会认同度；削弱贵族、官吏的特权，让国内贵族加入到农业生产中；实行统一的税租制度等改革方略；等等。《垦草令》的颁布成为全面变法的序幕。

《垦草令》在秦国成功实施后，秦孝公于公元前356年任命商鞅为左庶长，在秦国国内实行第一次变法。其主要内容有：

---

① 张宇. 公共利益：谁来界定？如何整合？[J]. 甘肃社会科学，2012（4）.

（一）颁布并实行魏国李悝的《法经》，增加连坐法，轻罪用重刑。

（二）废除旧世卿世禄制，奖励军功，禁止私斗，颁布按军功赏赐的二十等爵制度。

（三）重农抑商，奖励耕织，特别奖励垦荒；规定生产粮食和布帛多的，可免除本人劳役和赋税；以农业为"本业"，以商业为"末业"，并且限制商人经营的范围，重征商税。

（四）焚烧儒家经典，禁止游宦之民。

（五）强制推行个体小家庭制度。

公元前349年，秦孝公命商鞅在秦国国内进行第二次变法。其主要内容有：

（一）废除贵族的井田制，"开阡陌封疆"，废除奴隶制土地国有制，实行土地私有制，国家承认土地私有，允许自由买卖。

（二）普遍推行县制，设置县一级官僚机构；"集小都乡邑聚为县"，以县为地方行政单位，废除分封制，"凡三十一县"，县设县令以主县政，设县丞以辅佐县令，设县尉以掌管军事；县下辖若干都、乡、邑、聚。

（三）迁都咸阳，修建宫殿。

（四）统一度量衡制，颁布度量衡的标准器。

（五）编订户口，五家为伍，十家为什，规定居民要登记户籍，开始按户按人口征收军赋。

（六）革除残留的戎狄风俗，禁止父子、兄弟同室居住，推行小家庭政策。

商鞅吸取了李悝、吴起等法家人物在魏、楚等国实行变法的经验，结合秦国的具体情况，制定了相应的政策。改革、利益、力量构成了《商君书》的政策理论基础。不改革,坚持秦国的旧制度,就无法实现秦国的发展,尤其是经济得不到发展。改革必然要触及既得利益者的利益,但只要契合时代的脉搏,响应人民的意愿,改革就符合公共利益。当然,商鞅的出发点并不是为人民谋利益,而是以利益为钓饵,从人民中诱导出巨大的力量为君主所用,最终实现民富国强。实践证明,商鞅的政策"行之十年,秦民大悦",使秦国迅速走向了强盛。这就是"政策要与时代的特点相适应"[①]。

第四节 公共政策系统和功能

一、公共政策系统

(一)公共政策系统及系统分析方法

公共政策系统是一个由相互区别、相互作用的诸多元素有机联结在一起,具有实现公共利益功能的集合体。一些学者将其分为信息、咨询、决策、执行、评估、监控、反馈子系统,这一观点虽然有利于区分,但因为没有真正反映公共政策的基本特征和实质内容,在分析时存在明显缺陷。我们认为,公共政策系统包含政策问题、信息、权力、活动等要素,公共政策系统的优劣以最终是否解决了政策问题为标准。

美国学者伊斯顿在《政治生活的系统分析》一书中运用输入和输出两个中心概念分析政治系统。他强调,任何政治系统都通

---

① 刘泽华.中国政治思想史(先秦卷)[M].杭州:浙江人民出版社,2020:282.

过输入和输出来维持自己的生存和稳定。① 输入包括支持和需求。支持指环境对政治系统施加的压力，以便让它继续行事，支持的形式有服从法律、纳税、选举投票等；需求指环境对政治系统的希望和要求，如选举权、社会福利等。输出则是政治系统以某种方式影响环境的活动，主要有约束性决策、法令或政策等。输出并非终点，输出给环境带来的变化反过来又影响输入，使需求和支持在质与量上发生变化，这一过程即为"反馈"。借助于反馈、输入、输出等概念，系统就形成一个循环往复、连续不断的过程。虽然伊斯顿的系统分析针对的是比政策系统更为宽广的政治系统，但其分析框架同样可以应用于政策系统。

系统分析的步骤一般为：确立目标、建立模型、系统最优化（利用模型对可行方案进行优化）、系统评价（选出最佳方案）。系统分析有四个主要特征：一是以整体为目标，把所研究的对象、现象和过程看作是一个整体系统，确定系统的边界范围，对研究的对象和需要解决的问题进行系统的说明；二是以特定问题为重点，系统分析是一种处理问题的方法，其目的在于寻求解决特定问题的满意方案；三是运用定量分析方法建立模型，在许多复杂的情况下，必须有精确可靠的数字资料作为分析的依据，在系统分析的基础上，通过资料分析各种因素之间的相互关系，寻求解决问题的可行方案；四是凭借价值判断，确定最优方案。分析完成后，若不满意所选方案，则可按原步骤重新分析。

随着系统分析方法的推进，系统动力学方法在公共政策领域

---

① ［美］戴维·伊斯顿. 政治生活的系统分析［M］. 王浦劬译. 北京：华夏出版社，1999：31-38.

得到重视。系统动力学运用"凡系统必有结构,系统结构决定系统功能"的系统科学思想,根据系统内部组成要素互为因果的反馈特点,从系统的内部结构中寻找问题发生的根源,而不是用外部的干扰或随机事件来说明系统的行为性质。系统动力学将组织中的运作以六种流来加以表示,即订单流、人员流、资金流、设备流、物料流与信息流,这六种流归纳了组织运作所包含的基本结构。系统动力学的建模过程,主要就是通过观察系统内六种流的交互运作过程,来讨论不同流里积量的变化与影响积量的各种率量行为。简单而言,"系统动力学是研究社会系统动态行为的计算机仿真方法"[①],其特征有:(1)系统动力学将生命系统和非生命系统都作为信息反馈系统来研究,并且认为,在每个系统之中都存在着信息反馈机制,而这恰恰是控制论的重要观点,所以,系统动力学是以控制论为理论基础的;(2)系统动力学把研究对象划分为若干子系统,并且建立起各个子系统之间的因果关系网络,立足于整体以及整体之间的关系研究,以整体观替代传统的元素观;(3)系统动力学的研究方法是建立计算机仿真模型——流图和构造方程式,进行计算机仿真试验,验证模型的有效性,为战略与决策的制定提供依据。众所周知,在 20 世纪 60—70 年代,罗马俱乐部曾经探讨过人类眼下及未来所面临的困境,并提出了"增长的极限"这一重要理念,但后来发现问题太过复杂,根本无法完全解释清楚。最后系统动力学创始人弗雷斯特(Forrester)运用他的系统动力学理论,以五个重要因素建立了系统动力模拟的"世界模型Ⅱ"。《增长的极限》这本探讨人类困境的未

---

① 胡玉奎. 系统动力学——战略与策略实验室 [M]. 浙江人民出版社. 1988:6.

来学著作，就是由弗雷斯特的弟子梅多斯（Meadows）等人完成的，其中进一步提出了更为细致的"世界模型Ⅲ"。这两个模型在世界范围内引起了极大的反响。

（二）道法自然的政策系统观

在中华文化中，儒家和道家是两大支柱，老子和孔子两位巨擘奠定了中国历史的人文基础。老子与孔子均生活于春秋战国时代，见证了周王朝的衰落，但二人对于社会与政治问题以及个人如何作为有着不同立场和观点，分别创立了对后世有着深远影响的道家和儒家学说。

老子是具有极大智慧的哲学家，其"道法自然"思想振聋发聩、意蕴深远。老子"发现并了解事务的矛盾性比任何一个古代哲学家更广泛而深刻"[①]。"道"的方法论意义在于教导人们怎样分析和研究事物的本质及其相互关系和规律，以及怎样对待这些关系和规律。人们只有顺应自然和遵循规律，才能得"道"；反之，违背规律，则会陷入混乱。"道法自然"的启示极大地促进了将公共政策系统通往公共利益的轨道。司马谈在《论六家要旨》中提道："道家使人精神专一，动合无形，赡足万物。""与时迁移，应物变化，立俗施事，无所不宜，指约而易操，事少而功多。"他的评价十分中肯。

"无名天地之始，有名万物之母"（《道德经·第一章》）这一论述显示，道是一个自然的、独立的存在。在名利中"不尚贤，使民不争；不贵难得之货，使民不为盗；不见可欲，使民心不乱"（《道德经·第三章》），探究世俗社会中的解脱之道；在国家治理

---

① 范文澜.中国通史（第一册）[M].北京：人民出版社，1994：243.

层面，效果层次明显："太上，不知有之。其次，亲而誉之。其次，畏之。其次，侮之。信不足焉，有不信焉。犹兮其贵言。功成事遂，百姓皆谓我自然。"（《道德经·第十七章》）老子政治思想的核心在于政治与自然的一体化，"人法地，地法天，天法道，道法自然"（《道德经·第二十五章》），按照这个递进关系，可以得出"人法自然"。

在决策中，"自见者不明，自是者不彰，自伐者无功，自矜者不长"（《道德经·第二十四章》），"奈何万乘之主，而以身轻天下？轻则失本，躁则失君"（《道德经·第二十六章》）。在治国理政方面，老子提倡的是"为无为，则无不治"的无为思想。老子所说的"无为"，并不是无所作为的意思，而是指按照人及事物的自然本性和发展趋势的基本要求行事。从哲学思想体系来讲，老子认为"道"才是至高无上的，为天、地、人提供了价值准则，即"人法地，地法天，天法道，道法自然"；老子以"道"为自然的本质，并将其提升为天地万物的本原。人，并不是万事万物的核心所在，仅仅是其中之一而已。所以说宇宙间有道大、天大、地大、人大等四大，而人居其中之一。这种"道法自然"的哲学思想体系，自然推演到对人与自然、人与人，以及人与社会关系的理解之中。老子认为，天地之所以能长久存在，是因为它们不为自己的生存而自然地运行着。因此，有道的圣人遇事谦退无争，反而能在众人之中领先；将自己置之度外，反而能保全自身生存。治国同样需要按照人及事物的自然本性和发展趋势进行。老子说：想要治理天下，却又要用强制的办法，是不能够达到目的的。天下的人民是神圣的，不能够违背他们的意愿和本性而以强力统治，否则就一定会失败；强力把持天下，就一定会失去天下。因此，圣人不妄为，所以不会失败；不把持，所以不会被抛弃。世人秉性不一，有前行有后随，有轻嘘有急吹，有的刚强有的羸弱，有的安居有的危殆。因此，"是以圣人去甚，去奢，去泰"（《道德经·第二十九章》）。即要除去那种极端的、奢侈的、过度的措施、法度。"圣人无常心，以百姓心为心"（《道德经·第四十九章》）是对决策者的警示；"以道佐人主者，不以兵强天下，其事好还"（《道德经·第三十章》），是对下属的提醒；"其政闷闷，其民淳淳；其政察察，其民缺缺"（《道德经·第五十八章》），"其安易持，其未兆易谋，其脆易泮，其微易散。为之于未有，治之于未乱"（《道德经·第六十四章》），是对政策本身的反思。

在"道"的视角里，人与人之间是一种平等的关系，无论是百姓还是圣人，都是平等的。让万事万物生长繁殖，生产万物、养育万物而不占为己有，做万物之长而不主宰它们。正所谓"生而不有，为而不恃，长而不宰，是谓玄德"，"天地不仁，以万物为刍狗；圣人不仁，以百姓为刍狗"。这种平等的治理关系，强烈地冲击着以家长制、集权主义、命令服从为表象的"官本位"主宰性行政文化。老子治理思想包含伦理上的"上善"、心理上的"无欲"、利益上的"不争"和行为上的"无为"四个方面的价值取向，"其中的合理成分对于当代中国治理实践及治理理论研究具有一定的启示作用"①。

（三）儒家德政思想的政策系统观

如果说老子将人还给了自然，那么孔子则把人还给了社会。

---

① 胡象明等. 老子治理思想的价值取向及其对当代中国治理的启示 [J]. 中国行政管理，2022（8）.

"半部《论语》治天下",足见孔子对后世的影响。史载,春秋二百四十二年间,有三十六名君主被杀,五十二个诸侯国被灭,有大小战事四百八十多起,诸侯的朝聘和盟会有四百五十余次。从孔子所处时代之战争频繁和礼崩乐坏,可以知道孔子任重而道远。

在孔子的学说中,在"格物、致知、修身"方面,人与人之间还是一种平等关系,如"己所不欲,勿施于人""当仁不让于师"等均有所体现。然而,在"齐家、治国、平天下"方面,人与人的关系开始强调"君君、臣臣、父父、子子"了。从"学而优则仕"到"以吏为师",孔子逐渐完成了"官本位"文化的思想基础建设,开始与老子的"不尚贤,使民不争;不贵难得之货,使民不为盗;不见可欲,使民心不乱"学说分道扬镳。孔子主张为政以德,以礼节制,加强道德修养,采用正己正人、推己及人的办法来最终达到执政为民、完善吏治的目的。

子曰:"为政以德,譬如北辰,居其所而众星共之。"

子曰:"道之以政,齐之以刑,民免而无耻;道之以德,齐之以礼,有耻且格。"

(《论语·为政》)

为政以德指的是当权者的德政就像北极星那样具有定向作用和凝聚人心的功能。只有把德政原则贯彻到政治生活中去,政权的基础才会牢固。春秋时期,一些诸侯国采取严刑峻法来稳固其统治,对此孔子认为,严刑峻法只能使民众因为畏惧而不敢违法乱纪,而以道德来管理国家,以礼乐来教化社会,则不仅使民众知耻，而且能够改造人们的心灵。孔子"为政以德"的主张，继承并发展了西周初年周公的"明德慎罚"思想。为变天下无道为天下有道，孔子开启了周游列国之行，提倡德治，反对苛政。他突出"德"的政治意义，认为"德"是区分"仁君"与"暴君"的标准之一，主张施行"德政"。孔子认为，只有当政者施行"德政"，百姓才能受"圣德"感召并遵其道而行之，天下自然就会归于太平。

  季康子问政于孔子，孔子对曰："政者，正也。子帅以正，孰敢不正？"

（《论语·颜渊》）

  儒家文化一直把个体的道德修养放在首位，认为靠外界的制约规范个体行为是被动的，而靠内心的道德准则规范自己的行为是主动的。从人性的角度来说，内在的正义感要比外在的制约更有力量。为政就是为正，从政者自身端正了，谁还有理由不正呢？己不正，难以正人，所以作为从政者，首先要正己，加强自己的道德修养。

  子曰："其身正，不令而行；其身不正，虽令不从。"

（《论语·子路》）

  从政者若品德端正，即使不下命令，民众也会拥护执行；若从政者本身品行不正，即使下命令，民众也不会服从。可见正己之重要。

(四) 法家"法、术、势"的政策系统观

法家学说总体上是一种控制理论，即通过立法、御臣之术和君主的权威势力相结合的手段来实现广泛、彻底的政治控制。法家崇拜权力，认为权力永远超越法律，知法守法只是针对老百姓而言的，拥有者则高高在上，可以任意悔法造法。谢天佑在对专制主义的研究中，认为在法家的视野下，臣子用术来应对君王喜怒无常、复杂多变的心理。臣子向君王进言，如何既能自由地表达自己的意思，避免杀身之祸，又能进一步取得君王的信任并受到重用呢？韩非曾为此列了十三条游说君王之术，很好地代表了法家之说。①

第一，进言者应夸赞君王自己认为得意的事情，掩盖他认为羞耻的事情；

第二，若君王急谋私利，进言者应将私利说成合乎公义，并纵容他大胆去干；

第三，若君王有卑下的念头，想干而又有所顾忌，进言者就要故作姿态，抱怨他为什么不去干；

第四，若君王想做实际做不到的事，进言者不要硬顶，而要揭示这件事的缺陷，称赞他不去做的明智；

第五，若君王想要夸耀自己的才智，进言者就应为他自逞才智提供依据，而又要假装不知道；

第六，进言者要为人说情，既必须用好的名义加以阐明，又要暗示此事合乎君王私利；

第七，进言者要劝阻君王做危害社会的事，不仅要说明做此

---

① 谢天佑. 专制主义统治下的臣民心理 [M]. 桂林：广西师范大学出版社，2021：29.

事定遭议论,而且还要暗示此事有害于君王本身;

第八,假如君王不喜欢露骨的赞誉,进言者就赞誉与君王思想、行为相同的另一个人,借以达到间接赞誉的目的;

第九,假如有人跟君王有同样卑污的行为,进言者必须毫不含糊地加以掩饰,说他没有什么过失,借以达到间接为君王饰非的目的;

第十,假如有人跟君王一起遭受失败,进言者必须否认有什么失败,借以间接挽回君王的面子;

第十一,君王在夸耀自己的能力时,进言者不应劝他做办不到的事,以免让他露马脚;

第十二,若君王自以为勇于决断,进言者就不要揭他在这方面的短处;

第十三,若君王自以为谋略高明,进言者就不要扬出他在谋略方面的失误而使他困窘。

韩非子的这十三条说君之术,都是教人学会讲假话,讲违心的话。此种为了目的不择手段的做法在几千年的封建专制社会很有市场。近代以来,专制主义制度虽然被推翻了,但是它的影响还很深。[①] 著名学者顾准甚至认为"中国思想只有道德训条,中国没有逻辑学,没有哲学"[②]。

二、公共政策的功能

公共政策具有重要的功能。古代有所成就的帝王基本上都注重建章立法,发挥政策的功效。《资治通鉴·卷第十二·汉纪四》

[①] 谢天佑. 专制主义统治下的臣民心理[M]. 桂林:广西师范大学出版社,2021:127.
[②] 顾准. 顾准文集[M]. 上海:华东师范大学出版社,2018:105.

记载，汉高祖刘邦不修习文学，而秉性聪明通达，喜谋略，能采纳旁人意见，纵是守门官或戍卒，见面时也如同老熟人一般。当年他顺应民心，约法三章。平定天下以后，就命令萧何整理法律、法令，韩信整理军法，张苍制定历法及度量衡章程，叔孙通制定礼仪；又与功臣剖符为信，立下誓言，用朱砂写就，以铁制成，放入国家收存重要文书的金柜石室，妥藏在宗庙中。高祖虽然事务繁多，但其创立的制度规模宏大、眼光长远。在制度经济学看来，公共政策的中心功能"应当是支持和增强社会秩序和经济秩序（秩序政策）"①，具体包括引导、分配、管制和调控等四大功能。

（一）引导功能

引导功能又称导向功能。在价值方面，公共政策提供了人们的行为标准，通过提供社会交往的一系列准则，为个人和社会组织的行为提供引导功能，包括观念引导和行为引导，即框定哪些事情可以做，哪些事情不该做，规范人们具体的行为选择，构成人们的行为边界。例如，2021年7月30日，广东省十三届人大常委会第三十三次会议审议通过了《广东省文明行为促进条例》，明确对公共场所、公共卫生、交通、城乡社区、旅游、医疗、校园、网络、家庭、饲养宠物等十个方面的文明行为进行规范。该条例的出台不但明确了不文明行为有哪些，还意味着赋予了每一个公民对不文明行为大声说"不"乃至纠正的权利，具有明确的引导功能。

---

① ［德］柯武刚、史漫飞. 制度经济学［M］. 韩朝华译. 北京：商务印书馆，2004：380.

（二）分配功能

公共政策的分配功能主要是指对利益的分配功能。每一项具体政策，都有一个"谁受益"的问题，即把利益分配给谁。每项具体政策都有可能重新调整利益格局，产生一定的利益获得者和利益受损者。从本质上讲，公共政策是对全社会的价值进行的权威性分配，即公共政策的本质是对社会利益进行权威性分配，包括利益选择、利益整合、利益分配、利益落实四个环节。

2019年，党的十九届四中全会提出，重视发挥第三次分配的作用。根据目前的解释，通常认为：初次分配一定要讲效率，就是要让那些有知识、善于创新并努力工作的人得到更多的劳务报酬，首先富裕起来；二次分配要讲公平，政府应当利用税收等手段来帮助弱势群体，建立全面、系统、适度、公平和有效的社会保障体系；三次分配要讲社会责任，富人们应当在自愿的基础上拿出自己的部分财富，帮助穷人改善生活、教育和医疗的条件。

（三）管制功能

公共政策的管制功能，表现在政治、经济、社会、文化、环境等诸多领域，是指通过制定标准、程序、准入条件等规范，使用许可、认可、裁定等手段，对个人和社会组织的行动进行管理和约束。著名经济学家萨缪尔森（Paul A. Samuelson）认为，管制是政府以命令的方法改变或控制企业的经营活动而颁布的规章或法律，以控制企业的价格、销售或生产决策。经济学上把管制分为经济性管制和社会性管制两类。经济性管制是指对价格、市场进入和退出条件、特殊行业服务标准的控制，一般来说是对某一个特定行业、特定产业进行的一种纵向性管制。这些行业往往具有一些特点,如自然垄断性。社会性管制主要用于保护环境以及劳工和消费者的健康与安全,主要针对外部不经济和内部不经济,因此必须对交易主体进行准入、设定标准和收费等方面的管制。中国作为一个从计划经济体制向市场经济体制过渡的转型国家,政府管制是在建立与完善社会主义市场经济体制过程中不断加强的一项政府职能。中国在经济发展的基础上,日益强调政府对环境保护、卫生健康和工作场所安全等方面的管制。这些都使政府管制职能具有不断强化的趋势。为此,党的十三大明确提出政府的四大基本职能是经济调节、市场监管、社会管理和公共服务,首次把市场监管(政府管制)作为一项重要的政府职能。

(四)调控功能

公共政策的调控功能介于引导功能和管制功能之间,是指通过公共政策的制定和实施,对社会公共事务中出现的各种利益矛盾进行调节和控制。政策的调控功能主要体现在调控社会各种利益关系尤其是物质利益关系,从而实现社会的稳定和发展方面。例如,近年来中国城市住房价格快速上涨,政府推出房地产"限购令",以期调整房地产市场,控制城市房价。房地产限购政策是政府调控"看得见的手",虽实施多年,但社会各界对其讨论从未停止。一些学者认为,对施行房地产限购政策的城市而言,"限购令"是通过行政命令的方式强行禁止投资和投机型居民购买商品住房,一定程度上忽视了市场交易价格的信号作用,由政府命令代替市场价格机制进行产品分配,因此存在隐患。政府决策者更应该针对各城市房地产市场需求偏好和特征的不同而适时调整调控政策，减少福利损失，让城市房地产市场达到社会最优均衡。

20世纪80年代之后，经济学家、规划人员、项目管理人员、预算分析者或统计学家中的部分人开始转为政策分析师，政策分析师成为一种正式的职业。例如在美国，许多接受过多种培训的在职分析家和学者共同组成一种职业组织，即"公共政策分析与管理协会"[①]。我国同样也成立了全国政策科学研究会这样的研究机构，从中央到地方各级政府也普遍设有政策研究室这样的部门。国内不少大学，如中国人民大学、复旦大学、浙江大学、华南理工大学、东北大学等，也纷纷成立了公共政策研究院，为公共政策研究者提供了广阔的舞台。

---

① ［美］戴维·L. 韦默、［加］艾丹·R. 维宁. 政策分析——理论与实践［M］. 戴星翼等译. 上海：上海译文出版社，2003：31.

案例分析与练习

【案例分析材料】

材料来源于2017年国家公务员考试（地市级）申论真题

材料1

两千五百多年前，老子在《道德经》当中就把城市和水的关系揭示了出来："大国者下流，天下之牝，天下之交。"那时的"国"与"城"往往是同义语。老子的意思是说，城市常常处在江河的下游，它像是美丽的女性，又是经济、人文、思想的荟萃之地。这说明，如何做好城市与水这篇文章，自古以来就受到有识之士的关注。

北京市从上世纪五十年代，就很重视水的问题。如1958年建成了十三陵水库，1960年建成了密云水库。近年的南水北调工程更进一步丰富了北京的水资源。"问苍茫大地，谁主沉浮？"从某种意义而言，是"水"主沉浮。有水则城兴，无水则城亡。

流经城市的河流与湖泊就像人的眼睛，如果这眼睛是清澈明亮的，则魅力无限。人具有天然的亲水性，爱水近水是人本能的习性。但是近几十年来，随着环境污染的加剧，许多地方，不管城市还是乡村，都难觅一条清澈洁净的河流。如何让被污染的河流重新恢复其青春曼妙的身姿呢？这里面也不乏成功的例子。英国的泰晤士河一度受到严重污染，鱼虾绝迹，臭气难闻。但从上世纪60年代开始，英国政府大力治理泰晤士河，建设了完整的城市污水处理系统，使得泰晤士河沿岸的工业废水和生活污水都实现了先处理后排放。经过将近 20 多年时间的艰苦整治，泰晤士河已经变成了世界上最洁净的城市水道之一。

"人水共存"理念改变了传统的把洪水逐出城市的抗洪策略，提出城市水系应结合城市土地利用规划和楼宇结构技术，通过不断改善区域水面率，调整雨水径流的下渗和蒸发比例，逐步恢复水系自然循环之路。在维持水体生态平衡的同时，允许部分低洼地区作为洪水期的滞洪区，把洪水纳入城市景观的重要组成部分，强调了人水之间的和谐共存。

材料 2

城市"现代化"的负面影响之一，就是使得城市不透水地表面积不断增加，严重地削弱了地表蓄洪、植物拦截和土壤下渗的功能。对洪水的截流作用的消失，造成的后果就是地下水补给日益不足，地表径流量逐年改善。而且由于城市所产生的空气污染物为降水提供了大量的凝结核，所以一般而论，城市化地区的降雨量要比农村高 5%—15%，雷暴雨天气多 10%—15%。因此，城市水系应更多地承担起蓄积雨洪、分流下渗、调节行洪等功能。但是由于水系的破坏，这些功能都极大地衰退了，而这些功能绝不是目前城市中广泛采用的管道排水或防洪工程所能取代的。

城市，大都是因为水而兴起，因水而繁荣、发展。绝大多数历史悠久的城市，都是先有河，后有城，许多城市的历史是沉淀在河道、湖泊、海滨和湿地上的。如北京城区所有的河流，几乎都可以找到与其相关的历史文化古迹或典故；杭州城里的浣纱河，传说是西施浣纱的地方。许多城市因水而建，也因水而具有"灵气"。一些原本没有水面的城市，为了创造生态景观而人工修造出一系列的水面。如澳大利亚首都堪培拉的葛里芬湖。葛里芬是一位美国的规划师，他设计的堪培拉规划方案在多个投标方案中胜出，按他的规划修建的堪培拉是非常秀美的，尤其是中间的人工湖，虽为人工开挖，但却利用了山谷地形，蜿蜒曲折，调节了城市内部的气候，造就了堪培拉秀丽的景观。所以，堪培拉市民就把这位设计师的名字作为这个城市湖泊的名字。

自古以来，内河船运由于其低成本、高可靠性、安全性和可观赏性，始终得到人们的重视。英国许多地方近几年还纷纷疏通古代运河以供城市间输送游客和农产品所需。城市水系又是各城市之间的天然隔离带。在古代，所谓的护城河就具有保护城市、阻隔敌人的功效。而在现代，这些天然的河流是城市最壮观的公共空间，在人口日益稠密的现代城市中，城市水系与绿带公园结合在一起，构成了城市最漂亮、最令人流连忘返、最具有生态和文化功能的城市亮点。

城市水系可以成为廉价、有效地净化城市污水的天然场所。如果按照生态的方式而不仅仅是按水利的要求、当地的要求来修建城市水系，使水面与岸边的生态系统相连接，就可以将水系改造为"城市之肾"，大大增强对污水的自然降解能力。城市的许多水生植物、微生物吸收磷化合物等污染物的能力强，而投资成本又很低，如果换算成每吨污水处理费用，通常仅为传统二级污水处理厂的五分之一到二分之一，运行成本只有十分之一到五分之一。由此我们可以得出，什么是环境友好型和资源节约型的城市发展模式，通过这些数据我们就可以找到答案。将这种人工湿地式的城市水系与污水处理厂的尾水回用再处理系统相连接，就可以将四类水净化处理后达到饮用水源取水标准，实现城市水源的循环利用。这是从根本上解决城市缺水的百年大计。

生态学家卡琳·克里斯坦森在《绿色生活——21世纪生活生态手册》一书中指出,"乡土感情可由本地多种多样特有的生物来增强",忠告"不可破坏现存的生态系统和荒野",建议要"在花园和邻近地区提供野生动物活动场所","建造一个池塘"并种植本地特有的野花、灌木和树,构建一个因草林多、昆虫长、鸟类聚、小兽生而形成的完整的小水系生物群落。这种生物群落在城市里面尤为宝贵。有专家曾提出西湖整治成功与否的一个简单的生态标准:"当野天鹅、野鸭子在西湖里生出蛋而且孵出小天鹅、小野鸭的时候,我可以据此判断西湖的整治是成功的。"我们许多城市的水系远没有达到这个标准,而且有许多城市水系改造更是偏离了这个标准。城市水系作为均质人工城市中的异质斑块,一旦与城市绿地系统相互连接,使野生动物可以通过廊道在斑块间进行迁徙,就可以改善城市生态系统整体抗风险的能力。按这样的思路发展的城市,不仅是人工的,而且是生态的、环境友好的,是资源节约型的。

城市水系是城市最美好的公共空间,是人工建筑之中反映自然景观、田园风貌的主要场所。我们在扬州可以看到,中国古代造园艺术中对水景观的处理,讲究师法自然,虽为人工,宛如天成。城市水系有多种美学功能。城市的特色离不开城市的水系,城市的水系就像城市的指纹。城市的意境美对人的心态有调节的作用。城市水系有动态美,因为城市的水是流动的,它具柔性、运动性,有利于消化污染以及水生物的生成和养育。城市水系有人文美,因为它是文化的载体,历代的名人雅士常在水边留下了他们的痕迹。城市水系当然还有和谐美,因为它是一个整体复合的系统。从一个城市水系可以看到一个城市管理者的抱负，就像我国古代剧作家李渔所说的那样："山水者，情怀也；情怀者，心中之山水也。"就是说，要在城市里面造就人工环境和保护自然景观，采用什么样的水环境治理思路是由决策者的美学修养和情操来决定的。什么样的情怀，就会造就什么样的城市山水景观。如果胸中只有"一根"单纯的调水排洪的"竹子"，那么城市的水景观肯定是十分单调枯燥，对历史文化遗存的水生态的"建设性"破坏就难以避免了；如果将美学功能凝聚在治理方案之中，造就出的城市就是美丽的。丽江古城最诱人的就是三条弯曲流动的溪水，这就是拨动心弦的城市水系之美。

如果城市发生火灾，城市水系的储存用水就可以用于灭火救灾。城市水系又是很好的备用水源。如果出现自来水供应安全事故，就可以用地表水作为水源。城市水系是城市生活生产用水的备用系统、防灾系统和城市安全的保障系统。

【练习题】

1. 根据材料1和2，阐述（简述或概述）城市水系所具有的功能。要求：（1）准确、精练，条理清晰；（2）不超过150字。

2. 依据材料2，阐述画线句子"城市的水系就像城市的指纹"的意思。要求：（1）准确、全面，有逻辑性；（2）不超过200字。

第二章　公共政策制定

> 无偏无党，王道荡荡；无党无偏，王道平平；无反无侧，王道正直。
>
> ——《尚书·洪范》

专家学者在论及公共政策时，一般都只关注决策过程本身，而对于为什么有些事情被提上议事日程，另一些却没有，如何引起政府官员的关注等非常关键的问题却长期忽视，没有给出一个满意的解答，使得本来有"黑箱运作"疑惑的公共政策系统更加迷雾重重。对政策及政策系统的运作过程的描述固然重要，因为对政策"是什么"的追问有助于走出公共政策的迷宫，但对政策"为什么是这样"的更深层次追问更是不可或缺的。因此，对于公共政策过程中核心环节的公共政策制定的探究，具有重要的理论意义和实际应用价值。

第一节　公共政策问题建构

公共政策的产生，通常是因为问题已经累积到公共部门必须采取行动的程度。公共政策制定源于要处理的公共政策问题，因此，发现问题、判断问题构成了政策过程的第一个环节。

一、公共政策触发机制

公共政策问题的产生源于公共需要，即满足社会公共利益的需要，诸如社会公共秩序的维护、自然灾害的防治、经济的发展、环境保护、国防建设等等。这种需要不是个别需要的总和，而是共同利益，具有不可分割性。公共需要是如何变成公共政策问题的？这就要回到触发机制中去寻找答案。

作为公共政策的催化剂，格斯顿（Larry N. Geston）认为触发机制的价值来自三个因素的相互作用：范围、强度和触发时间。[①]所谓范围，是指受到触发机制影响的人的数量。如果一个事件对社会的相当大的部分有普遍意义，那么采取行动的要求就会有广泛的群众基础。反之，如果触发机制只是改变少数人的生活，引发触发机制则显得困难。在范围的因素中，其中的客观参数和政策管辖权相互作用。

强度主要指公众感觉的事件的强度。如果一个预料之外的事件得到了公众的宽容和接受，那么随后人们对此事件的态度就不会是要求改变政策。但是，如果此事件引起了关注，特别是人们以担心或愤怒的形式关注此事件，那么公共政策的制定者们很可能就要对舆论的哗然予以重视。

触发时间是确定触发机制影响的第三个因素。有些事件很快就广为人知，而另一些事件则要经历一段酝酿过程。触发机制产生的时间与事件的效力并没有直接的关系，很快就广为人知的事

---

① [美]格斯顿. 公共政策的制定——程序和原理 [M]. 朱子文译. 重庆：重庆出版社，2001：25.

件可能与某些经过了萌芽期的事件一样有力量。

在格斯顿看来，触发机制的类型包括国内（内部）的和国外（外部）的。内部触发机制有五个重要的来源：（1）自然灾祸；（2）经济灾难；（3）技术突破；（4）生态迁移；（5）社会演变。外部触发机制则主要包括战争行动、间接冲突、经济对抗、军备攀升。政策制定过程始于触发机制，以及干扰正常环境的意外事件。对于触发机制发生的机理，可以从一个具体案例说起：

近几年广州市针对泥头车进行整顿，市委书记作出"要下大决心、花大力气，整治、管住泥头车"的批示，相关部门自然不敢懈怠，立马联合治安警、巡警、派出所民警等警种和交委、城管等多部门，组成联合执勤突击队和夜间巡查突击队，进行24小时突击巡查，每个查车点还配备称重仪等设备，泥头车违法行为按最高处罚额度予以处罚。早在2006年，广州曾发生"3·16"特大泥头车事故，造成6死20伤的严重后果。因此广州一度让泥头车停业大整顿。为什么在地方最高领导人的严厉督促下，政府又开始了新一轮的整顿泥头车行动？我们来观察这一事件是如何被纳入政策议程的。

有两方面的因素最能使问题成为政策议程：其一，问题指标的突变能够凸显问题的严重性，从而引起决策者的关注。政策领域有很多指标用于衡量问题，比如公路死亡人数、道路堵塞时间、空气湿度、发病率等等。在美国政策学家金登看来，问题并不是通过某种政治压力或对人的认识的重视而引起政府决策者关注的，问题引起政府决策者关注的原因常常在于某些指标完全表明那儿本来就存在一个问题。一旦问题指标发生突变，那么就极易成为政策议程。据广州市公安交警部门统计，2007年1—10月，广州市共发生涉及泥头车交通事故77宗,死亡44人,受伤75人,经济损失82.85万元。① 实际上,泥头车所引发的交通事故在所有交通事故中并不占据最大比例。仅2007年上半年,广州共发生交通事故3449宗,死亡722人。② 无论是发生频率还是实际伤害,泥头车的不良记录都不能算是最多的。为什么泥头车问题单独被提上政策议程呢? 据分析,直接动因是10月15日的泥头车肇事行为。在这起完全由超载泥头车引发的车祸中,两名参加广交会的外地客商罹难,导致道路堵塞5小时之久,给当天开幕的广交会造成了很不光彩的影响。这一问题指标的突变凸显了问题的严重性,从而使该问题优先被纳入政策议程。其二,定量化的问题指标可以被视为政策议程设定的突破口,而定性化的焦点事件、危机以及符号能够使得问题被凸显出来。实际上,一些难以定量化的政策意蕴可能成为政策议程设定更为核心的原因。它们一般"是由像开始引起人们关注这个问题的一次危机、一次变得流行的符号或政策制定者的个人经历这样的一个焦点事件所提供的"③。戴伊认为,"决定哪些问题将成为政策问题甚至于比决定哪些将成为解决方案还要重要","创造问题,把这个问题表现出来,引起人们的注意并且对政府施压以使其有所作为是重要的政治策略"。④ 焦点事件、危机以及符号就是这样一种推动力。焦点事件与危机结合在一起,就能非常清楚地要求政府采取某种行动,连同某些象征

---

① 广州交警持微型冲锋枪夜查"逞凶"泥头车[EB/OL].(2007-09-13)[2022-12-26].http://www.china.com.cn/photo/txt/2007-09/13/content_ 8868583_ 2.htm.
② 广州上半年发生交通事故三千多宗,死亡七百余人[EB/OL].(2007-07-25)[2022-12-26].https://www.chinanews.com/sh/news/2007/07-25/987472.shtml.
③ [美]约翰·W.金登.议程、备选方案与公共政策[M].丁煌、方兴译.北京:中国人民大学出版社,2004:119.
④ [美]托马斯·R.戴伊.理解公共政策[M].彭勃等译.北京:华夏出版社,2004:32.

性的符号，就能将一种比较模糊、分散的印象迅速聚焦成清晰的判断，从而对业已发生的事件具有强化效果，最终引起决策者的关注。比如医疗体制改革一直是一个争议很大的领域，由于国家药监局原局长郑筱萸收受贿赂这一焦点事件引发了医疗体制改革危机，并与"民生"这样的符号联系在一起，最后导致暴风骤雨般的医疗体制改革。同样，广州泥头车在广交会开幕当天引发车祸，这一事件使其与"马路杀手""破坏广交会形象"等符号联系在一起，凸显出问题的严重性，从而迅速成为政策议题。

问题要成为政策议程，几个不可忽视的约束条件需要得到关注。首先是资源约束，主要包括人力、物力、财力及制度资源。在经济学的视阈中，资源约束所导致的稀缺资源最优配置问题无处不在。在公共政策领域，资源约束与政策议题的设定存在直接联系。资源构成的是一种真正的约束，是使问题成为政策议程的必要条件。其次是技术约束，主要是指在政策执行阶段的技术可行性。早期的行政学家如威尔逊（Thomas Woodrow Wilson）、古德诺（Frank Johnson Goodnow）等通常将决策—执行作为两个不同的领域置于政治—行政二分法宏大叙事环境中，随着理论的演进，二分法遭到激烈的批判。决策与执行本就存在于一个政策系统中，执行阶段技术的不可行决定了政策结果的无效，溯源至决策环节则意味着提出议题无异于画饼充饥。金登也认为，如果不是相信其技术的可行性，该政策建议就不可能幸存下来并受到重视。最后是价值约束，主要表现在意识形态和国民性上。一国或地区的意识形态和国民性会对该国或地区政策议题的提出形成强大的影响，譬如在中国的计划经济时代提出私有化议题，则可能引火烧身；在走市场经济道路的时代背景下提出反对物权保护，则等于开历史倒车；在让正义成为社会主义制度首要价值的背景下，地产商盖房给富人而穷人住房主要靠政府的政策思路当然会遭千夫之指。诸如此类，不胜枚举。

二、公共政策问题建构

公共政策问题建构是一个连续的认识和思维过程，一般而言，这个过程包括以下几个相互衔接的步骤：问题搜索、问题界定、问题详述和问题感知。

首先是问题搜索。政策问题建构的基本条件是存在一定的客观的不利状况，即"感觉到有问题"。这需要政策决策者和相关人员从既定的问题情境出发去搜索问题到底出在什么地方或者说到底是"什么问题"。这个阶段需要决策的相关人员尽可能地全面搜集与问题相关的所有因素，找出可能出现问题的地方。用著名政策分析家德罗尔（Yehezkel Dror）的话来说，分析人员面对的是一种"元问题"，即关于问题的问题。① 可以说，问题搜索阶段的关键就是建构起"元问题"。在中国，中央政治局集体学习的议题可以作为问题构建的一个参考，下表列出了党的十九大以来中央政治局集体学习的议题。

表 2-1 党的十九大以来中央政治局集体学习的议题
（资料来源于人民网）

场次	时间	学习内容	备注
第四十一次	2022-7-28	深入实施新时代人才强军战略	军事科学院军队政治工作研究院院长沈志华同志作了讲解

---

① ［美］威廉·N. 邓恩. 公共政策分析导论（第二版）[M]. 谢明等译. 北京：中国人民大学出版社，2002：166.

续表

场　次	时　间	学习内容	备　注
第四十次	2022-6-17	一体推进不敢腐、不能腐、不想腐	中央纪委国家监委案件监督管理室主任刘美频进行讲解
第三十九次	2022-5-27	深化中华文明探源工程	中国社科院历史学部主任、研究员王巍进行讲解
第三十八次	2022-4-29	依法规范和引导我国资本健康发展	中国人民大学副校长、教授刘元春进行讲解
第三十七次	2022-2-25	中国人权发展道路	中国人权研究会秘书长鲁广锦同志进行讲解
第三十六次	2022-1-24	努力实现碳达峰、碳中和目标	中央政治局同志自学并交流工作体会
第三十五次	2021-12-6	建设中国特色社会主义法治体系	中国法学会副会长徐显明同志进行讲解
第三十四次	2021-10-18	推动我国数字经济健康发展	中国科学院院士、南京大学校长吕建教授进行讲解
第三十三次	2021-9-29	加强我国生物安全建设	中国工程院院士、中国农科院副院长吴孔明同志进行讲解
第三十二次	2021-7-30	坚持党对人民军队绝对领导、奋力实现建军一百年奋斗目标	国防大学教授肖天亮同志作了讲解
第三十一次	2021-6-25	用好红色资源、赓续红色血脉	开展党史学习教育
第三十次	2021-5-31	加强我国国际传播能力建设	复旦大学张维为教授进行讲解
第二十九次	2021-4-30	新形势下加强我国生态文明建设	生态环境部环境规划院院长王金南进行讲解

续表

场　次	时　间	学习内容	备　注
第二十八次	2021-2-26	完善覆盖全民的社会保障体系	中国社会保险学会会长胡晓义进行讲解
第二十七次	2021-1-28	做好"十四五"时期我国发展开好局、起好步的重点工作	自学并交流工作体会
第二十六次	2020-12-11	切实做好国家安全工作	中国现代国际关系研究院院长袁鹏进行讲解
第二十五次	2020-11-30	加强我国知识产权保护	北京大学法学院教授易继明进行讲解
第二十四次	2020-10-16	量子科技研究和应用前景	清华大学副校长、中国科学院院士薛其坤进行讲解
第二十三次	2020-9-28	我国考古最新发现及其意义	中国社会科学院考古研究所所长陈星灿进行讲解
第二十二次	2020-7-30	加强国防和军队现代化建设	军事科学院研究员陈荣弟进行讲解
第二十一次	2020-6-29	深入学习领会和贯彻落实新时代党的组织路线	中央组织部秘书长胡金旗进行讲解
第二十次	2020-5-29	切实实施《民法典》	全国人大常委会法制工作委员会民法室主任黄薇进行讲解
第十九次	2019-11-29	我国应急管理体系和能力建设	清华大学教授薛澜作了讲解
第十八次	2019-10-24	区块链技术发展现状和趋势	浙江大学教授、中国工程院院士陈纯作了讲解
第十七次	2019-9-24	新中国国家制度和法律制度的形成和发展	全国人大常委会委员于志刚进行讲解

续表

场次	时间	学习内容	备注
第十六次	2019-7-30	推进军事政策制度改革	军事科学院研究员谭亚东作了讲解
第十五次	2019-6-24	牢记初心使命，推进自我革命	中央党史和文献研究院研究员孙业礼作了讲解
第十四次	2019-4-19	五四运动的历史意义和时代价值	中国青少年研究中心研究员李玉琦作了讲解
第十三次	2019-2-22	完善金融服务、防范金融风险	丝路基金有限责任公司党委书记、董事长谢多作了讲解
第十二次	2019-1-25	全媒体时代和媒体融合发展	采取调研、讲解、讨论相结合的形式进行
第十一次	2018-12-13	深化国家监察体制改革	中央纪委国家监委法规室主任马森述作了讲解
第十次	2018-11-26	中国历史上的吏治	中国社会科学院历史所研究员卜宪群作了讲解
第九次	2018-10-31	人工智能发展现状和趋势	北京大学教授、中国工程院院士高文作了讲解
第八次	2018-9-21	实施乡村振兴战略	韩长赋、刘永富同志先后发言
第七次	2018-7-31	全面停止军队有偿服务	军队全面停止有偿服务工作领导小组办公室专职副主任胡晓华作了讲解
第六次	2018-6-29	加强党的政治建设	中央组织部臧安民作了讲解
第五次	2018-4-23	《共产党宣言》及其时代意义	中央编译局研究员王学东作了讲解
第四次	2018-2-24	我国宪法和推进全面依法治国	中国社会科学院学部委员、研究员李林作了讲解

续表

场次	时间	学习内容	备注
第三次	2018-1-30	建设现代化经济体系	由中央政治局同志自学并交流体会
第二次	2017-12-8	实施国家大数据战略	北京理工大学副校长、中国科学院院士梅宏作了讲解
第一次	2017-10-27	深入学习贯彻党的十九大精神	习近平主持学习并发表讲话

从党的十九大以来中央政治局集体学习的议题可见，至少经济和金融（第3、13、34次）、反腐（第10、11、40次）、军事（第7、16、22、32、41次）、法制（第4、17、20、25、35次）、政治和党建（第1、6、15、21、27、31次）等议题比较受重视。

问题搜索过程中，只有从历时性角度把握政策问题的动态性和复杂性，才能更好地透视政策议题本身。在中国古代，大臣的建议往往成为政策启动的直接契机。例如，《续资治通鉴·卷第一百五十四·宋纪一百五十四》记载："韩侂胄用意，士大夫素为清议所摈者，教以凡与为异者皆道学之人，疏姓名授之，俾以次斥革。或又言道学何罪，当名曰'伪学'，善类自皆不安。由是有'伪学'之目。"韩侂胄正是看到皇帝对朱熹道学的反感，从而推动将道学定位为"伪学"，凡与他意见不合者都被称为"道学之人"。他后来又斥道学为"伪学"，开列"伪学逆党"党籍，排斥异己，使名列党籍者都受到了不同程度的处罚，凡与他们有关系的人，也都不许担任官职或参加科举考试。禁伪学前后历时6年之久，史称"庆元党禁"。再如，《续资治通鉴·卷第二十六·宋纪二十六》记载，权三司使丁谓等言："唐宇文融置劝农判官，检户口田土伪滥等事，今欲别置，虑益烦扰。而诸州长吏，职当劝农，乃请少卿监、刺史、阁门使以上知州者并兼管内劝农使，馀及通判并兼劝农事，转运使、副并兼本路劝农使。"宋真宗下诏认可，"劝农使人衔自此始"。

其次是问题界定。问题界定是指用科学、可操作化的概念将问题赋予明确定义的过程。这一过程实际上是一个主客观相互作用的过程，问题分析人员会从自己的既有知识背景、价值观、世界观、组织要求等方面对问题做出判断。但在科学研究中，政策分析人员应该尽量避免将个人、组织价值观嵌入其中，以便给出既定问题的客观界定。沃恩（Roger J. Vaughan）和巴斯（Terry E. Buss）认为，问题界定需要对问题做出解释而非简单的描述，并提出对问题诊断的两个维度，即问题缘起于私人行为还是公众行为，以及问题是系统的还是非系统的。[①] 一方面，区分问题属于私人行为还是公众行为至关重要。因为私人、公众和组织机构的行为动机各不相同，因此对他（它）们的行为的解释必定也各不相同。处理由公共机构所提出问题的方法可能与解决由私人行为造成的问题的政策有很大差异。另一方面，如果问题是系统的，即问题呈现周期性，或非常普遍，那么比较适当的处理方法是更改一些决定，以降低后果的危害性。如果问题源于一个孤立的行为，那么比较好的办法是就事论事，妥善处理事件造成的后果，而不是阻止它们的发生，或使它们发生逆转。

再次是问题详述。问题界定还仅仅是对问题的一个粗略勾画，

---

① [美] 罗杰·J. 沃恩、特里·E. 巴斯. 科学决策方法：从社会科学研究到政策分析 [M]. 沈崇麟译. 重庆：重庆大学出版社，2006：44.

在此基础上还需要对问题进行详述,即运用科学、可量化、可操作化的语言将问题的各个方面,包括问题边界、产生原因、发展趋势等加以具体的说明和阐述。经过详述的问题就转变成一个可以被用于各种场合进行讨论和官方公布的"正规"问题。

《资治通鉴·卷第四十八·汉纪四十》记载,岭南地区以往进贡鲜龙眼和荔枝,十里设一个驿站,五里设一个岗亭,日夜不停地传送。临武县长汝南人唐羌上书说:"臣闻上不以滋味为德,下不以贡膳为功。伏见交趾七郡献生龙眼等,鸟惊风发;南州土地炎热,恶虫猛兽,不绝于路,至于触犯死亡之害。死者不可复生,来者犹可救也。此二物升殿,未必延年益寿。"和帝下诏说:"远国珍羞,本以荐奉宗庙,苟有伤害,岂爱民之本,其敕太官勿复受献!"将进贡美味描述为一个伤害人民的问题,是唐羌上书的成功之处。

最后是问题感知。经过问题搜索、问题界定、问题详述三个阶段,问题已经被建构为一个明确的政策问题。与此同时,无论我们是否意识到,我们都将再次进入问题感知状态。这种感知包含两个方面的内容。一方面,需要政策决策者和参与人员重新对问题状况进行反思,尤其要关注形成的政策问题与原有问题之间的关系以及被建构起来的问题所适应的社会条件,同时尽可能地将建构的政策问题向社会公布,以便使社会成员充分地感知问题,为问题的解决奠定基础;另一方面,问题不是一成不变的,会随着社会环境的变化而变化,因此问题感知还需要建构一种对未来状况的设想,考虑某一社会问题的解决将会导致的其他所有可能情况,以便持续地完成政策连环后续循环。例如在清代,中央政府最重要的创新是军机处。在康熙皇帝任内最后数年,以及雍正皇帝任内，这个非正式机构逐渐演变成宫廷内常设的枢密会议组织，其权力乃扩张至帝国政策的各个领域。由于信息沟通左右着皇帝对其广大疆域的控制能力，清政府花了许多心思在管理信息传递的制度上。随着军机处的成立，一种新的沟通管道即密折制度应运而生。密折制度兴起并成为政策讨论的主要论坛，对清政府的统治产生了重要影响。①

第二节　议程设定

由于各种问题的现实状态之间存在着巨大差别，问题的解决方式也会不同。那些涉及个人的私人问题，或许可以由个人自行解决（但就某些特别的个人问题而言却具有公共性，例如某些传染病）；但那些公共的问题并不是单凭个人自己的力量就可以解决的，于是人们便求助于某种社会政治力量，这个过程便被称为政策诉求。可以说，这种政策诉求或政策倡议就是决定政府对特定问题作为或不作为的力量。

霍格伍德（Brian W. Hogwood）与冈恩（Lewis A. Gunn）曾对公共问题转变为政策议题阶段进行了专门研究，他们认为要使公共问题变成政策议程，必须满足以下条件：一是公共问题已到了危机边缘并且再也不能视而不见了；二是具有引发或加剧另一重大问题的特质，如臭氧层及全球气候变暖等问题；三是具有情感成分，或出于"人类利益角度"而引起媒体的关注；四是具有广

---

① ［美］罗威廉. 哈佛中国史 6·最后的中华帝国：大清［M］. 李仁渊、张远译. 北京：中信出版社，2016：34-35.

泛影响；五是容易引起对社会权力及合法性的质疑；六是顺应历史潮流。[1] 两位学者阐述的是问题被提上议程的前提条件，却并没有回答政策议程是怎样被设定的。在前文对问题为何成为议题以及问题被谁提上议程的分析基础上，我们认为问题被提上议程的方式如下。

一、在政策议程设定的价值观层面，问题按优先性被提上政策议程

任何问题都有轻重缓急之分，一般情况下，只有那些在排序中居于前列的才可能受到决策者的关注，也就是金登所称的"政策之窗"被打开了。政策之窗之所以被打开，基本原因在于政策议题的核心参与者相信在排序中居于前列的问题成为议题的可能性很大，若提出排序中居后的问题则既会被认为不合时宜，又难以指望获得通过，因此，很少有人愿意将自己的精力、资源投入到一个不太可能成为议题的问题中去。当然，问题的优先性与决策者个人偏好存在很大关系，这与伊斯顿所认为的公共政策是对全社会的价值做有权威的分配，以及拉斯韦尔和卡普兰（Abraham Kaplan）所认为的政策是一种含有目标、价值与策略的大型计划的结论是一致的。由于存在不同的偏好，要将问题转化为政策议程，就必然会经历竞争、谈判和妥协。在解释偏好问题时，全面理性理论与有限理性理论一直是学界争论的焦点。毫无疑问，决策过程需要理性，理性能帮助决策者辨别是非优劣，做出合适的判断与选择。问题在于，理性在决策过程中能在多大程度上发挥作用。

---

[1] Brain W. Hogwood and Lewis A. Gunn, *Policy Analysis for the Real World*, Oxford: Oxford University Press, 1984, p.68.

完全理性理论认为个人在做出判断时有着充分完备的理性，能够掌握决策所需的全部知识和信息，从而选择最优方案，获得最大利益。以西蒙（Herbert Simon）和林德布洛姆（Charles Edward Lindblom）为代表的有限理性理论支持者则对此提出了有力的批评，认为这种绝对而全面的理性方法只有在理论上或数学等狭小的范围内存在，在复杂多变的现实世界中很难找到简单的线性关系，人们在决策中所依赖的不是完全理性，也不是非理性，而是介于二者之间的有限理性。任何组织和个人只是一个具有不断学习、纠错、适应能力的体系，正是在这种不断学习、纠错、适应的体系中才形成了一种偏好排序。而且，在实质上或是在形式上，这种个人偏好排序与执政党的执政偏好排序是一致的。

以历史上广为诟病的焚书政策为例，《史记·李斯列传》记载，公元前213年，秦始皇在咸阳宫设宴招待群臣，博士仆射周青臣等人称颂秦始皇的武威盛德。齐人淳于越劝谏道："办事不学习古代经验而能长期统治的朝代，我还没有听说过。现在周青臣等人又当面阿谀奉承以加重您的错误，不是忠臣。"秦始皇把这种议论交给李斯处理，李斯上书说："古时候天下分散败乱，彼此之间互不服从，所以才诸侯并起，一般舆论都称道古代以否定当代，装点一些虚夸不实的文辞来扰乱社会的实际，人们都认为自己的一派学问最好，以否定皇帝的政策法令。现在陛下统一了天下，分辨了黑白是非，使海内共同尊崇皇帝一人；而诸子百家各个学派却在一起任意批评朝廷的法令制度，一听说朝廷令下，就立刻以自己学派的观点来议论它，回家便心中不满，出门则在街头巷尾纷纷议论，以批评君主来博得名声，认为和朝廷不一样便是本领高，并带领下层群众来制造诽谤。这样下去而不加以禁止的话，上面君主的权力威望就要下降，下面私人的帮派也要形成。因此，还是以禁止为好。我请求把人们收藏的《诗经》《尚书》和诸子百家的著作，都一概扫除干净。命令下达三十天之后，若还有人不服从，判处黥刑并罚做筑城苦役。不在清除之列的，是医药、占卜、种植等类书籍。若有想学习法令的，以官吏为老师。"秦始皇批准了他的建议，没收了《诗经》《尚书》和诸子百家的著作。高明的政治家应该从社会舆论中获得反思的机会，但"以为自古莫及己"的秦始皇狂妄自大又独操权柄，对外在的批评极为反感。李斯不仅迅速领会秦始皇"大一统"的政策主旨，而且制造紧张恐怖的气氛，给决策者"递刀子"。由此，骇人听闻的焚书政策之窗在维护绝对君权统治的价值观下被打开。刘泽华一针见血地指出："至高无上的权力加极欲，必然导致重罚主义。秦氏父子的刀光剑影笼罩了全国，无耻的李斯从理论上对实现极欲必须动用极刑的观点进行了论证……秦氏父子的极欲与重罚主义形成了一个恶性循环，这是秦帝国迅速崩溃的重要原因之一，也给后人留下一个反复思考的课题。"①

二、在政策议程设定的诱因层面，问题通过触发机制被提上政策议程

现实中大多数的社会问题都以局部性和私人性为起点，然后通过一种触发机制转变成政策议题。格斯顿认为："在政治过程的背景中，一种触发机制就是一个重要的事件，该事件把例行的日常问题转化成一种普遍共有的、消极的公众反应。公众的反应反

---

① 刘泽华. 中国政治思想史（秦汉魏晋南北朝卷）[M]. 杭州：浙江人民出版社，2020：5、6.

过来成为政策问题的基础,而政策问题随之引起触发事件。"① 有效的触发机制取决于三个因素的相互作用:(1)范围——"受到触发机制影响的人的数量";(2)强度——"公众感觉的事件的强度";(3)触发时间——"一个重要事件的展开的时间段"。一般情况下,大多数触发事件都未达到或超过采取行动所要求的范围、强度和触发时间,但是,由于"触发机制是公共政策制定过程中的决定性前兆","因为它们起到了组织公共政策问题、使问题在公共议程中显现出来的作用",所以如果某一社会问题或社会事件达到三者合一,则其成为"触发机制",开启"政策之窗"的可能性将成为现实。② 问题之所以可以通过触发机制被提上政策议程,主要是因为它可以催化压力,不断增长的压力反过来引发人们对制定新的公共政策或改变现有的公共政策的诉求。在清代,一种名为"叫魂"的妖术曾在华夏大地上盘桓。据称,术士们通过做法于受害者的名字、毛发或衣物,便可使他发病,甚至死去,并偷取他的灵魂精气,使之为己服务。这种妖术影响到了十二个大省份的社会生活,从农夫的茅舍到帝王的宫殿均受波及。③ 正是乾隆皇帝感受到了"叫魂"妖术会带来公众动乱的潜在危险,关系到其政权的安全,因此在整个政治制度中,妖术扮演了"政治罪"的角色,乾隆皇帝对办案的速度和力度不断提高要求,并对清剿不力的官员予以惩罚。然而,"叫魂"案最终被认定只是一桩"错

---

① [美]格斯顿. 公共政策的制定——程序和原理[M]. 朱子文译. 重庆:重庆出版社,2001:23.
② [美]格斯顿. 公共政策的制定——程序和原理[M]. 朱子文译. 重庆:重庆出版社,2001:50.
③ [美]孔飞力. 叫魂:1768年中国妖术大恐慌[M]. 陈兼、刘昶译. 上海:上海三联书店,2014:1.

误的案件"而已。

三、在政策议程设定的实现方式层面，问题通过外部推动模式、动员模式或内部推动模式被提上政策议程

在研究了不同国家的议程设定过程后，科布（Roger W. Cobb）、罗斯（J. K. Ross）和洛斯（M. H. Ross）将议程设定模式划分为外部推动模式、动员模式和内部推动模式，① 此三种模式与王绍光所提出的六种模式存在很大的契合，很好地概括了政策议程设定的实现方式。在外部推动模式中，问题由非政府组织提出，并充分扩展为公共议程，最终进入制度性议程。当然，这些组织和团体如果拥有必要的政治资源和技巧，并能以谋略战胜反对者或其他议案的支持者，就能成功地推动其议案进入正式议程。动员模式与自上而下模式在方式上是一致的，议案直接由官方决策者置于正式议程之中，而不必经过公众普遍意识到不满然后问题逐步扩大的过程。内部模式则认为，问题的提出和陈述与团体或政府机构阐述不满以及提出可能的解决办法是同步进行的，即由有影响力的团体最先提出问题，并且不需要在公众中寻求支持及与其他议案竞争。虽然科布等人基于政体的特征将外部推动模式与自由民主社会的典型模式、动员模式与社会主义社会的典型模式、内部推动模式与独裁的官僚制的典型模式画上等号的做法遭到很多批评，但如果抛开政治体制的关系，将此三种模式看成问题转变为议程的三种不同选择方式，那么该理论可以得到更好的应用。而且，事实上很容易在某一个现代国家中同时找到此三

---

① [加]迈克尔·豪利特、M. 拉米什. 公共政策研究：政策循环与政策子系统［M］. 庞诗等译. 北京：生活·读书·新知三联书店，2006：192.

种模式的痕迹。

第三节 政策规划

就政策过程而言，某一问题成为政策问题，进入政府议程之后，接下来的任务便是寻求适当的问题解决途径以及合适的问题解决步骤，这一过程被称作政策规划，主要涉及政策方案的设计、整理、比较、选择等一系列问题。就传统的政策过程理论而言，这个阶段是政策制定的关键性环节，因为这一过程体现了政策从无到有的全过程。在这个过程中，政策分析人员和参与者围绕确定的政策问题，将希望达到的政策目标、政策涉及的利益群体、各种利益要求、可能发生的政策走势、已有的政策资源、可能的时间空间及可行性限制等因素进行综合考虑，制定出一个或多个政策方案，再根据决策者所面临的具体环境和各种限制性因素以及不同价值要求的重要程度，选择一个相对最优的政策方案，完成政策规划过程。

一、政策规划的特性

粗略地讲，政策规划可以被看作政策方案拟定和选择的过程。这一过程具有以下几个特性。

（一）目的性

政策规划是形成并选择问题解决方案的过程，因此这一过程所择定的方案必然是针对既有政策问题而设计的。规划必须直指问题，任何忽略政策目标的完美、可行方案都没有丝毫意义。政策规划的目的性又需要加以细分，即决策者关注的目标层次是不同的，例如是要彻底解决某一问题，还是要在某一程度上限制某一问题,等等。不同的目标指向都会给政策规划带来重要影响。

(二)前瞻性

政策规划是针对既有政策问题而进行的,因此自然具有一定的滞后性。为了避免"头痛医头,脚痛医脚"的短视弊端,政策规划必须对政策问题的未来走势以及与政策问题相关的其他问题进行全面分析,即尽可能地将未来可能出现的情况涵盖到政策规划中。因此,政策规划内在地具有面向未来的前瞻性。

(三)可行性

政策方案致力于解决既有政策问题。实际问题的解决不能仅仅通过纯粹的理论分析和逻辑推演,必须考虑到执行过程中可能面临的各种制约条件。因此,规划的政策方案必须具有良好的可行性,否则再完美的政策方案也不能达到既定的政策目标。

(四)整体性

政策问题本身不是一个孤立的、单独的问题,而是一个问题集,政策问题不过是这个问题集中相对最为重要或是影响最广的问题而已。针对既有政策问题的规划方案在解决某一问题的同时必然涉及其他问题的相关方面。由问题的相关性引申出问题的解决方案,也需要尽量考虑相关问题的解决,因此,良好的政策规划需要具有整体性,力求解决"一揽子"问题。

(五)动态发展性

政策方案不是一时完全制定出来的,而是逐渐发展出来的,不仅经由一套思维分析过程,还包括有关人士或政治势力相互影响、折中和妥协的过程。政策规划是一个动态发展的过程,从最初的方案设计到最终的方案敲定,往往需要经过多次反复修改和考量，平衡各方面的利益因素，逐步添加被忽略的因素，最终得出相对可接受的方案。

二、政策规划的分类

政策规划就是面对既有问题和环境，从多个备选方案中选择并逐步确定最终方案的过程。政策规划的范围非常广，从不同的角度出发，依据不同的分类标准，可以分成不同类别。这里介绍几种常见的分类。

（一）依据政策问题的性质来划分

依据政策问题的性质，可以将政策问题分为经济问题、人口问题、教育问题等等。针对这些问题进行规划，得到的是经济政策、人口政策、教育政策等。这种依问题性质而来的分析及规划出的政策非常容易区分，其政策功能也十分明显。

（二）依据政策发挥作用的时限来划分

政策对问题的解决具有较强的时效性，政策方案的规划如果不能跟时间因素相匹配，则将失去实际效用。依据政策发挥的时效性来划分，政策规划分为长期规划、中期规划和近期规划三种。相对而言，三种规划的时间只是大致的区分，并没有明确的界定。但一般而言，长期规划为七年以上，中期规划在四到六年，而近期规划则限制在一至三年之内。

（三）依据方案规划的方式来划分

一般分为渐进的方案规划、分枝的方案规划和创新的方案规划。渐进的方案规划类似于林德布洛姆的渐进决策模式，是指新方案是解决原有问题，在原来方案基础上加以修补和改进的方案规划。分枝的方案规划是指，新规划的方案是在一个原已存在的涵盖面更广的方案的基础上对其某一方面进行细分的规划。如果原来的大方案可以看作是一株树木的"主干"的话，那么分枝的方案规划可以看作是在这棵树上滋长出的"新枝"。前两种政策方案规划都是与原有政策相关联的方案规划。创新的方案规划是指既不是对原有方案的修修补补，也不是对原有方案某一方面的放大或细化，而是一种与过去没有明显关联、面对全新问题的方案规划。

以上是方案规划的常用分类，此外还可以按照参与规划的人员身份分为行政人员规划、立法人员规划、利益集团规划和专家规划等类型。

三、政策规划的程序

（一）确立政策目标

政策目标就是政策规划主体希望政策所要达到的最终结果。具体地说，政策目标就是政策规划主体对政策问题解决程度的判定，也就是表现决策主体要在什么程度上解决政策问题。在这个意义上，确立政策目标仅仅是政策规划的逻辑起点，它不是一成不变的，在政策规划阶段，初始的政策目标有可能因各种限制性条件的存在而有所调整。

（二）拟定备选方案

政策方案是解决政策问题、达到政策目标的具体途径和措施，此时要求政策规划者大胆设想，突破观念和思想束缚，提出富有创见性的新思路、新设想。假说和假设是通向科学发现的"桥梁"，科学地提出假说和假设是科学研究中最重要的技巧之一。假说和假设是想象力的产物，是认识上的飞跃。正如数学家高斯（Carl Friedrich Gauß）所言，没有大胆的猜测就没有伟大的发现。达尔文根据自己多年的研究经验，认为自身一贯力求思想不受拘束，这样当某一假说被事实证明为错误时，不论他对自己的假说如何偏爱，都会放弃它。他想不起哪一个最初形成的假说不是在一段时间过后就被放弃，或被大加修改的。因此，在拟定备选方案阶段，需要大胆假设，小心求证。

（三）评估择优方案

方案的评估择优就是对拟定的政策方案在系统的综合分析、比较、判断的基础上选出一个相对最佳方案。这样一个综合分析过程实际上就是方案的前期评估过程，可以说评估是方案选择的基础，甚或说评估的过程就是一个方案的择优过程。这个过程也就是通常所说的决策者"拍板"的过程，相对而言，方案的评估择优就是"断"的过程，而拟定备选方案就是"谋"的过程。

"谋"是为了"断"，然而，谋而不断的事例在历史上也有不少。《资治通鉴·卷第七十三·魏纪五》记载，魏明帝深恨华而不实的官吏，颁布诏书让散骑常侍刘邵制定考课法。刘邵制定《都官考课法》七十二条，又作《说略》一篇，明帝下诏让百官讨论。司隶校尉崔林说："《周官》考课之法，条例已十分完备了。从周康王以后，就逐渐废弛，这就说明考课之法能否执行下去，完全取决于人。到汉代末年，失误岂止在于佐吏的职责不详密！如今军队或聚或散，减增无常，本来就很难统一标准。如果大臣能尽到他们的职责，成为百官效法的榜样，那么谁敢不恭恭敬敬地尽职尽责？还需要考核吗？"

黄门侍郎杜恕说："公开考核官员的能力，三年进行一次考绩，确实是帝王最完善的制度。然而经过六个朝代，考绩办法没有明著于世，经过七位圣人，考核条例也没能流传下来，我的确认为这是由于考核的原则可以粗略地依据，但详细规定很难一一列举。俗语说：'世上有恶人，没有恶法。'如果法制是万能的，那么唐尧、虞舜可以不需要后稷、子契的辅佐，商朝、周朝也不会以伊尹、吕尚的辅助为可贵了。而今主张考绩的人，陈述了周朝、汉朝的所说所为和汉代京房考功课吏的本义，可以说使考课的要旨更加显明了。盼望用这种办法推行谦恭推让的世风，振兴治绩，我认为还不是尽善尽美的办法。让州、郡举行任官考试，必须经由四科，都有实际成效，然后保举，经官府考试征用，任地方官吏，根据功绩补升为郡守，或者增加禄秩，赐予爵位，这是考核官吏的当务之急。我认为对于被任职的官员，应当使他们的身份显贵，采用他们的建议，命他们都分别制定州郡官吏考核办法，切实施行，确立可信的必赏制度、可行的必罚制度。至于三公九卿及内职大臣，也都应当就他们的职务进行考核。"

司空掾北地人傅嘏说："设置官吏分担职责，管理百姓，是治国的根本。依照官职考察官员的实际工作，依照规章进行督促检查，是治国的细枝末节。大纲不举而抓细小之事，不重视国家大政方针，而以制定考课之法为先，恐怕不足以区分贤能和愚昧，显示出明暗之理。"此事久议不决，考课法最终没有实行。

第四节 政策合法化

一、政策合法化概述

政策合法化是经过规划的政策方案获得合法性认同和上升为法律的过程，具体来说是指法定主体依照法定权限和程序，通过审查批准、签署和颁布政策等行为过程，使政策方案获得合法地位的过程。政策合法化由两个部分构成：获得合法性认同和上升为法律。

（一）合法性认同

这里的"合法性"不是指"符合法律规范"，而是政治学意义上的获得社会认同，通常用来指政府与法律的权威为民众所认可的程度。单就字面意思讲，合法性暗含的意思是"对某一个'法'的符合程度"，所以对于"合法性"中的"法"是指哪个"法"存在争议。有两种不同的阐释"合法性"的方法：从道德哲学的角度来看，主要是从个人的角度来判断某个东西是否"合法"；从政治学的角度来看，一个制度的合法性取决于它是否获得被统治者的普遍认同。而且，合法性问题总是与承诺、同意、赞成、默许等概念相关。

这种合法性的获得由两部分构成：政策制定、颁布主体的合法性和政策内容的合法性。首先，政策必须是由获得政治合法性的公共权威机构制定、批准和颁布的。政策旨在解决社会问题，实质是社会利益调整过程，只有获得合法性认同的公共权威机构才具有"价值分配"的权威性。其次，政策内容必须符合社会的一些普遍价值规范，如公平、正义等原则。在社会和组织层面，政策制定是"处理持有不同价值、具有不同选择能力的人们之间的互动。解决他们之间的不同，并不发生在抽象价值的领域里，而在各人努力为自己持有的价值寻找满意的政策选择的具体世界里"[①]。

---

① ［加］梁鹤年.政策规划与评估方法［M］.丁进锋译.北京：中国人民大学出版社，2009：29.

现实中的公共政策不乏存在合法性危机的情况，主要表现有：一是政策方案的合理性缺乏。这一点从历年两会的离奇提案中可见一斑。二是合法化程序缺乏规范性。一些政策"横空出世"，仅在行政内部完成制定过程，缺乏面向公众的合理的讨论机制和表决机制。三是缺乏法律保障和制度规范。一些涉及重大民生的决策，已有明确的听证、咨询、公示等制度，但仍然无法有效保障这些制度的落实。

政策的合法性认同体现在治国理政的方方面面，历史上不乏精彩案例。《资治通鉴·卷第一百九十二·唐纪八》记载，有人上书请求除去奸佞之人，唐太宗问："谁是奸佞之人？"有臣子回答道："臣身居草泽，不能确知谁是奸佞之人，希望陛下与群臣谈论，或者假装恼怒加以试探，那些据理力争的，便是忠臣；畏惧皇威、顺从旨意的，便是奸佞之人。"唐太宗说："君主，是水的源头；群臣，是水的支流。弄浊了源头反而要求支流清澈，是不可能的事。君主自己作假使诈，又如何能要求臣下正直呢！朕正以至诚治理天下，看见前代帝王喜好用权谋小计来对待臣下，常常以此为耻。你的建议虽然好，但朕不采用。"这就是所谓的"其身不正，虽令不从"。

（二）政策的法律化

政策合法化的另一个内容是政策的法律化，包括两个部分：政策制定、实施的过程必须符合法律规范和政策文本本身上升为法律。首先，政策制定、实施的过程必须符合法律规范，这是现代"程序正义"原则对政策制定提出的要求。"程序正义"原则强调用程序的正当性来证明内容的正当性，即不遵循正当性程序的正当内容也不具有正当性。这要求政策的制定、颁布、实施程序必须符合相应的法律规范。其次，经过规划的政策文本需要上升为法律，即政策的法律化。政策的法律化是政策可以作为"权威的价值分配"的基础，也是政策可以获得良好执行的基础。这一过程不仅包括制定政策法律，还包括补充、审查、修改、废止等法律活动。

据媒体报道，一名大学老师将杭州野生动物世界告上了法庭。在 2019 年 4 月，浙江理工大学副教授郭兵在杭州野生动物世界办了年卡，并录了指纹。10 月 17 号，郭兵收到杭州野生动物世界的短信通知，当天年卡系统升级为人脸识别，原指纹识别取消，未进行人脸识别的用户将无法入园，须尽快携年卡去办理升级业务。人脸识别只需 2 到 3 秒时间就可入园，指纹识别有时候不是很灵敏，如果手指干燥或者手指受伤，那就肯定识别不了，也就无法入园。郭兵认为，他的脸部识别信息属于个人敏感信息，一旦泄露，将危害到他的人身和财产安全。他不想进行人脸识别，希望杭州野生动物世界能够退还年卡的费用，但是遭到园方的拒绝。双方协商未果，10 月 28 号，郭兵向杭州市富阳区人民法院提起诉讼。同年 11 月 3 日，杭州市富阳区人民法院正式受理此案。此案被称为"人脸识别第一案"。

"人脸识别第一案"其实涉及了个人隐私信息采集的合法性、必要性等多方面法律问题。大数据时代，个人隐私信息的采集和应用边界在哪里？

一些需要"刷脸"验证的场景，如高铁安检，属于公共安全领域，必须配合。但是，在生活工作中，比如进出公司、小区必须刷脸，这是否属于公共安全的范畴，是有一定争议的。人脸识别信息的安全问题之所以让人担忧，是因为之前已有相关犯罪案件发生,例如在当事人不知情的情况下,数以千万计的人脸信息数据被售卖;有些不法人员盗取公众的面部特征信息,骗过了金融机构的支付系统,获取了非法利益;一些换脸软件在收集人脸信息后,利用深度伪造的技术,通过淫秽色情等不法方式损毁个人名誉,造成很恶劣的影响。"刷脸"技术广泛应用的背后,应当追问是否"合法、正当、必要"。

2020年11月20日下午,杭州富阳法院作出一审判决:野生动物世界赔偿郭兵合同利益损失及交通费共计1038元,删除郭兵办理指纹年卡时提交的包括照片在内的面部特征信息;驳回郭兵提出的确认野生动物世界店堂告示、短信通知中相关内容无效等其他诉讼请求。正因为人脸识别这一新技术带来的不确定性,所以最高人民法院发布了《关于审理使用人脸识别技术处理个人信息相关民事案件适用法律若干问题的规定》,自2021年8月1日起施行。

二、不同主体的政策合法化

(一)立法机关或权力机关的政策合法化

立法机关或权力机关是政策合法化的主体之一,它是反映民意要求、协调不同利益需求的核心机关。在我国,人民代表大会是权力机关和立法机关,是我国制定政策和法律的主要机关,也是政策执行和监控的制约机构。宪法规定,中华人民共和国的一切权力属于人民,人民行使国家权力的机关是全国人民代表大会和地方各级人民代表大会。全国人民代表大会作为国家最高权力机关,有两个重要的职能:一是把执政党即中国共产党对国家和社会的政治领导及其政治路线、政治纲领、政治意志以国家法律的形式体现出来,使其成为国家的意志——国家权力的灵魂;二是建立政府权力体系——国家行政机关、司法机关等。立法机关或权力机关的权限基本上包括提出议案、审议议案、表决和通过议案、公布政策等。

提出议案。这是人民代表大会作为代议机构表达人民意愿的核心职能。实质上是指立法机关或权力机关进行政策制定的过程。

审议议案。作为法律批准机构，其他机关提出的相关议案必须通过立法机关或权力机关的审议才有可能完成其法律化过程。通常审议的结果包括通过议案、反对议案并提出修改意见或重新起草和否决议案等。

表决和通过议案。对议案进行审议之后，立法机关或权力机关相关委员会和核心成员对议案进行最终表决，其结果直接决定该议案能否成为法律。一般按照少数服从多数原则，表决结果表现为赞成、肯定、同意等意见，即通过。只有经过立法机关或权力机关表决通过的议案才能上升为法律。

公布政策。立法议案经过上述过程即成为法律。为使其充分发挥效力，获得良好执行，必须将法律公之于众，此时法律才能生效。一般而言，法律公布后，立法机关的政策立法过程便宣告完成。

（二）行政机关的政策合法化

行政机关及其官员是政策主体的一个重要组成部分，尤其是在当代，行政权力扩张，出现了"行政国家"或"以行政为中心"的时代，行政机关在政策过程中的地位和作用就显得更加突出了。行政机关的政策合法化一般包括委托立法和职权立法两个部分。委托立法是指行政机关受立法机关或权力机关的委托或授权而进行立法。职权立法是指行政机关依据宪法和相应法律规定，在其职权内对某些社会关系进行立法。一般而言，行政机关的政策法律化过程包括规划、征求意见、协商调整、通过、审批备案和公布等环节。

政策合法化过程是与政策决策的领导体制紧密相联的。领导体制的不同往往导致政策合法化过程的不同。我国的行政首长负责制是建立在民主集中制基础上的。在政策决策的过程中，这一点体现得尤为明显。在行政首长决定、签署政策方案之前，有些做法或制度，如政府法制工作机构对政策方案的审查，特别是重大问题必须经常务会议或全体会议讨论决定的法定制度，是与行政机关的政策合法化过程密切相关的。根据政策合法化程序的相对性原理，我们可以把这些做法或制度也看作是我国行政机关的政策合法化过程。

行政机关的政策合法化，其行为特征还包括"司长策国论"和"处长治国论"[①]。"司长策国论"就意味着，在中国政府的决策过程中，司级政府官员是最重要的政策决策角色，他们能够动员最多的政策决策资源。"处长治国论"的涵义则是，真正掌握政策执行权和行政操作权的政府官员是那些处级官员。

（三）司法机关的政策合法化

我国实行议行合一的体制，强调人民代表大会的主导地位，行政机关和司法机关接受人民代表大会的领导、监督，并对其负责。行政机关和司法机关各自独立，互不干扰，是平等和分工的关系。司法机关的政策合法化通常是指司法机关对具体行政行为是否合法进行审查。这与西方国家的司法审查制度不同。司法审

---

① 朱旭峰. "司长策国论"：中国政策决策过程的科层结构与政策专家参与. 公共管理评论（第七期）[M]. 北京：清华大学出版社，2008：42-62.

查制度的特点是以法院来解释宪法,并对立法机关和行政机关制定的法律、法规进行审查,从而做出是否违宪的裁决,决定这些法律、法规的合法性。

三、政策合法化的新发展:构建全国统一大市场

(一)中国经济增长之谜

中国经济自改革开放以来长期保持高速增长,被世人誉为"增长奇迹"。中国经济高速增长的同时,各种负面问题长期积累,如收入不平等问题、环境恶化问题、市场秩序紊乱与政府职能错位问题等等。以周黎安为代表的学者提出的"晋升锦标赛"理论颇受学界关注。该理论被认为是理解政府激励与增长的关键线索之一。晋升锦标赛作为一种行政治理的模式,是指上级政府为多个下级政府部门的行政长官设计的一种晋升竞赛,优胜者将获得晋升,而竞赛标准由上级政府决定,它可以是 GDP 增长率,也可以是其他可度量的指标。由上级政府直至中央政府推行和实施行政与人事方面的集权是晋升锦标赛的基本前提之一,而晋升锦标赛本身可以将关心仕途的地方政府官员置于强力的激励之下,因此晋升锦标赛是将行政权力集中与强激励兼容在一起的一种治理政府官员的模式,它的运行不依赖于政治体制的巨大变化。但作为一种强力激励,晋升锦标赛也产生了一系列的扭曲性后果,导致中国政府职能的转型和经济增长方式的转型变得困难重重。[①]

周黎安认为,正是因为中国具备两个政治与经济条件,因而特别适合采用晋升锦标赛的模式。第一,中国是中央集权的国家,

---

① 周黎安. 中国地方官员的晋升锦标赛模式研究[J]. 经济研究,2007(7).

中央或上级政府有权力决定下级政府官员的任命，即具有集中的人事权。第二，无论是省与省之间，还是市、区、县、乡之间都有非常相似的地方。这些地方政府所做的事情很相似，所以它们的绩效比较容易进行相互的比较。然而，晋升锦标赛有效实施的现实威胁主要来自两方面：一是晋升锦标赛不能公平、公正和公开地推行，地方官员的晋升与经济绩效无关，而是由其他一些人为因素决定，如"跑官买官"，"关系"胜于"政绩"，使得锦标赛形同虚设。二是地方官员失去参与竞赛的兴趣和热情，看淡晋升利益，只求保住职位。

（二）中国特色的治理

在周黎安看来，中国自改革开放以来推行的以经济增长为基础的晋升锦标赛，结合它在中国各级地方政府的放大机制，实际上让每一级政府都处于增长竞争格局，让每个官员的仕途升迁都与本地经济增长挂钩，调动其推动地方经济发展的积极性，这在相当程度上解决了监督激励依次递减和信息不对称的问题，大大节约了监督成本。在某种程度上，晋升锦标赛是对正式的产权保护和司法制度的一种局部替代。然而，晋升锦标赛使得政府官员只关心自己任期内所在地区的短期经济增长，而容易忽略经济增长的长期影响，尤其是那些不易被列入考核范围的影响。有些官员为了在晋升竞争中获胜，甚至不惜造假，操纵统计数据，致使民间有"数字出官，官出数字"之说。

中国在20世纪90年代中期以来陆续改革了一些政府部门的管理模式，将原来由"块管"的工商、质量监督、税收、安全生产监督等，转变为"条管"，银行也实现跨越行政区的大区管理模式。这些改革本身就有限制和纠正地方政府干预市场的"越位"

行为的考虑。但是这些改革并没有从根本上改变地方政府对这些职能部门的影响力，原因在于，在晋升锦标赛下，地方官员仍然需要这些部门对本地经济发展做贡献，一旦这些部门的做法（如严格质量监督与市场秩序管理）与本地的局部利益相冲突，地方官员仍然可以动用许多地方资源对这些"条管"部门施加有效的压力。晋升锦标赛是一把双刃剑，它的强激励本身也内生出一系列的副作用。晋升锦标赛进一步强化了地方官员与地方利益的联盟，使得中央的一些旨在改革政府职能、完善市场秩序的努力（如建立良好的市场秩序和全国共同市场）失去效力。

（三）构建全国统一市场，不断走向合法化

近年来，全国统一大市场规模效应不断显现，基础制度不断完善，市场设施加快联通，要素市场建设迈出重要步伐，建设统一大市场的共识不断凝聚，公平竞争理念深入人心。然而，实践中还有一些妨碍全国统一大市场建设的问题，例如市场分割和地方保护比较突出，要素和资源市场建设不完善，商品和服务市场质量体系尚不健全，市场监管规则、标准和程序不统一，超大规模市场对技术创新、产业升级的作用发挥还不充分，等等。因此，2022年4月10日，中共中央、国务院发布《关于加快建设全国统一大市场的意见》。该意见提出充分发挥法治的引领、规范、保障作用，加快建立全国统一的市场制度规则，打破地方保护和市场分割，打通制约经济循环的关键堵点，促进商品要素资源在更大范围内畅通流动，加快建设高效规范、公平竞争、充分开放的全国统一大市场。

在工作原则方面，该意见提出要从制度建设着眼，明确阶段性目标要求，压茬推进统一市场建设，同时坚持问题导向，着力解决突出矛盾和问题，加快清理废除妨碍统一市场和公平竞争的各种规定和做法，破除各种封闭小市场、自我小循环。坚持市场化、法治化原则，充分发挥市场在资源配置中的决定性作用，更好发挥政府作用，强化竞争政策的基础地位，加快转变政府职能方面，也是一以贯之的政策。该意见提到要不断提高政策的统一性、规则的一致性、执行的协同性，科学把握市场规模、结构、组织、空间、环境和机制建设的步骤与进度，坚持放管结合、放管并重，提升政府监管效能，增强在开放环境中动态维护市场稳定、经济安全的能力，有序扩大统一大市场的影响力和辐射力。

"统一大市场"指的是一系列制度安排的总和，制定全国规则和法律要由中央政府来进行顶层设计，所以"统一"的主体是中央政府，同时还要与地方的实践经验密切结合。"统一"要依靠法律法规的立、改、废、释等手段。建设全国统一大市场的意见，有破有立。"立"是明确立规建制，该意见明确要抓好"五统一"：一是强化市场基础制度规则统一；二是推进市场设施高标准联通；三是打造统一的要素和资源市场；四是推进商品和服务市场高水平统一；五是推进市场监管公平统一。"破"是打破市场垄断和不正当竞争行为等违反统一市场的做法。

案例分析与练习

【案例分析材料】

材料来源于《重大行政决策程序暂行条例》

第一章 总 则

第一条 为了健全科学、民主、依法决策机制,规范重大行政决策程序,提高决策质量和效率,明确决策责任,根据宪法、地方各级人民代表大会和地方各级人民政府组织法等规定,制定本条例。

第二条 县级以上地方人民政府(以下称决策机关)重大行政决策的作出和调整程序,适用本条例。

第三条 本条例所称重大行政决策事项(以下简称决策事项)包括:

(一)制定有关公共服务、市场监管、社会管理、环境保护等方面的重大公共政策和措施;

(二)制定经济和社会发展等方面的重要规划;

(三)制定开发利用、保护重要自然资源和文化资源的重大公共政策和措施;

(四)决定在本行政区域实施的重大公共建设项目;

(五)决定对经济社会发展有重大影响、涉及重大公共利益或者社会公众切身利益的其他重大事项。

法律、行政法规对本条第一款规定事项的决策程序另有规定的,依照其规定。财政政策、货币政策等宏观调控决策,政府立法决策以及突发事件应急处置决策不适用本条例。

决策机关可以根据本条第一款的规定，结合职责权限和本地实际，确定决策事项目录、标准，经同级党委同意后向社会公布，并根据实际情况调整。

第四条　重大行政决策必须坚持和加强党的全面领导，全面贯彻党的路线方针政策和决策部署，发挥党的领导核心作用，把党的领导贯彻到重大行政决策全过程。

第五条　作出重大行政决策应当遵循科学决策原则，贯彻创新、协调、绿色、开放、共享的发展理念，坚持从实际出发，运用科学技术和方法，尊重客观规律，适应经济社会发展和全面深化改革要求。

第六条　作出重大行政决策应当遵循民主决策原则，充分听取各方面意见，保障人民群众通过多种途径和形式参与决策。

第七条　作出重大行政决策应当遵循依法决策原则，严格遵守法定权限，依法履行法定程序，保证决策内容符合法律、法规和规章等规定。

第八条　重大行政决策依法接受本级人民代表大会及其常务委员会的监督，根据法律、法规规定属于本级人民代表大会及其常务委员会讨论决定的重大事项范围或者应当在出台前向本级人民代表大会常务委员会报告的，按照有关规定办理。

上级行政机关应当加强对下级行政机关重大行政决策的监督。审计机关按照规定对重大行政决策进行监督。

第九条　重大行政决策情况应当作为考核评价决策机关及其领导人员的重要内容。

第二章 决策草案的形成

第一节 决策启动

第十条 对各方面提出的决策事项建议，按照下列规定进行研究论证后，报请决策机关决定是否启动决策程序：

（一）决策机关领导人员提出决策事项建议的，交有关单位研究论证；

（二）决策机关所属部门或者下一级人民政府提出决策事项建议的，应当论证拟解决的主要问题、建议理由和依据、解决问题的初步方案及其必要性、可行性等；

（三）人大代表、政协委员等通过建议、提案等方式提出决策事项建议，以及公民、法人或者其他组织提出书面决策事项建议的，交有关单位研究论证。

第十一条 决策机关决定启动决策程序的，应当明确决策事项的承办单位（以下简称决策承办单位），由决策承办单位负责重大行政决策草案的拟订等工作。决策事项需要两个以上单位承办的，应当明确牵头的决策承办单位。

第十二条 决策承办单位应当在广泛深入开展调查研究、全面准确掌握有关信息、充分协商协调的基础上，拟订决策草案。

决策承办单位应当全面梳理与决策事项有关的法律、法规、规章和政策，使决策草案合法合规、与有关政策相衔接。

决策承办单位根据需要对决策事项涉及的人财物投入、资源消耗、环境影响等成本和经济、社会、环境效益进行分析预测。

有关方面对决策事项存在较大分歧的，决策承办单位可以提出两个以上方案。

第十三条 决策事项涉及决策机关所属部门、下一级人民政府等单位的职责，或者与其关系紧密的，决策承办单位应当与其充分协商；不能取得一致意见的，应当向决策机关说明争议的主要问题，有关单位的意见，决策承办单位的意见、理由和依据。

第二节　公众参与

第十四条　决策承办单位应当采取便于社会公众参与的方式充分听取意见，依法不予公开的决策事项除外。

听取意见可以采取座谈会、听证会、实地走访、书面征求意见、向社会公开征求意见、问卷调查、民意调查等多种方式。

决策事项涉及特定群体利益的，决策承办单位应当与相关人民团体、社会组织以及群众代表进行沟通协商，充分听取相关群体的意见建议。

第十五条　决策事项向社会公开征求意见的，决策承办单位应当通过政府网站、政务新媒体以及报刊、广播、电视等便于社会公众知晓的途径，公布决策草案及其说明等材料，明确提出意见的方式和期限。公开征求意见的期限一般不少于30日；因情况紧急等原因需要缩短期限的，公开征求意见时应当予以说明。

对社会公众普遍关心或者专业性、技术性较强的问题，决策承办单位可以通过专家访谈等方式进行解释说明。

第十六条　决策事项直接涉及公民、法人、其他组织切身利益或者存在较大分歧的，可以召开听证会。法律、法规、规章对召开听证会另有规定的，依照其规定。

决策承办单位或者组织听证会的其他单位应当提前公布决策草案及其说明等材料，明确听证时间、地点等信息。

需要遴选听证参加人的，决策承办单位或者组织听证会的其他单位应当提前公布听证参加人遴选办法，公平公开组织遴选，保证相关各方都有代表参加听证会。听证参加人名单应当提前向社会公布。听证会材料应当于召开听证会 7 日前送达听证参加人。

第十七条　听证会应当按照下列程序公开举行：

（一）决策承办单位介绍决策草案、依据和有关情况；

（二）听证参加人陈述意见，进行询问、质证和辩论，必要时可以由决策承办单位或者有关专家进行解释说明；

（三）听证参加人确认听证会记录并签字。

第十八条　决策承办单位应当对社会各方面提出的意见进行归纳整理、研究论证，充分采纳合理意见，完善决策草案。

第三节　专家论证

第十九条　对专业性、技术性较强的决策事项，决策承办单位应当组织专家、专业机构论证其必要性、可行性、科学性等，并提供必要保障。

专家、专业机构应当独立开展论证工作，客观、公正、科学地提出论证意见，并对所知悉的国家秘密、商业秘密、个人隐私依法履行保密义务；提供书面论证意见的，应当署名、盖章。

第二十条　决策承办单位组织专家论证，可以采取论证会、书面咨询、委托咨询论证等方式。选择专家、专业机构参与论证，应当坚持专业性、代表性和中立性，注重选择持不同意见的专家、专业机构，不得选择与决策事项有直接利害关系的专家、专业机构。

第二十一条　省、自治区、直辖市人民政府应当建立决策咨询论证专家库，规范专家库运行管理制度，健全专家诚信考核和退出机制。

市、县级人民政府可以根据需要建立决策咨询论证专家库。

决策机关没有建立决策咨询论证专家库的,可以使用上级行政机关的专家库。

第四节 风险评估

第二十二条 重大行政决策的实施可能对社会稳定、公共安全等方面造成不利影响的,决策承办单位或者负责风险评估工作的其他单位应当组织评估决策草案的风险可控性。

按照有关规定已对有关风险进行评价、评估的,不作重复评估。

第二十三条 开展风险评估,可以通过舆情跟踪、重点走访、会商分析等方式,运用定性分析与定量分析等方法,对决策实施的风险进行科学预测、综合研判。

开展风险评估,应当听取有关部门的意见,形成风险评估报告,明确风险点,提出风险防范措施和处置预案。

开展风险评估,可以委托专业机构、社会组织等第三方进行。

第二十四条 风险评估结果应当作为重大行政决策的重要依据。决策机关认为风险可控的,可以作出决策;认为风险不可控的,在采取调整决策草案等措施确保风险可控后,可以作出决策。

第三章 合法性审查和集体讨论决定

第一节 合法性审查

第二十五条 决策草案提交决策机关讨论前,应当由负责合法性审查的部门进行合法性审查。不得以征求意见等方式代替合法性审查。

决策草案未经合法性审查或者经审查不合法的,不得提交决策机关讨论。对国家尚无明确规定的探索性改革决策事项,可以明示法律风险，提交决策机关讨论。

第二十六条　送请合法性审查，应当提供决策草案及相关材料，包括有关法律、法规、规章等依据和履行决策法定程序的说明等。提供的材料不符合要求的，负责合法性审查的部门可以退回，或者要求补充。

送请合法性审查，应当保证必要的审查时间，一般不少于7个工作日。

第二十七条　合法性审查的内容包括：

（一）决策事项是否符合法定权限；

（二）决策草案的形成是否履行相关法定程序；

（三）决策草案内容是否符合有关法律、法规、规章和国家政策的规定。

第二十八条　负责合法性审查的部门应当及时提出合法性审查意见，并对合法性审查意见负责。在合法性审查过程中，应当组织法律顾问、公职律师提出法律意见。决策承办单位根据合法性审查意见进行必要的调整或者补充。

第二节　集体讨论决定和决策公布

第二十九条　决策承办单位提交决策机关讨论决策草案，应当报送下列材料：

（一）决策草案及相关材料，决策草案涉及市场主体经济活动的，应当包含公平竞争审查的有关情况；

（二）履行公众参与程序的，同时报送社会公众提出的主要意见的研究采纳情况；

（三）履行专家论证程序的，同时报送专家论证意见的研究采纳情况；

（四）履行风险评估程序的，同时报送风险评估报告等有关材料；

（五）合法性审查意见；

（六）需要报送的其他材料。

第三十条 决策草案应当经决策机关常务会议或者全体会议讨论。决策机关行政首长在集体讨论的基础上作出决定。

讨论决策草案，会议组成人员应当充分发表意见，行政首长最后发表意见。行政首长拟作出的决定与会议组成人员多数人的意见不一致的，应当在会上说明理由。

集体讨论决定情况应当如实记录，不同意见应当如实载明。

第三十一条 重大行政决策出台前应当按照规定向同级党委请示报告。

第三十二条 决策机关应当通过本级人民政府公报和政府网站以及在本行政区域内发行的报纸等途径及时公布重大行政决策。对社会公众普遍关心或者专业性、技术性较强的重大行政决策，应当说明公众意见、专家论证意见的采纳情况，通过新闻发布会、接受访谈等方式进行宣传解读。依法不予公开的除外。

第三十三条 决策机关应当建立重大行政决策过程记录和材料归档制度，由有关单位将履行决策程序形成的记录、材料及时完整归档。

第四章 决策执行和调整

第三十四条 决策机关应当明确负责重大行政决策执行工作的单位（以下简称决策执行单位），并对决策执行情况进行督促检查。决策执行单位应当依法全面、及时、正确执行重大行政决策，并向决策机关报告决策执行情况。

第三十五条　决策执行单位发现重大行政决策存在问题、客观情况发生重大变化，或者决策执行中发生不可抗力等严重影响决策目标实现的，应当及时向决策机关报告。

公民、法人或者其他组织认为重大行政决策及其实施存在问题的，可以通过信件、电话、电子邮件等方式向决策机关或者决策执行单位提出意见建议。

第三十六条　有下列情形之一的，决策机关可以组织决策后评估，并确定承担评估具体工作的单位：

（一）重大行政决策实施后明显未达到预期效果；

（二）公民、法人或者其他组织提出较多意见；

（三）决策机关认为有必要。

开展决策后评估，可以委托专业机构、社会组织等第三方进行，决策作出前承担主要论证评估工作的单位除外。

开展决策后评估，应当注重听取社会公众的意见，吸收人大代表、政协委员、人民团体、基层组织、社会组织参与评估。

决策后评估结果应当作为调整重大行政决策的重要依据。

第三十七条　依法作出的重大行政决策，未经法定程序不得随意变更或者停止执行；执行中出现本条例第三十五条规定的情形、情况紧急的，决策机关行政首长可以先决定中止执行；需要作出重大调整的，应当依照本条例履行相关法定程序。

第五章　法律责任

第三十八条　决策机关违反本条例规定的，由上一级行政机关责令改正，对决策机关行政首长、负有责任的其他领导人员和直接责任人员依法追究责任。

决策机关违反本条例规定造成决策严重失误，或者依法应当及时作出决策而久拖不决，造成重大损失、恶劣影响的，应当倒查责任，实行终身责任追究，对决策机关行政首长、负有责任的其他领导人员和直接责任人员依法追究责任。

决策机关集体讨论决策草案时，有关人员对严重失误的决策表示不同意见的，按照规定减免责任。

第三十九条　决策承办单位或者承担决策有关工作的单位未按照本条例规定履行决策程序或者履行决策程序时失职渎职、弄虚作假的，由决策机关责令改正，对负有责任的领导人员和直接责任人员依法追究责任。

第四十条　决策执行单位拒不执行、推诿执行、拖延执行重大行政决策，或者对执行中发现的重大问题瞒报、谎报或者漏报的，由决策机关责令改正，对负有责任的领导人员和直接责任人员依法追究责任。

第四十一条　承担论证评估工作的专家、专业机构、社会组织等违反职业道德和本条例规定的，予以通报批评、责令限期整改；造成严重后果的，取消评估资格、承担相应责任。

第六章　附　则

第四十二条　县级以上人民政府部门和乡级人民政府重大行政决策的作出和调整程序，参照本条例规定执行。

第四十三条　省、自治区、直辖市人民政府根据本条例制定本行政区域重大行政决策程序的具体制度。

国务院有关部门参照本条例规定，制定本部门重大行政决策程序的具体制度。

第四十四条　本条例自2019年9月1日起施行。

【练习题】

1. 哪些事项属于重大行政决策范围?
2. 重大行政决策应当遵循什么原则?
3. 重大行政决策在增强公众参与的实效方面有什么规定?

第三章　公共决策体制

> 这些田园风味的农村公社不管看起来怎样祥和无害，却始终是东方专制制度的牢固基础，它们使人的头脑局限在极小的范围内，成为迷信的信服工具，成为传统规则的奴隶，表现不出任何伟大的作为和历史首创精神。
>
> ——《马克思恩格斯全集》第 2 卷

公共决策体制一直被误读为静态的制度描述，或是一部宫廷斗争史。在剔除丰富多彩的鲜活内涵以及客观科学的制度演变之后，公共决策体制研究所引发的将只是枯燥无味的事例堆积，或是某些学者不切实际的奇思妙想，而非科学的探索。本章在收集和分析现存文献著作中关于自上而下式、自下而上式以及协作式三种公共决策体制模式研究成果的基础上，对三种模式中的自变量进行概括总结，进一步与因变量（决策体制）进行对比，以考察三种公共决策体制的性质差异，最后提出三种模式的发展态势。

第一节　公共决策体制的构成变量

相对于公共政策研究正处于补课阶段的中国而言，西方国家历来重视政府决策问题的研究,然而,西方学者在政策研究进程中主要着眼于政府决策过程的科学性分析与合理性探讨,更多的是从微观决策过程入手,对如何优化行政决策加以研究,例如西蒙所提出的"理性决策"模型、林德布洛姆的"渐进决策"模型等。简化的决策理论与复杂的现实经验之间的巨大鸿沟已引起人们对理论猛烈的批评,而西方理论中一个至关重要的假设,即依靠自由选举的民主体制进行政策制定并未引起多大关注,以至于很多公共政策专家事先没有料到发展中国家的巨大发展,事后仍然摸不着头脑,只顾为自己的晦涩理论辩护,导致西方公共政策理论对于那些不依靠自由选举的非民主体制国家实际上并没有起到良好的指导作用。

理论的重要功能是通过简明扼要的描述让人们了解纷繁复杂的现象或者事件发生的脉络和原因。理论一般具有概念/变量、命题/假设、机制/原理,以及边界条件等几个关键要素。而且,理论具有宏大理论、中层理论和细微理论之分。[1] 宏大理论是高度复杂、非常抽象和系统的理论,包括社会、组织和个人的方方面面。宏大理论就像一种范式,代表那些广泛意义上共享的信念和看法,这些信念涉及世界的起源、本质及运作的基本法则。这些范式往往能够提供一种理论的透镜,去界定和检验世界。例如,中国道家的阴阳理论、马克思的阶级斗争理论、帕森斯的结构功能理论、霍曼斯(George Casper Homans)的社会交换理论都是宏大理论。在管理学领域,影响比较大的宏大理论有社会资本理论、资源依

---

[1] 陈晓萍、沈伟. 组织与管理研究的实证方法(第三版)[M]. 北京:北京大学出版社,2018:74-75.

赖理论、委托代理理论,它们常常发挥着学术研究中的通用参考框架的作用。宏大理论最为抽象,其中的概念和变量之间、命题和假设之间的距离最大,从可观察的现象识别其背后隐含的法则也最难。

中层理论是介于宏大理论和细微理论之间的那类理论,它在全面程度和抽象程度上都是中等的,目的在于解释具有一定复杂程度的现象背后的规律。宏观理论由于太抽象、太空泛而通常无法检验,无法证实,缺乏精确性与操作性;微观理论由于太具体、太琐碎,容易陷入钻牛角尖的危险,缺乏普遍性与实用性。因此,中层理论的倡导者力求在研究的集中性和全面性之间取得平衡,既关注一般社会政治问题,又提出切实可行的理论假设;既有价值取向的指导,又有事实证据的支持。政策理论中的精英理论、团体理论等均属中层理论的范畴。

细微理论又被称为"工作假设",它指的是普通人在日常生活中建立起来的常识。例如,当某位员工早晨上班迟到,而前一天晚上电视台直播了一场欧洲杯足球赛的实况,该员工所在部门的主管便可能假设他是由于看电视过晚,影响睡眠,所以迟到了。细微理论最具体,理论与可观察的现象之间几乎是相同的。

在公共决策体制方面,不同政体的形成已经超出本章研究的范围,本章的旨趣在于探究构成公共决策体制的自变量有哪些,并通过中观理论的视角观察它们如何影响公共决策体制发挥作用的课题。

首先,权力一直是政治领域争论的核心,同样也是公共政策探讨的主题,因此,权力的构架和来源构成了公共决策体制最主要的影响因素。权力因子之所以如此重要,是因为权力的实质问题是利益问题，利益是权力的原动力，从而塑造出不同的公共决策体制。如果将公共决策体制比喻为公共决策系统的骨架，那么，作为内生变量的权力因子就有如骨髓，是其精华之所在，并贯穿于始末。早在半个世纪以前，拉斯韦尔就提出"政治研究是对权势和权势人物的研究"的看法。林德布洛姆也认为，政策是通过彼此行使权力或影响力的复杂的过程被制定出来的。有鉴于此，可以将权力的构架和来源作为分析和理解公共决策体制的一把钥匙。

其次，决策主体的地位，即决策主体的产生方式及地位状况是垄断还是竞争构成公共决策体制第二个自变量。恩格斯在《法兰西内战》1891年单行本导言中提道，"为了防止国家和国家机关由社会公仆变为社会主人——这种现象在至今所有的国家中都是不可避免的"，应当"把行政、司法和国民教育方面的一切职位交给由普选选出的人担任，而且规定选举者可以随时撤换被选举者"。① 马克思主义经典作家很早就睿智地看到，通过竞争"彻底清除了国家等级制，以随时可以罢免的勤务员来代替骑在人民头上作威作福的老爷们，以真正的负责制来代替虚伪的负责制，因为这些勤务员总是在公众监督之下进行工作的"②，能够解决公共决策体制中应该对谁负责这一核心问题。

最后，公共决策体制的第三个自变量是历史文化。目前对公共决策体制研究的结论没有超出马克思的论述："人们自己创造自

---

① ［德］马克思、恩格斯. 马克思恩格斯选集（第3卷）［M］. 北京：人民出版社，1995：12-13.
② ［德］马克思、恩格斯. 马克思恩格斯全集（第17卷）［M］. 北京：人民出版社，1963：590.

己的历史，但是他们并不是随心所欲地创造，并不是在他们自己选定的条件下创造，而是在直接碰到的、既定的、从过去承继下来的条件下创造。"① 帕特南（Robert D. Putnam）在《使民主运转起来》一书提到，他在对意大利进行20多年的实证研究后发现，导致意大利在法西斯专制崩溃后走向善治和繁荣的是深厚的公民传统，以及在此基础上建立起来的一套有效的民主机制。他进一步得出不是经济增长产生公民精神，而是公民精神导致经济增长和有效民主制度的结论。该书不仅使帕特南在学术界声名鹊起，同样也印证了历史文化的影响在塑造公共决策体制中发挥的作用是不言而喻的。

可见，权力的构架和来源以及决策主体地位的垄断和竞争属于公共决策体制的内生变量，历史文化则是公共决策体制的外生变量，它们共同发挥作用，塑造出不同的公共决策体制。下面将采用此三个变量考察三种不同的公共决策体制。

第二节　自上而下的公共决策体制

在众多的政治学家和公共政策学家中，对于各种决策权力来源的理解存在截然不同的观点。首要的一种属于"独裁的""对抗性的""恶的"范畴——那些政治精英、统治阶级、管理人员总是想最大程度地榨取被统治阶级或被管理人员的资源，统治者为了最大限度地实现其意志，需要通过相应制度安排来从其下属中获

---

① [德] 马克思、恩格斯. 马克思恩格斯选集（第1卷）[M]. 北京：人民出版社，1995：585.

得合法性，实施统治者的意志，处理臣民以及下属之间的纠纷，镇压与统治者争权者。这一权力来源学说揭示了两个对立阶级的紧张关系，将决策看成统治者或政治精英的专属领域，以维护他们在政策体制中的角色和地位，其中的关门决策、动员进行是其典型特征。在决策的权力构架上，统治者或政治精英占有绝对的控制权，民众难有根本上的决定权或参与权，最终构成了自上而下的公共决策体制。

对于自上而下的公共决策体制，有力的理论解释是精英理论。精英理论的主要观点是：在政策过程中，不是人民或"大众"通过他们的要求和行动来决定公共政策，相反，公共政策是由掌握统治权的精英决定的，并由政府官员和机构加以执行。托马斯·戴伊和哈蒙·齐格勒（Harmon Zeigler）概括了精英理论的主要思想[1]：

第一，社会分化为掌权的少数人和无权的多数人（只有少部分人才有权决定社会的价值分配，而大众不能决定公共政策）。

第二，少数的统治者并非被统治的大众的代表，精英主要来自社会经济地位比较高的社会阶层，完全没有比例的均衡。

第三，非精英人物向精英人物转化的过程是缓慢和持续的，从而保持社会稳定并避免发生革命。在非精英人物中，只有那些接受精英人物的共同观念的人才被允许进入精英阶层。

第四，在社会制度的基本价值观和维护这一社会制度方面，精英的看法是基本一致的。

---

[1] [美]詹姆斯·E. 安德森. 公共政策制定（第五版）[M]. 谢明等译. 北京：中国人民大学出版社，2009：22.

第五，公共政策所反映的不是大众的要求，而是精英的主要价值观。公共政策的变化是渐进的，而不是革命性的。

第六，精英可以跳出狭隘的自我服务动机，并冒着大众支持减弱的风险来发动变革，制约弊端，承担公共项目，从而维护现有的制度和他们自己在其中的位置。

第七，相对而言，活跃的精英很少受麻木的大众的直接影响。精英对大众的影响甚于大众对精英的影响。

精英理论关注政策形成中领导人物的作用主要基于这样的事实：在任何政治制度下，总是少数人统治多数人。学术界对精英模型也一直存在着激烈的争论：支持者认为这种模型反映了历史现实，具有极强的现实解释力；反对者认为这种模型忽视了人民大众在政策过程中的作用，而且与不断扩展自由民主的理念相违背，甚至认为"精英们的政策制定过程常常是肮脏的、混乱无序的和钩心斗角的"[①]。

由于决策者在政治组织机构中的地位决定着他所掌握资源的多少和影响社会程度的大小，所以决策者要坚决捍卫自身的地位也就不足为奇了。社会学家米尔斯（Charles Wright Mills）在《权力精英》一书中曾对现代社会中权力组织机构的基础做了最为精彩的描述："假如有一百名最有权势的人，一百名最富有的人，一百名最有名望的人，我们剥夺其现在在社会体制中占据的地位，剥夺其人力资源和财富，剥夺聚焦在他们身上的媒体关注，那么他们就会一无所有，没有权力，没有金钱，没有声望。因为权力

[①] [美]托马斯·R. 戴伊. 自上而下的政策制定 [M]. 鞠方安、吴忧译. 北京：中国人民大学出版社，2002：80.

并非人所固有的,财富并非集中于富人的身体之中,名气并非任何人格的内在属性。要想出名,要想富有,要想拥有权力,就必须跻身于社会主要机构之中,因为人们在社会体制中所占有的地位基本上决定了他们拥有和把持这些宝贵经验的机会。"①

当处于垄断地位的统治者或管理者凌驾于社会之上时,不管是进行统治还是管理,他们都必然会选择强制性的作用机制,以巩固和加强其统治或管理。结果,这些机制作为社会的异化,成了社会的异己力量。在宋高宗时期,宰相秦桧建立了一种前现代的思想控制手段。尽管公开资料不多,但几部史书都提到了绍兴年间的"禁学"。起初,他命令重修官方实录,以便清除对己不利的内容,后来又反复重申禁止出版、流通包含政治流言的私家历史记录的命令。遭到压制的不仅仅是政治方面的书籍,还有那些包含所谓异端理论、奇谈怪论的书,以及谤诗。每有书籍即将付印,都要送一部到国子监接受审查。在种种威压之下,多数士大夫都不再参与政治讨论。在秦桧看来,最迫切的任务就是不断揪出那些持不同意见的士大夫,消除其潜在影响。秦桧推行高压政策的代价是士大夫阶层道德沦丧,几乎没有士大夫敢冒政治风险往前迈一步或是畅所欲言。②

历史文化对公共决策体制的作用是潜移默化的。中西方都经历过长期黑暗残暴的统治时期,西欧一千年间最为黑暗的中世纪,以及中国几千年封建专制所造成的影响是不言而喻的。无论是西

---

① [美] C. 赖特·米尔斯. 权力精英 [M]. 尹宏毅、法磊译. 北京:新华出版社,2017:7.
② [美] 刘子健. 中国转向内在:两宋之际的文化转向 [M]. 赵冬梅译. 南京:江苏人民出版社,2012:97-99.

欧中世纪的封建等级体系，还是中国传统社会的专制集权统治，都只有一个核心主题，即如何永远维护皇族一家、皇帝世系一人对社会正统的集权专制的统治。而各种理论学说，无论是西方的"君权神授"，还是儒家乡愿式的仁义、礼制、"民贵君轻"、"内圣外王"等，全都是为上述核心主题服务的。文化包括三个层面：物质文化、制度文化和精神文化。凸显威严、权威的皇宫、衙门呈现的物质文化，强调命令服从的制度文化，体现无独立人格的臣民的精神文化，三者相互作用，共同推动公共决策体制的形成和发展。这种决策体制处处散发出对王权的顶礼膜拜，以及对集权保持根深蒂固的信奉和崇拜。难怪鲁迅先生说，中国人两千多年来始终都生活在一个封闭得连窗户都不可能打开的黑暗的铁屋子之中。经过中世纪的炼狱，以及文艺复兴的洗礼，近代欧洲成为世界进步的火车头，所诞生的近代文明以其巨大的影响左右了世界近代历史的走向。人权、民主、法治、共和、科学等观念，今天已为世人广泛接受。中国结束封建专制仅仅是20世纪的事，新中国的建立也不过半个多世纪，无论对于决策体制的产生还是变迁，历史文化的影响都是难以忽视的。

在政府与市场之间，西方政府总是被看成一种"恶"，一种不得已而为之的组织模式，应该让"有形之手"远离"无形之手"，并让"无形之手"充分发挥功效，所以主张限制政府的思想著作可谓浩如烟海。东方国家却认为政府是最值得人民信任的组织，而市场只不过是蝇营狗苟之辈的舞台，正所谓"君子喻于义，小人喻于利"，所以人们"学而优则仕"，赞美政府、崇尚权威的思想著作汗牛充栋。在政府与社会之间，西方政府一开始就被人民当作"民有、民治、民享"的政府，所以公民的权利意识很强，公民社会成熟较早,发展较快。即使在某些时期有强势政府出现,那也是短期的,因为有庞大的公民社会与之相抗争,以免强势政府破坏公民权利。东方国家则深受儒家文化的影响,不同于西方民主宪制从客观制度着眼,对权力进行防范,儒家思想非常注重自身的修为,认为内圣外王是统一的,内圣是外王的基础,是出发点、立足点和本质所在,着眼于统治阶级德行的培养,以期待一个理想的人格主政,缺乏一种"发自对人性中与宇宙中与始俱来的种种黑暗势力的正视和省悟"① 的幽暗意识,所以整个社会基本上是一个个单独的个体,社会呈现"碎片化"状态,而政府可以固若金汤。正因此,东方国家基本上一直是处于统治型的社会治理模式中。在统治型的社会治理模式中,统治者与被统治者之间不是一种平等的关系,公民很难通过定期选举的方式将统治者更换下来。中西方文化的分野,为两种迥异的治理传统提供了注脚。

《资治通鉴·卷第一百七十三·陈纪七》记载,北周国主宇文赟刚即位时,嫌高祖时施行的《刑书要制》量刑太重而予以废除,又几次赦罪。京兆郡丞乐运向宣帝上疏:"《虞书》中所说的'眚灾肆赦',是说因无心的过失而犯罪的,应当宽恕赦免;《吕刑》中说'五刑之疑有赦',是说对判刑有怀疑的,可以改为处罚,对处罚有怀疑的,可以改为免罪。我认真地查阅了经典,没有发现对罪行不分轻重、普天下一律大赦的记载。天子怎能几次施行非同寻常的仁慈,使为非作歹的人放肆作恶!"宇文赟不采纳他的意见。不久以后百姓不怕犯法。宇文赟知道自己奢侈、淫乱,过失

---

① 张灏. 幽暗意识与时代探索[M]. 广州:广东人民出版社,2016:2.

一定很多，但他厌恶别人的规劝，便采用威严酷虐的手段，迫令下面的人畏惧屈服。他制定并颁布了《刑经圣制》，用刑更加严厉。同时他秘密地派左右的人窥伺群臣，发现官员犯有小的过失，便任意治罪甚至杀害。

政治精英对决策权力的独占性、对组织地位的垄断性以及专制集权文化的渗透性，共同构筑成典型的自上而下的公共决策体制。自上而下的公共决策体制模式长期主导决策领域，即使在以民主著称的美国，林德布洛姆同样认为："那些有关行政、商业以及非营利部门政策的直接制定者或者与政策制定关系最密切的人中，普通公民的占有率极小。"[1] 而戴伊毫不客气地指出："正如在所有的国家一样，美国的公共政策反映了统治阶级精英的价值观念和兴趣喜好。那种宣称公共政策反映了'民众的要求和呼声'的断言，与其说是表达了民主的真谛，倒不如说是描述了一种神话。无论人们多么广泛地相信这一神话，也无论学者们多么巧妙地维护这一神话，但事实却是：公共政策是自上而下地制定的。"[2]

第三节　自下而上的公共决策体制

在对各种决策权力来源的理解中，与"独裁的""对抗性的""恶的"观点形成鲜明对照的是"民主的""基于社群的""善的"类型。这一权力学说的现实基础源于古雅典和古罗马的政治实践：

---

[1] Charles E. Lindblom and Edward J. Woodhouse, *The Policy Making Process*, 3rd ed., Englewood Cliffs, NJ: Prentice Hall, 1993, p. 9.
[2] [美] 托马斯·R. 戴伊. 自上而下的政策制定 [M]. 鞠方安等译. 北京：中国人民大学出版社，2002：41.

古雅典人非常热衷于公民参与,他们的公民大会是国家最高权力机构,并通过抽签的方式产生执政委员会,其官员任期只有一年,而且委员除了得到少许肉外,没有任何的报酬。亚里士多德评价雅典平民政治的本质特征是"依从民主的概念,则平民群众必须具有最高权力;政事裁决于大多数人的意志;大多数人的意志就是正义"①。古罗马官职和早期的雅典官职一样没有报酬,特别是对于高级官吏,要求一定的资产作为"代表资格"。而且当时还流行这样的观念:有官职的人不但需要按照他们的身份生活,还必须把个人的财产投入到公共建设、娱乐组织中去。这种权力学说类型反映在决策的权力构架上,就是公民在公共事务及决策中拥有绝对的控制权。虽然公民拥有主导权的政治实践并不久远,却给后世留下了宝贵的政治遗产和广阔的想象空间。

毋庸置疑,民主过程的核心内容在于公开竞选。② 但是,通过竞选将公民的要求转化为公共政策,需要满足以下几个条件:第一,竞选者必须向选民清楚地阐明自己的政策选择;第二,选民必须根据自己的政策取向进行投票;第三,选举结果必须反映出一种政策倾向;第四,赢得竞选者必须努力兑现自己竞选时所承诺的政策;第五,对当选者的说谎必须存在一种制约和惩罚机制。虽然实际上难以同时满足上述所有条件,但选民们确实会给与自己政策观点一致的候选人投上一票。赫尔德(David Held)曾针对古雅典民主运作过程做了如下详细叙述:"公民大会规模过大,以至于很难定下一个日程表和起草法律,也不能成为新的政治创见

---

① [古希腊]亚里士多德. 政治学 [M]. 吴寿彭译. 北京:商务印书馆,1965:131.
② [美]托马斯·R. 戴伊. 自上而下的政策制定 [M]. 鞠方安等译. 北京:中国人民大学出版社,2002:14.

或提案的核心机构。一个由 500 人组成的评议会负责组织和提出公共决策；同时，辅之以一个更有效率的 50 人委员会（任期为一个月）。该委员会由一位主席负责（任期为一天）。法院建立在与公民大会相似的基础之上。城市的行政职能由若干治安官来行使，但即使是这些职位，也是由一个十人理事会所共同占据的，因而权力甚为分散。几乎所有这些'官员'都是由一年一次的选举产生的（每个人一生中至多只能担任两次）。而且，为了避免专制政治和与直接选举相关的委托关系的危险性，（古雅典人）采用了各种各样的选举方法来保证政治行政首脑和国家体系履行其职责，这些方法包括职务轮换、抽签或抓阄，以及直接选举。"① 从马克思在《法兰西内战》中对巴黎公社的高度评价中同样可以看出，革命导师对社会公职被垄断有着深深的担忧："公社一举而把所有的职务——军事、行政、政治的职务变成真正工人的职务，使它们不再归一个受过训练的特殊阶层所私有……"②

西方政制起源于古希腊的民主制。古希腊人建立政治共同体的目的在于设立通行的标准和惯例，并且支持、宣传和执行这些标准，以维护与促进公民的最大利益和共同利益。在雅典，公民们不受任何个人或集团反复无常的意志的统治，而只接受符合正义的法律的统治，享有言论自由和参与政治事务的权利，许多官职从公民中抽签产生，重大问题要在全体公民面前进行辩论。这种制度本身提供了有效的公民教育，使得公民感到个人意志有机

---

① David Held, *Models of Democracy*, 2nd ed., Stanford: Stanford University Press, 1996, pp. 3-21.
② [德] 马克思、恩格斯. 马克思恩格斯文集（第 3 卷）[M]. 北京：人民出版社，2009：197.

会介入决策的过程，在城邦事务上感到自己的分量。公民充分参与政治实践催生出公共精神，并产生出一个公民社会。中国封建专制集权的政制延续了几千年，虽然儒家一直强调"民为贵，社稷次之，君为轻"，道家也认为"太上，不知有之；其次，亲而誉之；其次，畏之；其次，侮之"，但实际上，这只存在于诸子百家美好的愿望中。在皇权垄断一切政治、经济、文化和社会资源的基础上，任何民贵君轻的言论都只是自欺欺人。而历史中的法家，本质上为集权专制服务的目的性比儒家更赤裸裸，也更残忍凶狠。一些学者甚至认为中国历史上各家各派所谓的"学"，尽管面目有别，但它们为维护皇族一家、皇帝世系一人的正统的集权专制统治的宗旨，却是相同的。这也是道家、佛家在漫长的中国历史中能够幸运地生存下来的一个不可缺少的根本前提，否则它们早就湮灭了。这种状况一直到新中国成立才发生彻底的改变。

在自下而上的公共决策体制理论解释里，团体理论和公共选择理论有着较强的解释力。

团体理论认为，当分享共同利益的人组织起来，相互发生作用，并通过政治过程追求目标时，他们就构成了政治团体。团体理论注重的基本概念包括：相互作用、关系、利益、过程、活动等。尽管现代社会的公民以个人身份享有政治社会权利，但其政治影响力的发挥多以组织的形式来实现。现代政治活动的实际状态就是不同团体之间的互动——斗争、合作与妥协。团体才是政治场上活动的主体，个体只有通过团体才能扩大其影响，其利益也才更有可能实现。公共政策实际上是集团斗争中相互妥协的结果，是不同利益集团之间的一种平衡产物。团体理论也受到一些批评。如从方法论角度而言，仅仅从利益和团体斗争的角度揭示政治和政策制定，带有一定的误导性和无效性。因为这会忽视很多其他方面的因素，如观念和制度。在自下而上的公共决策体制中，团体充当了个人与政府之间重要的中介角色。从理论上讲，通过给个人提供直接影响政府决策的途径和方式，团体更新和修补着决策制度。中国历史上，大宋改革史中的王安石与司马光变法之争，亦即所谓的改革派和保守派之争，是团体之争的代表性例子。《续资治通鉴·卷第六十七·宋纪六十七》记载，皇帝欲重用司马光，于是询问王安石的意见，王安石说："光外托劘上之名，内怀附下之实，所言尽害政之事，所与尽害政之人，而欲置之左右，使预国政，是为异论者立赤帜也。"后来皇帝任命司马光为枢密副使，司马光上疏力辞，说："陛下诚能罢制置条例司，追还提举官，不行青苗、助役等法，虽不用臣，臣受赐多矣。"司马光对王安石的评价是"人言安石奸邪，则毁之太过；但不晓事，又执拗耳"。王安石对极力反对他政见的司马光，则评价道："司马君实君子人也。"两位私交不错，却在政见上分道扬镳，究其原因，王安石一语道破："道不同而已。"

公共选择理论运用现代经济学的逻辑和方法，分析现实生活中政治个体的行为特点和政府的行为特点，研究非市场决策的集体决策，并以人的自利作为出发点，分析个人在政治市场上对不同的决策规则和集体制度的反应（即公共选择问题），以期阐明并构造一种真正能把个人的自利行为导向公共利益的政治秩序。公共选择理论作为政治的经济理论是就其分析的方法而言的，它把经济学中的"经济人"（或"理性人"）假设移植到政治领域，认为政治领域中的个人也是自利的、以自己的利益最大化为行为准则的经济人；并将经济市场上的交易分析扩展到政治领域（或称为"政治市场"),把人们在政治领域的相互作用过程视作"政治上的交易",认为政治过程和经济过程一样,其基础是交易动机、交易行为,政治的本质是利益的交换。经济人假设是公共选择理论和传统政治理论的根本区别。政治学的传统是假设政府是代表公民利益的,政府官员和政治家的目标是社会利益的最大化,政治学的基本内容是关于如何建立一个美好社会的规范性论述。公共选择理论用"追求个人利益最大化"来概括一切人的行为动机,保持了个人模型在经济背景和政治背景下的对称与逻辑上的一致性,得到了一系列"政府失灵"的分析结论。

公民在政治领域特别是在决策中占据主导地位,通过竞争可以随时撤换公职人员,以充分辩论的形式参与公共事务的治理,从而催生出公民社会和公共精神,避免政府失灵,成为人类孜孜以求的奋斗目标。这种自下而上的公共决策体制曾在遥远的希腊罗马时代存在过,也昙花一现于巴黎公社时期。无论这种模式被如何地描述为乌托邦,谁又能够否定现今世界的政府治理不是朝向这一模式迈进呢?正如党的二十大报告主张:"必须坚持人民至上。人民性是马克思主义的本质属性,党的理论是来自人民、为了人民、造福人民的理论,人民的创造性实践是理论创新的不竭源泉。一切脱离人民的理论都是苍白无力的,一切不为人民造福的理论都是没有生命力的。我们要站稳人民立场、把握人民愿望、尊重人民创造、集中人民智慧,形成为人民所喜爱、所认同、所拥有的理论,使之成为指导人民认识世界和改造世界的强大思想武器。"

第四节　协商式的公共决策体制

探求权力的来源，并不是认为存在永恒不变的抽象权力，或权力天然就有善恶之分，而是希望为决策体制的分析或建构提供一个基本的基础和起点。同样，权力的来源与人性的假设是一个硬币的两面，反映的都是作为个体或组织所具备的本质属性。任何制度分析应该建立在对权力的来源和人性的基本假设及合理判断的基础上。在谈到建立权力制约的宪制体制时，美国第四任总统麦迪逊的一段言辞最好地揭示出作为个体或组织所具备的本质属性："人的利益必然是与当地的法定权利相联系。用这种方法来控制政府的弊病，可能是对人性的一种耻辱。但是政府本身若不是对人性的最大耻辱，又是什么呢？如果人都是天使，就不需要任何政府了。如果是天使统治人，就不需要对政府有任何外来的或内在的控制了。在组织一个人统治人的政府时，最大困难在于必须首先使政府能管理被统治者，然后再使政府管理自身。毫无疑问，依靠人民是对政府的主要控制；但是经验教导人们，必须有辅助性的预防措施。"[1] 在人既非天使也非魔鬼的假设中，人类要想寻求共同的利益，必须具备四类基本的决策制度：涉及规则设定的集体决议制度、涉及规则应用的决议实施制度、涉及规则争议的仲裁制度、涉及纠错和惩罚的规则执行制度。正是人类创造的这些制度，将政府公职人员同公民之间紧密地联系起来。然

---

[1] ［美］汉密尔顿、杰伊、麦迪逊. 联邦党人文集［M］. 程逢如、在汉、舒逊译. 北京：商务印书馆，1980：264.

而，对于政府结构制度化造成治理风格的永久性的批评从来就没有停止过，而将政府为其政策的辩护看成是出于维护自身的利益，而非维护服务对象的利益这种耳熟能详的观点，更是体现了两者的紧张关系。两者不断纠缠的关系一直呈现出相互协商的发展态势。

现实当中，那种完全将公共权力作为某一个阶层的私有领域，实施"政党分肥制"（或称"政党分赃制"）的做法已经不得人心。美国曾经一度盛行臭名昭著的"政党分肥制"，其引发的恶果令人不寒而栗。而期望政治精英们将公共职位完全市场化，进行充分的竞争，在物欲横流、"经济人"假设根深蒂固的年代，无异于与虎谋皮。当前最为盛行的公共选择理论中，代议制理论、利益集团理论、投票理论、政党理论、寻租理论等等，无一不体现出对公民与政府之间对话进行制度安排的关注。公共选择理论的奠基者们在退休之际所发表的文章显示，他们对自己的理论表达出的更多是一种悔恨而非喜悦。布坎南（James M. Buchanan）发问："现在是否是跳出那些似乎由行为的经济模型强加的相对狭隘的行为限制的时候了？"奥斯特罗姆（Elinor Ostrom）认为："关于'国家'和'市场'的概念难以明确表达现在所掀起的这场知识革命的有效方法……它们太笼统因而没有什么用处，并且有误导和危险的风险。"尼斯卡南（William Authur Niskanen）坦言："早期的公共选择的简单模型现在看来似乎是对早期民主理论的一种浪漫合理的说明。随后的论著大多则是智力游戏的集合。"事实上，大师们也承认存在公共利益，以及在政府机构里存在具有公共精神的人。① 大师们复杂矛盾的心情与他们创造的理论一样,既对公共利益私人化或政治领域经济化现象做了深刻的揭示和批判,以及表现出深深的无奈,也充满对献身公益事业的公职人员的热切期盼。

即使在封建社会,对于公共权力的运行也有不少的智慧启示。《资治通鉴·卷第一百四十·齐纪六》记载,南北朝时期,北魏太子在太庙举行了加冠之礼。魏帝想要改变北方风俗,召见文武群臣,问他们:"各位爱臣希望朕远追商周呢?还是希望朕不及汉晋呢?"咸阳王拓跋禧回答说:"群臣们都盼愿陛下能超过前代的圣王。"魏帝接着又问道:"那么应当改变风俗习惯呢?还是因循守旧呢?"拓跋禧再回答:"愿意圣政日新。"又问:"是希望功业只到我一身为止呢?还是希望传之于子孙后代呢?"回答说:"愿意传之于百世。"魏帝说:"那么,一定要有所改革创新,你们不得违背命令。"回答说:"上令而下从,有谁敢违抗呢?"魏帝说:"现今朕想要禁止使用北方的语言,全部改用汉语。年龄在三十岁以上的人,由于习性已久,可以宽容他们不能一下子就改换过来。但是,年龄在三十岁以下的人,凡在朝廷中任职者,语音不准照旧说北方话,如果有谁故意不改,就要降免其官职。各位应当严加警戒。各位王公卿士意下如何?"回答:"无不遵从圣旨。"魏帝接着说:"朕曾经与李冲谈过这件事,李冲说:'四方之人,言语不同,故不知应该以谁的为是;做皇帝的人说的,就是标准。'李冲此话,论罪应当处死。"作为唯唯诺诺的臣子,李冲可谓做到极致,毫无建言。"做皇帝的人说的,就是标准"成为推诿责任最好的挡箭牌。

---

① 方福前. 公共选择理论——政治的经济学 [M]. 北京:中国人民大学出版社,2000:252.

稍有辨别能力的、正直的人，大多都不会说出如此谄媚之言。因此想有一番建树的魏帝看着李冲又说道："你有负于社稷，应当让御史把你牵下去处罚。"李冲摘下帽子，磕头谢罪。魏帝又指责出巡时留守洛阳的官员们："昨天，朕望见妇女们还穿着夹领小袖衣服，你们为什么不遵行朕之前的诏令呢？"这些官员们都磕头谢罪不已。魏帝说道："如果朕讲得不对，你们可以当庭争辩，为什么上朝时顺从朕旨，退朝后就不遵从呢？"事实上，魏帝指出了问题，但责任归属却指向他人，这没有真正解决问题。

纵观世界文明史，西方文明以海洋文明为代表，贫瘠的土地，便利的海上交通，使商业的发展成为一种可能和必然。海洋交通和贸易的风险比较高，加深了人们对契约重要性的认识，因此培育了契约精神。商业的发展和契约精神的形成，构成了资本主义发展的基本要素，也是市场经济的本质。也因此，西方国家几乎没有形成过高度中央集权的国家政权。然而，由于东方国家基本属于内陆农业文明，农业文明的社会主体以大量的小农为主，他们追求一种安全感，生活上自给自足，封闭的环境和保守的思想使其信奉和崇尚王权。他们追求和谐与天人合一的价值观，群体观念深厚，以服从集体为主，催生了集权制。这种高度集中的政治权力形成后，必然会按照自身规律对经济基础发挥独立的作用，从而阻碍生产力的发展，并难以体现一种实质上的"众生平等"。当前，全球治理风起云涌，再加上肇始于西方国家的新公共管理和新公共服务运动以横扫千军之势迅速而持续地影响着世界性的政府改革，促使任何一个国家都不得不重新审视政府与公民之间的关系定位。近乎世界性的"服务型"政府构建，正是两者互动加深的真实写照。当然，现代文化必然要取代传统文化，这是由历史所决定的。近50年来，东方文化的三个结构就开始发生明显变化，突出表现在人们对自身利益诉求的觉醒、道德理想人格结构发生裂变以及价值一元逐渐向多元转变。实际上，这就是历史发展的必然。现代社会制度的建立并不完全取决于制度的物质性、工具性的发达以及国家权威的强制性、威慑性的扩张，而更主要地取决于公民法理精神的理性化程度，即对现代社会体制的认同、信任与尊重，从而理性地参与社会合作，行使社会权利，承担社会义务。然而，在传统文化解构的同时，东方国家也在摧毁着自身格物致知的道德文化基础，而新的价值观又没有在社会中得到内化。当人们难以摆脱传统的伦理观念，新价值观的确立又显得遥遥无期时，传统文化还会起到很大的调控作用，现代文化则力量微弱。这就是一些国家民主制度形同虚设，"官本位"思想仍如此顽固地存在和盛行的文化根源。

人与人之间通过权力让渡形成契约式的政府组织，并通过代议制进行治理，以委任和有限的竞选占据公共职位，通过政策网络的方式将参与某一政策问题的相关行为者集合一起，并相互影响，成为当前协商式公共决策体制最真实的一面。协商式公共决策体制一直在自上而下和自下而上决策体制的十字路口徘徊，其发展路径和方向是公共政策研究争论的永恒话题。

党的二十大报告提到要全面发展协商民主："协商民主是实践全过程人民民主的重要形式。完善协商民主体系，统筹推进政党协商、人大协商、政府协商、政协协商、人民团体协商、基层协商以及社会组织协商，健全各种制度化协商平台，推进协商民主广泛多层制度化发展。"在协商式公共决策体制的相关理论解释里，渐进决策理论具有较强的解释力。

渐进决策理论是美国政策学家林德布洛姆在批判理性决策理论的基础上提出来的。渐进决策理论的特点是：首先，主张渐进决策。林德布洛姆认为，政策的制定是在过去经验的基础上，经过逐渐修补的渐进过程来实现的。其次，强调质量转换。林德布洛姆认为，渐进决策看上去似乎行动缓慢，但它实质上是决策效果累积的过程，是从量变到质变的过程。其实际变化的速度往往要大于一次重大的变革。也就是说，渐进决策并不是不要变革，而是要求这种变革必须从现状出发，通过变化的逐层累积，最终达到根本变革的目的。最后，追求稳中求变。林德布洛姆认为，渐进决策步子虽小，但却可以保证决策过程的稳定性，达到稳中求变的效果。决策上的巨大变革是不足取的，因为往往欲速则不达，会带来诸多不适甚至是抵制，从而危及社会稳定。霍格伍德把渐进决策理论的主要特点概括为五个方面。[1]

1. 在已经知道现行的政策不能解决问题时，立法和行政管理者所采取的补救行动将倾向于渐进主义。

2. 决策者明确，几乎没有一个问题能够被一劳永逸地解决。

3. 极少有政策能够由某些个人，或者仅由一个机构所制定。

4. 当所需制定的政策与决策参与者的利益相关时，代表不同党派和利益群体的决策者不是鲁莽的参与者，而是能够通过谈判、交易和妥协等方式对政策做出调整。

5. 在大多数多元化的民主国家中，寻求一致意见被认为是有价值的。可见，渐进主义决策理论实现的决策结果一般是次优的结果。

---

[1] Brain W. Hogwood and Lewis A. Gunn, *Policy Analysis for the Real World*, Oxford: Oxford University Press, 1984, p. 52.

渐进决策理论关注通过谈判、交易和妥协等方式相互做出调整而有效地解决矛盾、冲突和争端的决策模式，是协商式公共决策要求明显的体现。

在公共决策体制的形成过程中，发挥主要作用的是权力来源和构成、公职人员的地位、历史文化的特征。其中前两个因素属于内生变量，后一个属于外生变量，三者以不同形式的组合构成不同的公共决策体制。自上而下的公共决策体制无不散发出政治精英对决策权力的独占性、对组织地位的垄断性以及专制集权文化的渗透性，这种体制是一种极少数人对绝大多数人的统治，本质上是社会异化的结果，理应对它保持高度的警惕。自下而上的公共决策体制体现为公民具有主导地位，通过竞争可以随时撤换公职人员，具有高度的公共精神，它曾经存在于人类的历史里，并一直成为人类奋斗的对象。恩格斯在《在马克思墓前的讲话》一文中提道："马克思是当代最遭忌恨和最受诬蔑的人。各国政府——无论专制或共和政府——都驱逐他；资产者——无论保守派或极端民主派——都纷纷争先恐后地诽谤他、诅咒他……而我敢大胆地说，他可能有过许多敌人，但未必有一个私敌。"[①] 这同样可以用来描述自下而上模式所面临的困境。协商式的公共决策体制是在人既非天使也非魔鬼的现实基础上做出的一种制度安排，目的在于在能够维持个人尊严的前提下让渡自己的权利，消除自然状态下"人对人是狼"的情形，使人与人之间能够和谐共处。

三种公共决策体制都是特定历史条件的产物。马克思指出人

---

① [德]马克思、恩格斯. 马克思恩格斯选集（第3卷）[M]. 北京：人民出版社，1995：777-778.

类是在直接碰到的、既定的、从过去承继下来的条件下创造历史的，由此可见，选择何种决策体制，虽然受历史文化的现实制约，但更多的是人类自身选择的结果，只不过权力来源和构成、公职人员产生方式和地位在其中起到了决定作用。自上而下的公共决策体制与自下而上的公共决策体制犹如一个坐标轴的两极，协商式公共决策体制在此两极中不断徘徊。

案例分析与练习

【案例分析材料】

材料来源于 2018 年广州公务员考试申论真题

材料 1

深化"放管服"改革。全面实施市场准入负面清单制度。在全国推开"证照分离"改革,重点是照后减证,各类证能减尽减、能合则合,进一步压缩企业开办时间。大幅缩短商标注册周期,工程建设项目审批时间再压减一半。全面实施"双随机、一公开"监管,决不允许假冒伪劣滋生蔓延,决不允许执法者吃拿卡要。深入推进"互联网+政务服务",使更多事项在网上办理,必须到现场办的也要力争做到"只进一扇门""最多跑一次"。大力推进综合执法机构机制改革,着力解决多头多层重复执法问题。加快政府信息系统互联互通,打通信息孤岛。清理群众和企业办事的各类证明,没有法律法规依据的一律取消。优化营商环境就是解放生产力、提高竞争力,要破障碍、去烦苛、筑坦途,为市场主体添活力,为人民群众增便利。

——摘自国务院总理李克强 2018 年 3 月 5 日在第十三届全国人民代表大会第一次会议上所做的《政府工作报告》

材料 2

"简政放权、放管结合、优化服务"改革简称为"放管服"改革。其中,"放"就是简政放权;"管"就是放管结合;"服"就是优化服务。三者互为补充，紧密相关。简政放权、放管结合是政府行政体制改革的前提基础，优化服务是在简政放权、放管结合实行效果良好基础上的高层次要求，是深化政府行政体制改革的必然要求。

"放管服"三管齐下改革思路的提出，不是一蹴而就的，而是一个随着政府改革的深入，逐步完善的过程：2014年全国政府工作报告提出"进一步简政放权，这是政府的自我革命"；2015年全国政府工作报告提出"加大简政放权、放管结合改革力度"；2016年全国政府工作报告进一步提出"推动简政放权、放管结合、优化服务改革向纵深发展"；2017年政府工作报告提出"深入推进简政放权、放管结合、优化服务和财税金融、国有企业等重要领域和关键环节改革"。

材料3

为不断提高被取消下放的审批事项"含金量"，近年来相关部门陆续推出了一系列重大改革举措，取得了突破性进展：

——减少行政审批事项。分9批取消下放国务院部门审批事项618项，占原有1700多项的40%，提前兑现本届政府承诺目标；取消了"非行政许可审批"这一审批类别，今后各部门不能再通过部门规章或文件设定，使之成为历史；取消中央指定地方实施的行政审批269项；中央层面核准的投资项目数量累计减少90%，外商投资项目95%以上已由核准改为备案管理；在地方，多数省份减少审批事项50%左右，有的超过70%。

——改革商事制度。工商登记由"先证后照"改为"先照后证"，前置审批事项压减87%以上，注册资本由"实缴制"改为

"认缴制",推行"多证合一、一照一码"改革,启动企业简易注销登记改革。企业设立便利度明显提高,时间大幅缩短。

——削减职业资格。分7期取消国务院部门设置的职业资格许可和认定事项434项,占原总数70%以上,减少了就业资格限制。

——清理审批中介。分3批清理国务院部门行政审批中介服务事项323项,占原总数的74%,实行中介服务机构与审批部门彻底脱钩,规范了中介服务。

——实行减税降费。出台营改增、中小微企业税收优惠等结构性减税,全面清理涉企收费,中央和省级政府取消、停征和减免收费1100多项,其中涉企行政事业性收费项目减少69%,政府性基金减少30%,2013—2016年累计减轻企业负担2万多亿元,2017年出台的减税降费措施,可使企业全年减负1万多亿元。

——放开政府定价。中央政府定价项目减少80%,31个省市区定价项目平均减少80%左右,余下定价项目限定在重要公用事业和自然垄断行业,价格管制大幅减少。

——压缩专项转移支付。中央对地方专项转移支付项目数量,已由2013年的220个大幅压减到94个,压减率达57%,一般性转移支付的比重提升到60%,扩大了地方自主权。(以上统计数据截至2017年9月)

材料4

"放管服"改革是否到位,一个重要标准是看它能否为群众生活及办事增便利。日前,记者跟随国务院办公厅"放管服"改革专项督查第X督查组来到B市,体会到了这一改革对群众的重要意义。

B市K街道用大数据优化公共服务"最后一公里",测算年内满60岁老年人口情况,帮他们代办老年证,在老人生日当天由街道委任的街巷长"送证上门",将公共服务体验延伸到居民家中。政府部门从"等民上门"变为"送政上门",受到群众好评。

该街道由"一把手"主抓,设立大数据创新社会治理工作指挥中心,由于打通了各部门的"信息孤岛",汇聚政务数据与证照数据,居民从此不用重复提供证件和基本信息,就能很快办理各种证照,从根本上杜绝了类似"我妈是我妈"的奇葩证明。

利用大数据技术只是手段,关键在于提升治理能力,精准地疏通群众办事的"堵点"。在B市N区,申请"重度残疾人护理补贴"时,居民不用证明其残疾人和低保身份,靠曾经申办过的数据沉积即可顺利提交申请,申请时填写数据项减少50%,受理时长缩减80%。办理清洁能源核对证明业务,受理时间由原来的6分钟缩减到1分钟,也大大节省了工作人员核实多份材料的时间,可谓双赢。

随着"放管服"改革的深入、治理能力的提升,政府部门还可以提高政策出台的预见性和针对性,提供更多的延伸服务。比如,"全面两孩"政策落地后,"入园难"成为百姓关注的焦点问题。B市K街道应用大数据,以热力图等统计图表直观呈现辖区人口情况,预测未来两年内0—3岁幼儿入园需求、趋势和人数区间,根据入托幼儿分布实情选址,提前谋划2018年建设一南一北两个幼儿园。近几年,停车难的矛盾越来越突出,该街道还依托实际居住居民机动车持有量与市政停车泊位规划数据,与地理系统结合,以相关数据助力决策,充分挖潜,分步规划设置面向居民的公共停车场,有效缓解群众停车难问题。

材料5

国家发展改革委互联网大数据分析中心对2015年1月1日至2017年6月10日网上与"放管服"改革相关的120多万条信息进行了大数据分析。结果显示，近九成网民对改革成效表示满意，认为近年来"放管服"改革举措数量多、覆盖面广、含金量高，进一步激发了市场活力和社会创造力，让群众有了更多获得感。网民普遍期待继续深化"放管服"改革，特别是强化政策落实工作。

作为推进政府管理改革的重要内容，推动经济社会持续健康发展的战略举措，"放管服"改革近年来成效显著。大数据分析显示，2015年以来，网民满意度持续上升，至2017年已从84.85%升至89.90%。

网民普遍认为，"放管服"改革正逐步向纵深推进，简政放权的政策红利进一步释放，使百姓生活获得了更多实实在在的便利。

材料6

某省召开"放管服"改革专项座谈会，与会代表和专家们围绕"放管服"改革建言献策：

"在大量减少审批后，政府管理方式更多体现为事中事后监管，难度更大、要求更高，监管者必须积极适应这种转变。"人大代表A表示，必须加快厘清政府部门市场监管职责和责任分工，确保事有人管、责有人负，避免"有利争着管、无利都不管"。同时，围绕协同监管，加快推进部门间依法履职信息互联互通，形成联动响应、齐抓共管的监管格局。

政协委员R认为，随着政府职能的转变，社会组织将承接越越多职权,但一些为行政审批提供中介服务的社会组织行政化色彩浓厚,与权力部门关系或明或暗,影响简政放权实效。要管住、管好"红顶中介",必须推进政府与中介机构彻底脱钩,把中介组织的职责权限边界划分清楚,让政府的归政府、社会的归社会。

放权不是自由落体,也不是放任不管。对政府来说,"法无授权不可为",但"法定职责必须为"。"深化行政体制改革、转变政府职能,不仅要取消和下放权力,还要改善和加强政府管理。"政协委员 N 表示,政府把该管的事管好,才能使市场和社会既充满活力又规范有序,促进经济持续健康发展和社会公平正义。

"有的官员不吃不拿,可也不干,存在懒政怠政思想和不作为、慢作为现象,影响政府服务效能。"群众代表 D 建议,建立健全责任追究制度,严肃查处行政审批乱作为、不作为、慢作为等现象。对违反行政审批相关规定、失职渎职的经办人员,依法依纪严肃处理,并追究有关负责人的责任。

"削手中的权、去部门的利、割自己的肉"不易,而随着全面深化改革大力推进,"放管服"改革更进入了攻坚期和深水区。专家 E 指出,如果说,改革刚开始时,主攻点在突破体制机制障碍和利益固化的藩篱,通过自上而下的压力革除旧弊,那么现在,当老办法不能用、老本领不管用了,如何更好地把握新理念、掌握新本领,就成为制约"放管服"改革的关键。

基层公务员代表 F 坦言,不可否认,新形势下,面对繁重的下放审批事项,不少政府工作人员缺乏相关工作经验和专业背景知识,一定程度存在"本领恐慌"问题。"没了审批权,工作怎么干,政府还能做什么?""权力放开了,万一出乱子怎么办?"相较于体制机制弊病和利益纠葛,来自于思维观念、行为习惯的阻力恐怕要更大一些。

督查员 G 反映了"放管服"改革中遇到的一些共性问题：一些部门还存在"恋权"思想，在放权上小心翼翼，放得不够彻底；一些地方和部门面对放权造成的管理难度提升，没做好思想准备，不同监管部门数据不共享，形成政务信用信息孤岛，让一些市场主体钻了空子；有的地方在服务上还有待深入和提高。一些不合时宜的陈规旧制还没有废除，束缚企业创业创新的繁文缛节还不同程度地存在。

简政放权不是"不管"，也不是"少管"，而是科学高效地"管"。企业家代表 H 认为，简政放权要科学依法，把握好深化简政放权与激发市场活力的关系。比如食品药品审批事项，确实需要事先审批严格把关的，要管住管好，不能一味追求减少项目数量而随意下放。

权力下放了，事后监管要更加严格。在如何加强事后监管方面，人大代表 Z 建议推进智能化监管，运用互联网、大数据、云计算等信息化监管手段，实现信息资源开放共享，同时建立第三方事后评估制度。针对行政审批事项的运行，监管情况及便民利企、激发市场活力、提高工作效率等情况进行评估，并及时调整和优化。

【练习题】

联系"放管服"改革实践，从公共决策体制角度，自拟题目，写一篇议论文。要求：

1. 依据给定材料，可不拘泥于给定材料。
2. 观点明确，论证充分，条理清晰，逻辑严密，语言流畅。

第四章　公共政策执行

> 凡法事者，操持不可以不正。操持不正则听治不公；听治不公则治不尽理，事不尽应。治不尽理，则疏远微贱者无所告；事不尽应，则功利不尽举。
>
> ——《管子·版法解》

政策执行是连接政策内容和政策结果的中介环节，任何政策一经制定，在获得合法性之后都须通过有效的政策执行，才能将政策理想转换为政策现实。因此，政策执行的有效与否是政策成败的关键，正如美国政策学家艾利森（Graham T. Allison）所描述的："在实现政策目标的过程中，方案确定的功能只占10%，而剩余的90%取决于有效的执行。"[①]

第一节　公共政策执行研究的缘起

一、政策"执行运动"的兴起

尽管政策执行是政策过程的一个重要环节，关系到政策结果

---

① 陈振明. 政策科学——公共政策分析导论（第二版）[M]. 北京：中国人民大学出版社，2003：260.

的实现程度，但在相当长的时期内，政策执行并没有得到应有的重视。政策执行研究的兴起有其深刻的理论与实践原因。传统的政策观念认为，政策研究应该集中于研究政策方案的制定，而并未对政策执行给予足够的重视。这种观念暗含着这样的假设：政策方案内容的合理与否是影响政策效果的唯一因素，一项内容完善的政策可以自动地获得良好效果。但现实却远非如此简单，很多设计完美的政策并不能必然地获得相应的完美效果。20世纪60年代，美国约翰逊政府所发起的"伟大社会"改革计划中的许多政策项目并没有取得预期的结果。1973年，普瑞斯曼（Jeffrey L. Pressman）和维尔达夫斯基（Aaron Wildavsky）对美国联邦政府创造就业机会的政策项目——"奥克兰计划"进行跟踪研究并写成《执行——联邦政府的期望在奥克兰市落空》一书，很快引起了人们的广泛注意。他们的研究表明，"奥克兰计划"并没有取得预期的效果，原因既不在于政策本身的质量问题，也不在于相应的人力物力资源不足，而完全在于政策的执行环节。该研究掀起了政策执行研究的热潮，并导致了20世纪70—80年代所谓的"执行运动"的兴起。

从理论上看，20世纪60年代末70年代初美国政策科学研究的视野得到拓宽，开始对政策系统和政策过程的各种因素与环节做全面深入的研究。过去人们忽视了对政策执行、评估和终结的研究，这种状况制约着政策分析学科的发展，因此必须加以纠正。从实践上看，20世纪60年代由约翰逊政府所发起的"伟大社会"改革的许多政策项目并没有取得预期的成果，这促使人们去评估政策，并寻找政策执行方面的原因。正是在理论与实践的双重作用下，政策执行在20世纪70年代初以后成为政策科学研究的一个焦点话题。

二、政策执行的涵义及其理论纷争

政策执行就是将政策内容付诸实施并获得政策效果的过程，但学者们从不同角度给出了其对政策执行的不同理解。

普瑞斯曼和维尔达夫斯基将执行看作是政策目标与实现这些目标的行动之间的一种相互作用过程。查尔斯·琼斯（Charles O. Jones）则认为，执行是一系列指向使一个项目生效的行动，涉及组织（资源、机构和使项目生效的方法的建立或重新安排）、解释（将项目语言转变成可接受的、可行的计划和指示）和应用（服务、款项、工具等的日常供应）等三种互动活动。① 我国台湾学者林水波、张世贤认为，政策执行可谓为一种动态的过程，在整个过程中，负责执行的机关与人员组合各种必要的要素，采取各项行动，扮演管理的角色，进行适当的裁量，建立合理可行的规则，培养目标共识并提振士气，通过协商化解冲突，冀以成就某个特殊的政策目标。②

陈振明综合各种政策执行研究，认为它是政策执行者通过建立组织机构，运用各种政策资源，采取解释、宣传、实验、实施、协调与监控等各种行动，将政策观念形态的内容转化为实际效果，从而实现既定政策目标的活动过程。③ 本章所讨论的政策执行采用此定义。

---

① Charles O. Jones, *An Introduction to the Study of Public Policy*, 3rd ed., Monterey, California: Brooks/Coles Publishing Company, 1984, p.166.
② 林水波、张世贤. 公共政策（第三版）[M]. 台北：五南图书出版公司，2000：264.
③ 陈振明. 政策科学——公共政策分析导论（第二版）[M]. 北京：中国人民大学出版社，2003：260.

三、政策执行的本质解释

西方的"执行运动"持续了近 20 年,学者们进行了大量研究,提出了种种关于政策执行研究的途径、模式或理论,最终形成了关于政策执行的两种对抗性的解释理论,即行动学派和组织学派。

(一)行动学派

政策涉及各种利益调整,要获得较好的政策结果,并非通过一两次的简单行动就能实现的,而是需要一系列反复性的行动。行动学派把政策执行理解为一系列行动,政策执行研究就是要说明这些行动的性质和特点,譬如要理解行动的权威性、目的性、组织性、持续性和创造性等问题。[①] 行动学派的代表人物琼斯把执行看作是一系列指向使一个项目生效的行动,其中组织、解释和应用三种活动最为重要。

尽管行动是执行必不可少的组成部分,但行动学派的研究有两个方面的缺陷:首先,行动学视角忽视了政策执行过程中的组织互动,因为执行不仅仅是不同组织机构的活动,还需要考察行动过程中不同组织之间的相互影响和激励;其次,行动学视角忽视了政策目的与手段之间的交互影响,并不是所有的行动都必然与政策目标相一致。[②]

(二)组织学派

组织学派强调组织对于政策执行的重要性,任何政策都是由

[①] 郭巍青、卢坤建. 现代公共政策分析 [M]. 广州:中山大学出版社,2000:101.
[②] 林水波、张世贤. 公共政策(第三版)[M]. 台北:五南图书出版公司,2000:256.

一定的组织来执行的,没有一定的组织依托,任何政策目标都难以实现。尽管影响政策有效执行的因素是多方面的,但组织学派坚持认为组织是其中最重要的因素之一。因此,考察政策执行过程,首先要考察负责执行的组织。在组织学派看来,"只有了解组织是怎么样工作的,才能理解所要执行的政策,也才知道它在实际中是如何被调整和塑造的"①。凯尔曼(Steven Kelman)也认为:"如果一个组织的设计并不促使其工作达到十分完美的程度,那么它的工作质量也许比一项计划尚未完全失败时甚至更差。"因此,他关注的焦点是:"各种组织如何发展其实施的能力——包括注意为什么发展这种能力会发生问题,以及注意这种组织能力的形成对实施过程的结果所产生的始料不及的影响。"②

四、政策执行的分析路径

政策执行是连接政策内容与政策结果的中间环节。政策执行是上层机构制定,经由一个向下传递和解释、宣传过程,使政策的目标群体了解政策内容,然后通过执行机构利用组织机构、人员等各项资源协作达到政策目标的过程。但就政策执行的分析路径而言,学者们按照不同标准给出了不同的分析路径。

(一)就政策执行的主导权来划分③

就政策执行的主导权来说,美国学者保罗·萨巴蒂尔(Paul A. Sabatier)认为存在两种政策执行路径:"自上而下"路径和"自下而上"路径(二者的比较参见表4-1)。

---

① 郭巍青、卢坤建. 现代公共政策分析 [M]. 广州:中山大学出版社,2000:103.
② [美]史蒂文·凯尔曼. 制定公共政策 [M]. 商正译. 北京:商务印书馆,1990:118.
③ 邱元. 细说公共政策 [M]. 台北:建安出版社,1989:237-238.

表 4-1　"自上而下"与"自下而上"政策执行路径的比较

	自上而下	自下而上
政策执行的起点	中央政府	地方或下层执行机构
行动方向	由中央到地方、由公共部门到私营部门	由地方到中央、由私营部门到公共部门
评估标准	正式目标的完成	目标不清楚,以实现计划为中心
整体关注焦点	政策控制系统如何达成决策者期望的目标	政策网络中多元行动主体的策略互动

1."自上而下"路径

这种路径受到古典行政模型的深刻影响,以韦伯官僚制组织为组织基础,以政治—行政二分为职能边界,以科学管理原则为评判标准。这种模式以政府的政策决定为出发点,它们被转化为各种明确指标,由下层的行政官员或职员执行。就政府内部而言,政策制定者居于决定目标与指导行动的优越地位,而政策执行者则居于执行目标与实现政策的从属地位。这一路径坚持以下基本命题:第一,政策制定和政策执行是有界限的、分离的。第二,这种界限和分离源于政策制定者设定目标,政策执行者执行目标,二者分工明确;政策制定者根据不同目标间的优先顺序清晰地陈述政策;政策执行者拥有技术能力,服从与愿意执行公共政策制定者设定的政策。第三,政策制定者与执行者接受两者之间的任务界限,执行过程必然是在政策制定之后进行的,二者形成前后连续的整体过程。第四,政策执行本质上是非政治性的与技术性的,是中立的、客观的、理性的与科学的。学者詹金斯-史密斯(Hank C. Jekins-Smith)、保罗·萨巴蒂尔和丹尼尔·马兹曼尼安(Daniel Mazmanian)为该路径理论的代表人物。

这种路径是早期政策执行研究较多采用的模式，但也受到了诸多批评，主要表现在以下几个方面。

"自上而下"路径强调从中央的政策决定开始，容易忽视其他行动者的重要性，如私营部门、基层官僚、地方执行机关和其他活动者。当政策不是由权威机关做出，而是由多元体系下多种主体共同决定时，"自上而下"路径便不能适用于这种状况。这个路径低估了基层官僚与目标团体对政策的反应，即没有把政策执行的潜在阻力考虑在内。很多情况下政策执行与政策规划之间的划分是没有必要的，因为在大多数情况下，政策是需要不断调整的，而不是一劳永逸的。该路径过于强调法律、规章对政策执行的规定性，但实际上这种约束相当有限，很多情况下，政策执行需要更多的弹性。

2."自下而上"路径

从时间上说，"自下而上"研究与"自上而下"研究没有明显的先后区别；但从逻辑上说，"自下而上"学派是作为"自上而下"学派的批评者与对立面出现的。[①] 与前述萨巴蒂尔等人的研究方法相反，这一学派的代表性人物本尼·杰恩（Benny Hjern）坚持认为政策执行的起点应该在基层而不是上层决定。这一学派坚持以下命题：

第一，有效的政策执行有赖于多元组织的执行结构；

第二，政策执行结构是一种具有内部共识的自我选择过程；

第三，计划执行以计划理性（计划是重要的，是组织的生存目的）而非组织理性（组织是重要的，计划仅仅是组织实现其目

---

① 郭巍青、卢坤建.现代公共政策分析［M］.广州：中山大学出版社，2000：106.

标的手段)为基础;

第四,有效的政策执行取决于执行机关间的过程与产出,而非政策决定建构者的意图或雄心;

第五,有效的政策执行是多元行动者互动的结果,而非单一机关行动的结果;

第六,有效的政策执行取决于基层官员或地方执政机关的裁量权,而非层级结构的指挥命令系统;

第七,有效的政策执行必然涉及妥协、交易或联盟的活动,因此互惠性功能远比监督性功能更重要。

一般而言,"自下而上"路径具有以下几个优点。首先,政策执行以行动者所认知的问题和理解的目标为基础,摆脱"自上而下"路径中对政府机构的过度关注。其次,这种路径不以正式目标的完成为焦点,而以实现政策计划中所出现的各种结果为焦点,以此发现政策执行的非预期结果。再次,可以处理多元主体而没有主导机关的政策制定状况。最后,该路径可以同时处理多种利益需求者的利益要求,避免对某些参与者利益的忽视。

这种分析方式促使我们能够正视执行过程中机关组织间的互惠性与裁量权,但这种方法过分重视边陲而忽略中心,容易使政策执行因涉及过多部门、人员间难以相互协调而无所适从。

综合两种模式来看,二者各有优缺点,且针锋相对。相对而言,"自上而下"路径适用于管制性政策与再分配性政策,因为这些政策更多地需要贯彻中央政府的权力意志才能实现;而"自下而上"路径适用于自我管制性政策与分配政策,因为在大多数情况下,这些政策更需要地方政府发挥积极性,减少中央政府的干预。

(二)就政策执行研究的重点来划分

美国政策学者高金（Malcolm L. Goggin）等在其《政策执行理论与实务：迈向第三代政策执行模型》一书中认为，存在三代政策执行，其研究重点不同：第一代执行研究是开创性的，但大部分是非理论性的案例研究，例如普瑞斯曼和维尔达夫斯基的《执行》。第二代执行研究的特点是发展分析框架来揭示政策执行的内在复杂性，例如里普利（Randall Ripley）与富兰克林（Grace Franklin）的《官僚制与政策执行》（1982）、马兹曼尼安与萨巴蒂尔的《执行和公共政策》（1983）。第三代执行研究应该聚焦于理论检验而不是理论建构，解释为什么政策执行行为会因为时间、空间、政策、执行机构之间的不同而有所差异。[①]

五、政策执行的模型

(一)过程模型

有些学者将政策执行理解为从一定的政策描述开始，经由一系列中间环节，最终获得某种政策结果的一个连续过程。美国学者詹金斯-史密斯便是最早建构影响政策执行因素及其过程的模型的学者之一，1973年他在《政策执行过程》一文中，描述了执行一项政策的过程模型。詹金斯-史密斯认为，一个政策执行的过程模型主要包括以下四个主要因素：[②]

1. 理想化的政策：政策制定者所力求达到的各种执行因素相互作用的理想形式；

[①] Charles M. Lamb, "Implementation Theory and Practice: Toward a Third Generation", *The American Political Science Review*, Vol. 85, No. 1, 1991, pp. 267-268.

[②] T. B. Smith, "The Policy Implementation Process", *Policy Sciences*, Vol. 4, 1973, pp. 203-205.

2. 目标群体：受政策影响而必须做出适当反应（接受或拒斥）的人群；

3. 执行机构：执行具体政策的机构及其工作人员，包括机构的结构特征、运作模式、领导风格、人员能力等；

4. 政策环境：社会环境中那些影响政策执行以及受政策执行所影响的因素。

具体来说，政策的形式、政策的类型、政策的渊源、政策的范围、政策受支持程度、目标团体的行为、政策环境文化背景等多种因素都会在政策过程中发挥作用，并影响执行效果。可以看出，詹金斯-史密斯所建构的过程模型是一个涉及众多变量且内容极其复杂的过程模型。良好的政策执行必须由一系列的互适因素共同作用并达到一种特定的动态平衡才能获致。但该模型没有给出各种变量在这种动态平衡中所占的权重范围，这也就使得该模型极难应用于实际的政策执行分析过程。但其对政策执行过程中各影响因素的定性分析对于政策研究不无意义，为其后的相关研究提供了参照。

（二）互适模型

对于詹金斯-史密斯过程模型所没有解决的各种相关要素究竟如何协调与互适的问题，美国学者麦克拉夫林（M. Mclaughin）进行了进一步的探讨，1976年他在《互相调适的政策执行》一文中对这一问题做了详细阐释。在麦克拉夫林看来，政策执行过程本质上就是政策执行者与目标受众之间就最终政策目标和达致目标相关手段问题进行不断调适的过程。其互动模型主要包括以下内容：

1. 尽管政策执行者与目标受众之间在需要的观点上可能存在

不一致的地方，但是双方基于政策上的利益关系必须做出相应的妥协和让步，以寻求一个可接受的政策执行方式；

2. 政策执行者的目标和方式是具有弹性的，可以依据环境和目标受众的需求变化而变化；

3. 在相互调适的过程中，政策执行者与目标受众之间是平等的，调适是一个双向过程，目标受众的意见和需求也会受到政策执行者的注意和重视，而不是传统的"上令下行"模式。

可以看出，该模型旨在说明政策执行是执行者与目标受众之间基于信息双向沟通的渐进调适过程，在不断调整中达成双方可以一致接受的政策目标和相应手段。而且，该模型将执行者和受众都看成可以影响政策目标与手段的主动者，而不是被动的执行者和接受者。但这种基于行为主义的归纳性描述还是没能说明调适过程的实质，因而不得不回到政策研究的老问题，"具体问题，具体分析"。

（三）循环模型

尽管过程模型和互适模型都注意到了政策执行过程中的反馈这一环节，但都将执行与反馈看作一种单周期的流动过程。1978年美国政策科学家马丁·雷恩（Martin Rein）和弗朗西·拉比诺维茨（Francine Rabinovitz）在其合著《执行的理论观》一书中提出了一种多周期反馈、双向循环的循环模型。

在该模型中，雷恩和拉比诺维茨认为政策执行由执行纲领、资源分配和监督三个不断循环的阶段组成。同时，这三个阶段的循环进行还受到目标的显著性、程序的复杂性和可利用资源的性质等环境因素的影响。但他们坚持认为，尽管受到环境的影响，但每一阶段的执行过程都必须遵守合法、理性和共识这三个原则。

该模型的创新之处在于注意到了执行要素在政策执行过程中的重复性影响力以及环境因素的重复性作用。

(四)博弈模型

博弈模型是一种旨在分析理性的单独行为者在自我利益最大化这一理论假设下针对某一利益标的做出理性选择的过程的模型。该模型将政策的执行群体和目标群体还原成针对政策内容进行自我利益最大化追求的单个理性行为者。这样,在政策执行过程中,一切影响政策执行的因素便简化为诸多个体之间针对利益冲突性与一致性而进行的利益选择与利益协调。因而,政策执行的关键就是对行为者行为的控制,政策过程就成为在"议价""劝服"和"策划"这三种不稳定的条件下获得调适平衡的过程。

该模型将分析变量在性质上简约为一个要素——行为者,但行为者的数量却过于庞大,因而难以给出行为者博弈的切实过程,不免得出相对模糊的分析结论。

(五)系统模型

政策执行的系统模型是由米特(D. Meter)和霍恩(C. van Horn)提出的。该模型旨在细分影响政策执行的各种相关要素,并将诸多要素纳入一个统一系统加以考察。米德和霍恩认为,影响政策执行的相关要素主要有政策标准与目标、政策资源、组织间的沟通与强化行动、执行机构的环境、执行人员的价值取向。

(六)综合模型

综合模型是1979年美国学者萨巴蒂尔和马兹曼尼安在其合著的《公共政策的执行:一个分析框架》一文中提出的。该模型对影响政策执行的因素进行了细分,并认为因素主要有以下三类:

(1) 政策问题的可处理性；(2) 政策本身的规制能力；(3) 政策本身以外的其他变数。每一大类都包含数目繁多的子类因素。政策执行过程就是一个计算诸多变量针对不同具体政策所具有的不同影响权重的过程。

六、政策执行在政策过程中的地位与作用

政策执行作为将政策所规定的内容转化为现实的过程，在政策活动及其生命过程中具有至关重要的地位与作用。

（一）政策执行是政策过程的关键性环节

政策执行是一种与政策制定同样艰难的过程，其复杂性并不低于政策制定。[①] 在假定政策决策正确的前提下，政策执行是影响政策效果的最重要环节。

（二）政策执行是检验政策决策正确与否的标准

"实践是检验真理的唯一标准"，一项政策是否正确，最终必须由实践来检验。凡是经过贯彻执行，促进了社会进步和生产力的发展，并得到群众拥护的政策，就是正确的政策，否则就是错误的政策。正是从这个意义上说，政策执行是检验政策正确与否的唯一标准。

（三）政策执行可以完善政策决定，矫正政策失误

一方面，任何政策不可能一经制定就完美无缺，它需要在执行过程中不断得到修正、充实和完善。政策决策者要根据政策执行过程中实际情况的变化来修正和完善政策，以提高政策的可行性和有效性。另一方面，任何政策都有时效性，它只能在一定的

---

① 张国庆. 现代公共政策导论 [M]. 北京：北京大学出版社，1997：166.

时空范围内起作用，超过这一范围，这个政策就失去效用或完成了它的使命，就要被新的政策所代替。制定新政策要以事实为依据，尤其是要以前一项政策执行后的反馈信息为基本依据，在此基础上制定新的政策。因此，政策执行是政策过程的中介性环节。

第二节　政策执行的过程

一、政策执行过程的环节

政策执行过程主要包括政策颁布、政策宣传与分解、政策执行准备、政策实验、全面实施等环节。

（一）政策颁布

一般来说，政策颁布似乎并不属于政策执行环节，就颁布的政策内容来讲，学者们更倾向于将其划入政策制定环节。但首先，正像上文论述诸多政策执行模型时提到的，由于政策内容是政策执行当然的逻辑和实施起点，政策内容已经内含着影响政策有效执行的相关因素。其次，政策颁布的时机、政策出发点，以及不同时机对政策内容的不同理解，都会对政策执行并获致相应目标造成重大影响。最后，政策颁布的范围控制也会对执行产生影响。一般来说，政策在全面实施之前都会包含一个小范围的试验环节，选取何处进行试验、试验地与其他地区的环境差异等都会影响政策的有效执行。

一般来说，我国的政策颁布方式主要有两种：

1. 以内部文件形式下发到有关机关。一般来讲，这种颁布方式将会在党政系统内部自上而下地层层分解。

2. 通过报纸、广播、电视等大众媒体或各级党委的机关刊物或国务院公报和政府的政报等形式公之于众。

尽管政策颁布的具体形式需取决于政策本身的内容以及所涉及目标群体或目标对象的状况，但相关的政策执行经验表明，在政策执行中将两种颁布方式结合起来运用，常常可以获得较好的效果。

一方面，在党政系统内部以内部文件的形式向下级层层传达贯彻，便于相关部门对政策形成思想认同和重视，而且在自上而下的传递过程中，可由主管上级针对相关下级的特有情况提出相关执行建议并保持对政策认知的一致性和连贯性。另一方面，将政策内容以大众媒体或政报的方式公之于众，可以引起人们的广泛关注和重视，使人们熟悉相关政策内容，从而为政策执行创造良好的环境和条件。

（二）政策宣传与分解

政策执行离不开对政策内容的宣传和分解。按照戴维·伊斯顿的观点，公共政策是对社会资源的权威性分配，任何政策一经制定，就确定了相关利益的分配方式和影响群体。利益受到波及的群体必然会对政策产生不同见解，受益群体或许会积极赞成并促使政策内容尽快实施，而受损群体必然会产生不满，进而曲解或抵制政策执行，出现所谓"上有政策，下有对策"的现象。实际上，这两种态度均不利于政策的良好执行，过于激进的方式必然会造成某些不良影响，并影响其后的政策执行效果，而拒绝或抵制的态度也同样不利于政策的良好执行。消除这两种不正当态度的有力方式就是进行有效的政策宣传。

一般而言，颁布的政策条文原则性较强的，往往内容非常简练，而且一般并不会对政策产生的原因做过多的解释。因此，要使人们能够正确理解这些原则性较强的简洁条文以及政策产生的原因、要达到的政策结果，就不得不有赖于良好的政策宣传。一般来说，政策宣传需要从两个方面展开。

第一，政策执行者对政策的学习和理解。政策执行者是政策执行宣传的首要对象。政策执行者对政策背景、内容、目标和相关执行手段的全面理解是有效执行政策的必要条件。如果政策执行者自身对政策的相关内容含糊不清，不能把握政策的基本精神，要想获得良好的执行结果是根本不可能的。同时，政策执行者还肩负着向目标群体进行解释和宣传的任务。因此，对于政策执行者来说，在政策执行过程中不断地通过组织学习完善知识结构，提高自身的政策认知水平，是十分必要的。

第二，目标受众对政策的认知和理解。一般而言，大部分目标受众难以全面理解原则性的政策条文，也并不一定十分清楚政策出台的相关背景和政策精神（或是由于文化水平的原因，或是由于关注点的原因）。这种认知断层必然会给政策执行带来巨大障碍，因此对目标受众的解释和宣传便成为政策宣传的中心环节。在这一过程中，不仅要尽可能地通过各种传播媒介进行宣传，例如报纸、广播、电视和政报等形式，还需要具有较高政策认知水平的政策执行者进行耐心讲解和宣传，使广大受众切实了解政策的推行与其自身利益密切关联，消除由认知偏差造成的政策误解，使其自觉地认同并接受相关的政策准则，从而为政策执行打下坚实的基础。

（三）政策执行准备

政策执行是一项内容极其复杂的社会活动。良好的政策执行取决于正式执行前完备的准备工作。一般而言，政策执行的准备主要包含以下几个方面。

第一，组织准备。组织准备是政策贯彻落实的切实保障。组织准备意味着不仅要解决表面的执行机构设立和组织形式问题，更为关键的是建立高效精干的组织结构和运行机制，并交由具备较高政策认知水平的专业执行人员（领导者和一般执行人员）贯彻落实。一般而言，如果所需执行的政策属于原有执行机构的任务，则由原有执行机构及其工作人员来执行；如果所需执行的政策涉及多个部门，则需要从各个相关部门抽调专业人员组成专门的执行机构，以确保政策的有效执行。但此处需要注意，无论是原有机构执行还是筹建新的执行机构，都必须按照既定政策的目标需要和相应的部门职能要求进行准备，而不能因人设事、因人设岗，造成机构膨胀；同时保持机构完整统一，防止出现政出多门、多头管理，在执行机构内部明确相应职责范围，并做好内部的协调沟通，以保证组织准备科学合理。

第二，物资准备。在完成组织准备之后，就必须着手处理相应政策执行所需要的财力、物力、设施等物质准备。根据对执行过程的设计，就执行需要的相关支出项目与数量、流动备用资金等方面，本着节俭原则制定执行预算；同时准备必要的设施工具，如通信工具、交通工具、技术设施等等。只有做好充足的物资准备，才能保证各执行计划的顺利实施。

第三，思想准备。主要指执行者对政策实施应具备的基本思想准备。执行者除了需要对政策背景、政策内容及其他相关内容进行充分的学习理解之外，还需要对执行中可能出现的障碍与问题做充分的思想准备，尽量计划完备，拟定应对可能出现的障碍的措施，并建立应对突发事件的危机管理机制，以保证政策执行的连贯性。

在未做好政策执行准备的情况下，政策是难以顺利实施的。例如，《资治通鉴·卷第三十八·汉纪三十》记载，王莽认为制度一经确定，那么天下自然太平，所以需要精心思考划分地域，制定礼仪，创作乐教，使这些方面都符合《六经》中的说法。为此，公卿大臣早晨上朝，傍晚退朝，议论连年，仍不能够做出决断，也没有时间处理诉讼冤案和百姓迫切需要解决的问题。县宰缺额，往往好几年都是派人代理，各种贪赃枉法的行径一天比一天厉害。王莽从前因专权而取得了汉朝政权，所以总想自己包揽众事，而有关官员只按既定的政令办事，以图能够免除罪责。各宝库、国库和钱粮官，都由宦官管理；官吏和平民的密奏，由宦官和左右随从开拆，尚书不得知道。他就是这样提防臣下的，又喜欢改变制度，政令繁多，本来应当由下面奉命执行的，总要考察过问以后才交去办理，以致前面的事情没有处理完，后面的事情又赶上来了，各种事务混乱不堪，没完没了。王莽时常在烛光下办公，直到天明还没有办完。再如，在戊戌变法期间，据统计，光绪帝先后颁布了有关变法的各类诏令达184条之多，平均每天颁布1.7条，法令涉及政治、经济、文教、社会风俗、国防军事等各方面，如此高频率地颁发法令，可谓是"快变""全变"。然而，光绪帝在颁发诏令时既没有经过调查取证，也没有召开相关会议进行"集体决策"，颁发诏书的依据不是社会对于改革的承受能力和民众的需求性，而往往是维新派知识分子和他本人的主观理解，根本就没有考虑其可行性。时任海关总税务司的赫德（Robert Hart）一针见血地指出："他们把足够几年吃的东西不顾它的胃量和消化能力,在三个月之内都填塞吃掉了。"①

(四)政策试验

政策试验是政策执行过程的重要步骤,尤其是对那些事关全局、非常规性的风险型政策而言。所谓政策试验,是指凡属影响持久、深入、广泛的大型公共决策,在可能的情况下,要选择若干局部范围(如单位、部门、地区)先试先行,然后在总结经验的基础上形成整体性政策,或者再全面展开政策实施的做法。将准备全面实施的政策先在某些代表性的地区或部门实施,通过对既有政策的小范围执行,考察执行过程中可能出现的问题或是发现未预计的问题,并设计问题的解决方案,总结相关经验,以确保政策的全面有效执行。进行政策试验具有重要意义:一方面,对于具体政策而言,可以找出执行偏差、反馈问题并对政策提出具体的修正意见;另一方面,在政策试验过程中还可以获得在执行步骤、方法、相关注意事项等方面具有普遍指导意义的经验。

(五)全面实施

经过上述几个步骤之后,既定政策的执行已经具备了所必需的组织、物质、思想和执行经验,就可以进入政策的全面实施阶段。尽管经过了充足的准备和政策试验,但试验的环境毕竟与全面实施的环境存在巨大差异,因此要充分估计全面实施阶段可能遇到的执行困难,同时严格按照既定执行原则、试验经验来执行,并不断反馈最新信息,以确保全面实施的顺利进行。

上述诸环节构成政策执行的功能活动过程。只有每个功能活

---

① [美]马士.中华帝国对外关系史(第三卷)[M].张汇文等译.北京:商务印书馆,1960:165.

动环节都做好了，政策执行活动才能顺利进行，政策方案才能取得预期的政策效果。例如，《续资治通鉴·卷第七十八·宋纪七十八》记载："时承平日久，事多舒缓，帝厉精图治，欲一振其弊；又以祖宗志吞幽蓟、灵武而数败兵，奋然将雪数世之耻。王安石遂以富强之谋进，而青苗、保甲、均输、市易、水利诸法，一时并兴，天下骚然，痛哭流涕者接踵而至。帝终不觉悟，方废逐元老，摈斥谏士，行之不疑，祖宗之良法美意，变坏几尽，驯至靖康之祸。"寥寥几笔，道尽王安石变法政策的败笔。

二、政策执行的再决策

公共政策执行的再决策是指公共政策执行主体在公共政策执行过程中以及执行过后，根据信息反馈对原政策方案所做的必要补充和修正。之所以需要进行政策执行的再决策，主要有以下两方面的原因。

第一，客观原因。主要指在政策执行过程中，因一些客观条件的变化而不得不对既有政策进行调整，包括政策环境变化和政策偏差两个方面。任何政策的制定和执行都是在一定的既有政策环境条件下进行的，尤其是执行环境，政策执行计划必定是针对特有环境而设计出的一套特定执行计划。但同时政策执行又是一定时段内的一个动态过程，而不是一蹴而就的。因此，在政策执行所经历的这段时间中，原有的执行条件——主观、客观的，政治、经济和文化的，等等——都可能发生变化，而使原有执行计划难以执行。政策执行就是将既有的政策描述（政策内容）通过各项措施转化为行动，从而达到相应结果的过程。但既有政策这个"近乎满意的方案"与实际情况之间必然存在着一定的差距，从而使政策执行的阶段性成果与原有构想之间出现某种偏差。这两种情况都会导致政策的实际效果与预期效果产生较大偏差，因此，当上述情况出现时，需要对政策进行及时的再决策调整，以适应外界的环境变化。

第二，主观原因。尽管存在着各种客观条件的影响，但随着政策执行过程的推进，人们的主观认识也可能发生变化，因而需要对既有政策进行调整和修正。在政策执行的特定时段内，尤其对那些影响大、范围广且需要较长时间贯彻落实的政策而言，一方面，相应的主要任务、目标或路线可能出现变化，既有政策的执行已经不能满足这些新的任务目标；另一方面，人们对不同领域、不同层次的社会发展客观规律或某些政策原则和政策精神的认知进一步深化，导致既有政策或执行方案已经不适应这些新的规律、政策原则或精神。

由于这些主客观限制条件的存在，任何政策在执行过程中总会发生一定的调整和修正。这种再决策在逻辑上是一种非"原起点"的回溯性分析，它总是以一定结果为起点向前追溯造成该结果的直接原因，而未必一定要追溯到原政策问题，这实际上是一种对执行过程中出现的新问题的解决过程。其结果表现为一种双重优化，既是在各种新问题解决方案中寻求最优的一个，又是对原方案加以补充从而形成比原方案更优的一个。

以基层警员执法为例[①]，基层警察组织的整体目标使命主要体现在治安管控与管理服务两个方面：在治安管控方面，110 指挥中

---

① 黄佳圳. 基层警员执法的注意力与时间分配研究——基于广东省 F 市 S 区公安分局的工作日志 [J]. 公共管理学报，2018（4）.

心承担了治安警情被动响应的重要职能，是基层警察组织治安警情收集、处理、分析的核心单位；巡逻警察大队则是主动治安警务的主要输出单位，承担着治安威慑、主动布控、线索收集等重要职能。在管理服务方面，出入境管理大队具备独立完整的服务职能与系统权限，是警察组织公众服务职能的代表性体现；监所管理大队则体现了警察组织作为国家强制力量的管理规制职能，是对相对人依法实施行为纠正与思想改造的基层警察单位。从自由裁量空间上看，街头空间>封闭空间>屏幕空间>窗口空间。由于目标、问题或者方案的不明确性和空间的复杂开放性，街头空间中的巡警有充分试探、多番考量的行动合法性，可以通过各种渠道去试探、检验信息。因此巡逻、设卡、排查等外勤工作都具备了较大的自由裁量空间，何时做、在哪里做、对谁做很大程度上取决于巡警警员的自身经验和当下判断，并且其所在组织对方案执行的结果并没有明确的考核标准，"试验—甄别"是渐进试探注意力类型的典型特征。与之相反，由于目的明确和空间密闭，监所警员同样拥有较大的自由裁量空间，可以根据在押人员的特征不断地调整管理焦点与手段，来达到组织效用最大化。一屏之隔的指挥中心警员因为没有任何强制性权威，警情的接入、分配与下达都需要综合考量、多方沟通，其自由裁量空间受到具体警情和对接警种的制约。"反应—说服"体现了以及时性、合法性与恰当性为考量核心的构建共识注意力分配的特征。窗口空间则是内外一致的空间，申请者面临着详细严格的规则约束，受理者与审批者同样如此。出入境管理大队的警员没有权限接受不合规的申请，也没有权限拒绝合规的申请。规则才是真正意义上的决策者，警员只是规则的适配者。"申请—审定"是程序性的组织决策过程,是照章办理注意力分配的典型特征。

在政策执行再决策过程,尤需注意一个问题,那就是再决策带来的政策"利益攸关者"的心理冲突。因为再决策可能是对原有政策某些小的方面或环节做出调整,也可能是对原有政策以及原有执行方案进行比较大的修正,因此很有可能导致政策的"利益攸关者"产生与原有政策的认识差异,正确认识并消除这些认识差异是确保政策再决策得以顺利进行的关键。

第三节 政策失败、政策偏差及其矫正

一、政策失败

(一)政策失败溯源

政策失败作为一种现象在各国的实践中屡见不鲜,对于政策失败问题的探讨无疑具有很强的实践意义。然而从理论分析看,当前学术界对政策失败的系统研究并不多见。一般意义上的政策失败包含政策本身(主要是客观因素)的失败和非政策本身(主要是主观因素,是在执行过程中产生的)的失败,后者即为狭义上的政策失败,也是此处所探究的对象。政策本身原因导致的政策失败的逻辑关系一般都比较清晰,或是因为政策自身的目标模糊不清,或是因为政策没有具体明确性,或是因为政策资源不充足,等等,这些因素由于容易辨识,所以改正与否和政策制定主体自身的意愿直接相关。基于分析的需要,下文将政策失败分为广义和狭义两种类型。

广义上的政策失败等同于政府失败,是相对于市场失败而言

的。具有西方经济学知识背景的学者一般都会认为政府失败是不可避免的,其结果往往比市场失败更为可怕。传统政府干预理论假定:第一,统治者追求社会福利最大化,是大公无私的、仁慈的;第二,统治者是无所不知的,拥有完全信息,譬如知道消费者的偏好,知道需求弹性,等等;第三,统治者说话是算数的,政策具有公信力。然而,这几个根本不存在的条件随着全能政府神话的破产而昭然于天下,从而使政府失败从理论变为了现实。

狭义上的政策失败主要产生于政策执行过程,同时这种政策失败在政策制定阶段是没有预设的。许多学者已经将其表现概括为替换性执行、选择性执行、象征性执行、附加性执行和机械性执行等几种类型,其共同的特征是:这是一种人为的政策失败。虽然学者们给出了不同的解决之道,然而最终总是落入加大宣传、构建机制、提高人员素质、加强监督等陈词滥调的窠臼中自说自话,对政策执行的实践改进和理论创新却并无多大贡献,因而是一个急需深入研究的领域。

(二)政策失败的原因探析

通过对诸多政策失败的比较分析和概括,我们可以发现,政策失败最主要的原因包括两方面:公共权力的利益化以及公民权利的抽象化。公共权力的利益化是指公共权力和经济利益连接在一起,主要有以下几种呈现方式:第一,政策执行主体就是经济主体,或者说是经济组织(主要是指企业)的所有者。第二,政策执行主体是经济组织的一部分,主要是指其在各种类型的经济组织中持有股份。第三,政策执行主体是经济组织的实质主体。尽管经济组织并不属于政府,但政策执行主体在背后操作。第四,政策执行主体和经济组织有千丝万缕的利益关系。客观上,企业是一个经济实体,政府与企业的捆绑是双方利益共存亡使然。税收、品牌、知名度等既是经济建设型政府追求的目标,也是政绩考量最显性的要素。

要实现公共权力的利益化,至少需要满足三个条件。其一,政策执行主体对权力的垄断,包括政策执行组织对公共权力的垄断以及一部分公务员对公务职位的垄断两种类型。政府时而分权时而集权,但权力总是在不同层级的政府间和不同层次的公务员之间流动。当社会力量被排挤在政策过程之外时,政策执行主体必然不会产生向社会负责的内在机制。即使产生了责任机制,也只是浮于表面,而没有实质性意义。其二,执行过程在性质上具有人格化特征。执行过程的人格化是指政策执行人员的价值偏好、人格魅力和精神力量对政策执行的好坏会产生至关重要的作用。执行过程只有具有了人格化特征,才使政策异化成为可能,从而导致人为的政策失败。其三,权力利益化所得的收益远高于预期成本。现实中存在某些特殊利益集团能够通过"俘获"政策执行主体使其提供有利于它们的管制的事实。由于政策执行主体和俘获者"联姻"越久,两者的交易成本或信息成本越呈递减趋势,政策执行主体与其他未去俘获的相关主体的交易成本或信息成本呈高速递增趋势。毕竟能够俘获政策执行主体的俘获者占少数,所以政策执行主体和俘获者所得的收益肯定远远小于社会为这种俘获行为产生的总成本。一旦俘获行径形成一种路径依赖,政策执行主体和俘获者可能联合起来,利用各自手中的权力和金钱来维持不合理的旧制度,任何改变现存制度的努力和措施都会遭到顽强的抵抗,任何改善政府治理机制所必需的政策和改革意图也都会被有影响力的俘获者和获得巨额私人利益的政府官员破坏,政策执行主体成了不合理利益分配结构的维护者。

公民权利的抽象化不仅指公民在个体名义上被抽象化，而且指公民在生存权、知情权、财产权等实质领域也被抽象化。公民权利抽象化的存在需要具备两个前提条件。其一，公民不具备组织性。在封建社会，为了维护统治者的特权或垄断利益，国家总是对普通民众的组织化存在天然的恐惧性，处处对公民结社、公民组织进行打压。其二，国家的强大是与其组织性联系在一起的，严密的组织性对于官僚机构的运作有着天然的保障作用。因此，民众力量的碎片化与官僚制的高度组织性相比，只能失去自主性而转向依赖统治者，在期望一种"善治"的乌托邦状态中寻求安慰，而不能靠自己的力量改变自己的命运。在政府、企业和社会（公民）三极中，对政府的抗衡不可能依赖于以利益为终极目标的企业这一经济组织，只能是以公民力量制衡政府力量，而公民力量的大小则直接依赖于其自身的组织性。到底是什么使那些难以摆上台面的潜规则能够冠冕堂皇地大行其道？其实质原因在于，社会正式制度的既定方向与这个制度中掌握权力的人的人生方向发生了互相背离，从而使原本不可能的想象变为现实。

二、影响政策有效执行的主要因素

影响政策执行的因素很多，而且不同学者对这些因素进行了不同分类。保罗·萨巴蒂尔认为影响政策执行的因素有三类：政策问题的可辨性、政策本身的规制能力和政策本身以外的变数。我国台湾学者林水波和张世贤将影响政策执行的因素分为政策问题的特质、政策本身所具的条件和政策本身以外的条件。综合不同学者的分析，我们认为政策问题的特性、政策本身的特点、政策执行主体的状况、政策对象以及外部环境是影响政策有效执行的重要因素。

(一) 政策问题的特性

政策问题的内在特性是影响政策执行的重要因素。很多情况下，政策执行的成功或失败与政策所要解决的社会问题的特性密切相关。政策问题的特性主要包括政策问题的复杂性、敏感性，政策问题所涉及的利益群体的数量和范围，以及政策问题对目标群体的影响程度等方面。显然，政策问题越复杂敏感，涉及群体越多，影响程度越大，就越难以得到顺利的执行。例如，想要维持某一社区的安静、避免噪音相对容易执行，而根除违规营运车辆非法营运的问题则较难处理，因为这一问题涉及的利益范围很广，而且监管成本很高，监管难度很大。

(二) 政策本身的特点

政策本身的特点与政策能否获得良好的执行关系密切，主要涉及以下几个方面。

1. 政策是否正确而合理

政策的正确性与合理性是政策有效执行的根本前提。正确合理的政策较容易被执行者所认同，被政策对象所拥护，因而能得到顺利而有效的执行。反之，政策执行必然会在政策执行者和政策对象的消极应付与抵制中搁置。政策的正确合理首先要求政策的内容、方向正确合理，其次要求政策符合理性的推理逻辑且内部统一、一致，最后要求政策建立在合乎理性的理论基础之上。《资治通鉴·卷第二十一·汉纪十三》记载，汉武帝末年，皇帝用法制来统御人民，喜好重用严酷的官员，而那些郡守和诸侯以及掌有治理大权的二千石官员又都很暴虐，因此官民反而更加不怕犯法了。因地方官员管理不力等原因，盗窃团伙蜂起。故汉武帝刘彻颁布《沈命法》。该法规定：若盗贼兴起而没有发觉，或发觉了而不去剿捕，或剿捕盗贼的数量没有达到规定的标准，各级主管官吏将受到严惩。二千石及以下的一律处死。从此以后，小吏畏惧朝廷治罪，即使发现有盗贼，也因害怕不能全部捕获而不敢向上级报告；各郡长官因害怕受到牵连，也让下属不要报告。因此，盗贼越来越多，而地方官上下串通，隐瞒不报，以虚文掩饰，诈称无盗应付朝廷，以逃避法规制裁。

2. 政策是否具体明确

这里包含两个部分：政策目标的明确性和政策内容的明确性。政策目标的明确性要求目标必须清晰、可衡量且可以按照重要性进行排序，这是进行良好政策评估的基础；政策内容的明确性是指政策措施和行动步骤要明确且具有可操作性。

（三）政策执行主体的状况

政策执行主体是政策执行的直接实践者，是影响政策执行的最直接因素。政策执行主体主要包括执行机构和执行人员，这两个方面都与政策执行效果有着密切关联。

1. 执行机构

任何政策执行都必须以一定的执行机构为中介来进行，执行机构一方面作为执行主要操作者，另一方面还从侧面展示出政策的重要程度，并赋予执行人员以一定的权威性。一般来讲，执行机构对政策执行的影响主要包括以下几个方面。

执行机构的行为态度。具体来说，执行机构的行为是一种集体行为，这种集体行为对既有政策执行的整体态度是怎样的；是积极顺应还是消极抵触；是主动超前还是被动落后；是忠实执行政策要求还是对既有政策大加截留、大打折扣；等等。这些不同态度都会对政策执行产生重要影响。

执行机构的结构设置、运作机制和运作效能。具体来说，执行机构的结构设置是否合理，是扁平结构还是直式结构，管理宽度与幅度是否适当；运作机制是否完善，能够达到统一管理前后一致，还是政出多门，多头管理；运作是否高效；等等。这些问题也会对政策有效执行产生影响。

执行机构的内外部沟通协调。在政策执行过程中，整个团体的相互协作以及相关信息的上传下达、信息共享也是一个重要问题。上下级之间是关系融洽、政令统一，还是钩心斗角、"上有政策，下有对策"，内部信息是沟通顺畅还是严重阻隔、上下分离，都具有重要影响。

2. 政策执行人员

政策执行人员是政策执行的最终实施者。政策执行者对政策执行的影响主要表现在主观和客观两个方面。

主观方面主要包括，对既有执行行为的态度状况以及随之而来的对相关政策内容的熟悉和了解程度、个人的性格特征和处事风格、个人的思想道德素质和心理素质等方面。

客观方面要表现为执行人员个人的受教育水平、个人素质高低以及相关经验是否丰富等。《资治通鉴·卷第十八·汉纪十》记载，汉武帝时，中大夫张汤"为人多诈，舞智以御人"。当时，汉武帝接纳了董仲舒"罢黜百家，独尊儒术"的主张。张汤心中虽不喜欢儒家思想，可也装作很喜欢，表现出无比尊重儒家大师的样子。在他做廷尉的时候，他办案的原则是：他要严办的人，就是皇帝想治罪的人,以及监、史所要加祸的人;他要释放的人,也就是皇帝不想治罪的人,以及监、史所要轻判的人;一切判决以满足皇帝喜好为根本出发点,哪怕它已经触犯了法令。西汉名臣汲黯责备张汤说:"你身为正卿,上不能褒扬先帝的功业,下不能抑制天下百姓的邪心,使国家安定、百姓富裕、监狱空虚,却只会把高皇帝所定的律令胡乱变更!你这样乱搞,将来会断子绝孙!"汲黯经常与张汤争辩,张汤紧扣律令条文,琐碎苛求;汲黯刚直严厉,坚守高尚的原则。汲黯有时愤极发怒,大骂张汤说:"天下人都说刀笔吏不能做公卿,果然如此!让天下人恐惧得不敢前进、不敢正视的人就是张汤。"

(四)政策对象

按照戴维·伊斯顿的观点,任何政策执行的最终结果都表现为目标群体的利益是否达到了预期的重新分配状态。因此政策对象对政策的认知态度、在政策执行过程中的行为表现以及最终的现实状态都是影响和评价政策执行效果的重要因素。其主要体现在以下几个方面。

1. 目标对象人数的多少

目标对象人数的多少往往影响着执行活动的复杂程度。一般而言,执行的目标对象越少,范围越明确,政策执行就越容易;反之,如果目标对象人数越多,范围越不明确,政策执行就越困难。

2. 目标对象对既有政策的认同感

与目标对象人数类似,对既有政策的认同感越强,就越容易执行,越弱就越难执行。

3. 目标对象既有行为规范的惯性

如果目标对象既有行为规范的惯性越强烈,那便意味着通过各种方式改变这种既有行为规范越困难,从而使得政策执行更加困难。

(五)外部环境

外部环境是影响政策执行的一个综合性因素,因为从广义上讲,执行主体、执行对象都属于外部环境的范畴,同时还包括除此之外的其余社会环境。

1. 社会政治经济环境

主要包括社会政治体系结构与决策机制(是集权还是分权、政党制度、选举制度等)、社会经济发展水平、社会的利益分配格局以及整个社会的政治文化等等。

2. 社会心理环境

社会心理是人们在日常生活中对社会政治关系、经济关系以及人际关系等社会条件的一种经验性反映,表现为一定的既有风俗、习惯和固有成见等等。但这些固有的心理特征往往难以与特定的政策要求相契合,因而通过各种方式改变这种既有心理便成为使社会公众能够支持并自愿贯彻相关政策的关键性因素。

三、政策执行偏差及其矫正

(一)什么是政策执行偏差

政策的执行是一个复杂的综合动态过程,牵涉到诸多方面的因素,执行过程就是要将各种因素加以系统整合,使其处在一种有序状态下,发挥出最大整体效应。所谓政策执行偏差,是指政策执行者在实施政策的过程中,由于受主客观因素的制约,其效果偏离政策目标并产生了不良后果的政策失真现象。一般情况下,政策执行偏差主要表现在以下几个方面。

1. 选择性执行：曲解政策，部分执行

选择性执行是指政策执行人员在执行政策时采取"为我所用"的做法，有意曲解政策的精神实质或部分内容，导致政策无法真正得到贯彻落实，甚至收到与初衷相悖的效果。政策执行者囿于本部门、本地区的特殊利益，在执行政策过程中，往往将完整的政策内容按特殊利益加以分解，按自己的特殊情况理解整体政策，断章取义，将对自己有利的部分用活用足，而对自己不利的部分则置之不理，从而造成既定政策难以达到预期整体效果的现象。

2. 附加性执行：政策截流，搞"土政策"

附加性执行是指政策在执行过程中由执行人员附加了一些不恰当的内容，盲目扩大政策外延，使政策的调整对象、范围、力度、目标超越政策原定要求。附加执行的突出表现是"搭便车"。政策执行人员往往打着贯彻上级政府政策的旗号，自立一套，各行其是，推行反映自身利益的"土政策""土规定"等。有些政策——尤其是大型复杂政策——在自上而下的贯彻执行过程中被中途截流，使既定政策的原有内容与内在精神层层递减、大量流失，以至于越向下层，获得的政策信息越少，最终传递不到政策目标群体和利益攸关者。有些情况是，相关政策仅仅在部分领导者内部公开，而其余大部分人仅能通过一些非正式渠道了解，导致一知半解，完全不领会政策的内在实质。与政策自上而下截流相对应的情况就是相关情况的自下而上截流，常常表现为"报喜不报忧"，只向上级报告政策执行的正面成就，而隐瞒政策执行中出现的相关问题（如执行方式和执行结果方面的问题）。无论哪种信息截流情况，都不利于相关政策信息的上传下达，从而出现由信息不对称——下层不了解政策精神和切实内容,上级不了解执行过程和政策结果获致的问题——而造成的政策执行偏差。

3. 象征性执行:象征执行,表面功夫

象征性执行是指执行人员在执行政策时敷衍塞责,做表面文章,实际上拒不执行上级政府政策。象征性执行在性质上具有一定的欺骗性。在某些政策的执行过程中,由于各方面的原因——或是出于地方性利益保护,或是出于各种客观原因,或是执行者(尤其是领导者)的认识偏差,相关政策只得到了表面性的执行,出现所谓"有令不行,有禁不止"甚至"屡禁不止"的情况,真正的政策精神并没有得到切实的贯彻落实。

4. 替代性执行:你有政策,我有对策

替代性执行是指执行人员在执行政策时采取"偷梁换柱"的做法,执行与上级政府的政策不一致的政策方案,使原有的政策方案难以得到贯彻实施。替代执行根据替代的程度不同,又可分为完全性替代和部分性替代。完全性替代只保留了原政策的一些表面现象,使政策方案全部发生了变化。部分性替代保留了原政策的一些内容。替代执行的最大特点是政策的变异性。从表面上看,替代执行政策的时间、空间都没有发生变化,但政策的实质内容却发生了改变。

除了上述几种政策执行偏差表现,还有机械性执行、粗暴性执行、观望性执行等表现,此处不一一阐述。

(二)产生政策执行偏差的原因

产生政策执行偏差的原因,不外乎主客观两个方面。政策执行偏差的主观原因主要表现在以下几个方面:

1. 执行者认知缺陷。执行者对既定政策内容认识不足,或是仅仅从其特定部门、特定地区的实际情况出发来理解，或是断章取义，仅仅抓住其中某个部分大加发挥而不问其余，从而出现由执行者认知缺陷造成的执行偏差。

2. 执行者的利益驱动。尽管政策执行机构的执行人员在名义上是代表公共利益的公职机构和公职人员，但是现代研究表明，由于行政机构及其人员的相对稳定性和技术专业性，行政机构内部人员已逐渐显示出其作为一种特定利益群体的趋势，并且在公共事务处理过程中遵循自我利益最大化原则行事。特定的政策执行目标与执行群体内在要求存在不一致，例如时间与效率的冲突以及各种利益冲突等等，将严重影响政策执行过程，进而造成政策执行偏差。

3. 执行机构的管理缺陷。主要指具体负责政策执行的部门在管理体制、运行模式、领导风格、责任机制等方面存在缺陷。

4. 执行准备不足。主要指政策执行的相关准备不足，譬如政策认知不足、政策宣传不足、对政策执行环境的认识不足等等。

政策执行偏差的客观原因主要表现在以下几个方面：

1. 政策本身的复杂性。主要指政策问题建构是否合理，政策内容是否完备，执行手段是否适当，等等。

2. 政策资源的充足程度。主要指相应的人力资源、财力资源、权威资源、信息资源等是否充足。

3. 政策环境的变化。包括两大方面：政策执行的社会政治经济环境变化，例如全球变暖、金融危机等；政策执行的社会心理环境变化，例如人们对弱势群体的态度由漠视转向同情等。

4. 目标团体的影响力。主要指目标团体的资源占有、与执行机构和人员讨价还价的实际能力、目标团体对既定政策的态度倾向及其坚定程度等等。

5. 基差效应、协同效应（联合行动的复杂性）。主要指将统一政策内容适用于不同部门、不同地区、不同其他条件的对象时，由于既有的执行基础方面存在巨大差异，在获致整体的一致性预期结果方面存在困难。

（三）政策执行偏差的矫正

执行偏差是理想的政策内容与实际的客观操作之间固有矛盾的切实反映，任何政策的执行总会遇到或大或小的偏差。但这种偏差并不是不可避免的，通过对造成偏差的各种影响因素的细分，及时发现问题，执行偏差还是可以获得一定程度的矫正的。通常，政策执行偏差的矫正措施主要有以下几种：

1. 完善管理体制，提高人员素质。尽量完善执行机制的设计，保证执行机构高效运作、灵活有力；同时保证执行人员热情饱满、技术熟练，并能够对其进行有效约束。

2. 合理诊断问题，及时评估控制。对政策执行偏差做出准确判断，精准判断执行偏差的程度，合理判定造成偏差的原因，及时探索能够纠偏的可行方式，为矫正偏差提供基础。

3. 加强政策宣传，采取适当措施。正视出现执行偏差的事实，不欺骗、不隐瞒，及时向政策受众说明偏差情况及其原因，做好解释工作。同时，积极宣传准备采取的矫正偏差措施，赢得政策受众的支持，采取适当措施，纠正偏差。

案例分析与练习

【案例分析材料】

材料来源于 2019 年青海公务员考试申论真题

材料 1

在北方某省的一个乡镇，上级要求村里建设村级综合性文化服务中心，包括图书阅览室、文体活动室、党员活动室等。除贫困村和人口较少的村外，绝大多数村的服务中心面积要求不低于 200 平方米，并下达了达标率的考核指标。

一名乡镇干部告诉记者："相当一部分村的办公场所总共不超过 90 平方米，很难达到 200 平方米的面积要求。"为了满足要求，抽检组到达之前，有的乡镇租用民房，摆上器材、桌子、图书等，凑够了 200 平方米。然而，检查还要求房子"不能有生活气息"。检查组到后发现，墙上有处插座插着手机充电器，尽管上面落满了灰尘，但最终仍被认为"有生活气息，不能算入村级综合性文化服务中心面积"。这名乡镇干部说："本来 200 平方米的要求已很难满足，再加上村里没有家具等生活用品的空宅几乎没有，在达标率的考核限制下，这么不接地气的政策不是逼基层造假吗？"

H 省一家生物质燃料企业负责人说，近年来，国家出台了一些扶持生物质能源产业发展的政策。公司在向当地发改委、环保等部门申请优惠政策或补贴资金时，常被卡在"在当地拥有自有厂房和设备"这条地方制定的附加条件上。企业资金紧张，租用厂房生产，短期很难自建厂房。"就因这个条款，企业投产三年来，除获得农机部门的 3 万元政策补贴外，其余优惠政策都没能享受到。"

采访中有中小企业反映，一些优惠政策出台了，但申请不到。C 市一家从事"互联网+政务"业务的科技企业负责人说，市里一个行政部门提供了 18 类扶持的项目，企业一一比对后发现，限制条件太多，没有一项可以享受到。这个扶持项目原计划覆盖 300 家企业，实际后来享受到的只有 80 家。

材料 2

S 省某市曾出台一系列优惠政策，通过招商引资与一家民营企业签订合同实施旧城改造，此后安置项目和商业项目顺利完工。可 2017 年，一则消息让企业犯了难。原来，改造项目位于一家文物保护单位周边，当地出让用地时并未编制控制性详细规划，项目违反了文物保护等有关政策要求。"五证"齐全的合法建筑成了"违建"，200 多户入驻业主可能面临改造或拆迁的问题。

一边是招商引资优惠政策：发放建设工程规划许可证；免交人防工程易地建设费；协调促成各项政策落实。另一边是文物保护政策等要求：周边 50 米是建设控制地带；停止周边拟建的商业围合建设；远期予以拆除或降层处理。

公司负责人认为，前期规划论证和审批时，规划部门忽视上级文物部门审批，存在程序瑕疵，导致了问题出现。"按照详细规划方案执行，将面临很大经济损失。"

为何没有考虑到政策不协调问题？该市一名规划干部说："当初招商引资不易，改造项目群众呼声也高。为了快速实施项目，就没有顾及规划要求。"记者调查发现，当地政府一再追求项目进度、忽略手续批复，在未依法修编城市总体规划、未编制控制性详细规划情况下出具规划条件、出让用地，使得前后政策不协调、相矛盾。目前，当地政府正与企业积极沟通，寻求解决方案。

几年前，中央八项规定刚出台时，某省为响应上级要求，立即出台新规定，省委办公厅、省政府办公厅印发关于建立"无会周"制度的意见，将每月的第二周（即每个月第一个星期日后的一周）确定为"无会周"。

按照规定，"无会周"期间，从省级层面不召开党委常委会议、政府常务会议，不以省委、省政府或两办名义召开工作会议，省委各部门各单位不召开各类工作会议。党中央、国务院明确要求各省区市必须按时召开的会议或中央、国家部委交由该省承办的全国性会议，以及发生重大突发事件和自然灾害需要立即进行研究部署的会议，不受"无会周"限制。同时，要求各市、县（市、区）可参照省委的做法，建立和执行"无会周"制度。

基层干部反映，初闻这一制度时，虽然拍手称快，但也暗自担心。一位副县长说，出台新规的初衷是好的，"但有些工作，不开会难以传达、布置和推动，执行不下去。"该制度仅在出台当月执行了一次后，"第六天就忍不住又开会了"。

材料3

2018年底，中央纪委公开曝光了F市人社局党组成员、副局长徐能华，市人社局原党组成员、医保局局长孔咏春等人贯彻执行中央精神和上级要求打折扣、做选择、搞变通问题。2017年12月，为落实中央和省有关要求，F市政府决定从2018年开始将城乡居民普通门诊由家庭账户制度调整为门诊统筹制度。徐能华、孔咏春等人在起草实施细则过程中，仅站在本部门角度选择性执行文件、擅自取舍文件内容，且重大事项不报告、不说明，违反程序自行制定下发该市基本医疗保险门诊统筹管理实施细则，导致困难群众医疗费用负担不减反增，违背了决策初衷，造成了不良影响。最终该文件被要求停止执行。徐能华受到行政警告处分，孔咏春受到行政记过处分并调离人力资源社会保障系统。

记者在西部一地级市改革办翻阅了当地2017年全年出台的231份文件，文件的下发时间通常与收到原文件的时间间隔较短，一些文件与原文件结构、标题、内容极其相似。例如，在一份市级医改文件中，换了个抬头和落款，将"我省"全部换为"我市"，而主体内容几乎原封不动地照抄了省级文件。

雷鸣是中部某县一家回收秸秆的再生资源加工厂负责人，每年秋天收购季节，他都为运秸秆的高成本发愁。

雷鸣说："国家发改委等部门在2015年就明确，各地应出台方便秸秆运输的政策措施，提高秸秆运输效率。生物质燃料行业多数都是中小企业，可是，相关'绿色通道'政策盼了好多年，目前却只有个别省份落实到位。"

雷鸣给记者算了笔账：从当地运输一车30吨压缩秸秆到广东汕头，一车秸秆总运费为1.6万元。高速公路里程在1200公里左右，按每公里收费1.5元保守估算，光高速公路运输费就要1800元，仅此一项就占运费总成本超过10%。

2018年10月，国家有关部门组织的黑臭水体整治专项巡查发现，S市5处黑臭水治理点中，有3处采取了"一埋了之"的方式进行处理。

据了解，有一处排水沟黑臭水体已基本消除黑臭，但排水沟采用全线填埋方式进行处理，填埋后，水体已不存在，被绿网覆盖。巡查组认为，这种直接填埋方式不够科学，也不宜推广，需后续对河道水体功能进行综合考量。

记者梳理发现，类似情况在其他城市也有存在。多位受访基层干部坦言，基于工程量、资金投入、快速见效等多方面因素考虑，他们大多选择填埋治理方式。

材料4

根据政策要求，W市各区从2013年开始，对辖区沿街商户实行市容和环境卫生责任区制度管理，加大对居民占用公共空间、流动摊点等的整治，每个社区还要配备一名正式的城管队员定人定责。政策要求合情合理，可到基层执行时却遇了难。该市某区和平路街道茂林路社区党委书记唐海川回忆，当时街道城管中队进行了多次治理，但收效甚微。"检查人员一来，他们就往回收，人走了就又出摊。执法本是为群众打造舒适环境，但往往不被理解。"

执法人员因为不被理解而委屈，居民对街道管理现状也不满意。上级的政策规定要执行，但不能机械化、僵硬化，对执行过程中出现的问题，需要及时调整施策，茂林路社区想出了成立"城管群众议事会"的办法。通过居民投票、自我推荐，茂林路社区选出了10名热心社区工作的议事会成员，包括社区网格员、街道城管网格员、物业工作人员、经营户代表和社区居民，由过去的城管单方执法，转变为"众人的事众人商量"。

2018年3月，茂林路社区一商业街占道经营、餐饮油烟污染等问题严重，城管没有硬性执法，而是由"城管群众议事会"召开了商讨会,商量解决办法。环保治污的红线不可破,占道经营影响安居的行为要停止,这两个原则得到各方认可,最终形成了新的经营规范6项标准和整治方案,得到大家的拥护和执行。

截至目前,茂林路社区"城管群众议事会"共召开会议26次,参加居民585人次,受理具体问题191项,完成181个项目。和平路街道负责人解琛认为:"好政策要落实好,对于遇到的各种问题,要站在群众立场想办法,问题才能迎刃而解,政策服务群众的'最后一米'才能打通。"

【练习题】

1. 根据材料1—3,概括政策执行过程中主要存在哪些问题。要求:内容全面,简明准确,条理清晰,不超过200字。

2. 根据材料4,总结茂林路社区在政策执行方面的成功经验。要求:内容全面,简明准确,条理清晰,不超过200字。

第五章　公共政策工具

> 故礼以道其志，乐以和其声，政以一其行，刑以防其奸。礼、乐、刑、政，其极一也，所以同民心而出治道也。
>
> ——《礼记·乐记》

政策工具是政府赖以推行政策的手段，是政策目标与结果之间的桥梁。在执行政策过程中，选用何种政策工具以及用哪一种标准来评价该政策工具的效果等，对政府能否达成既定政策目标具有决定性影响。从这个意义上来说，政策工具研究是十分有必要的。虽然政策研究一开始就内在地包括对政策工具的研究，然而事实上，将政策工具作为一个独立主题进行研究，即使在政策科学的发源地美国，也是到 20 世纪 80 年代才开始的。目前，国内学术界对政策工具的研究则还处于起步阶段，许多重大问题的研究才刚刚开始。本章将对政策工具的一些基本问题加以探讨。

第一节　公共政策工具概述

一、公共政策工具研究的兴起

政策工具研究最早起源于社会科学领域，当初的研究主要集中于一点：个人或公共组织通过什么样的方式和途径来有目的地影响和作用于社会进步。此后，大量的假设和提问都是以这一点作为基础展开的。在政治学领域，达尔（Robert Dahl）和林德布洛姆在《政治、经济和福利》（1953）中论及政策工具的基本原理。在此之后，政治学中的政策工具研究沿着两个不同的方向发展：一是以政治文化及意识形态的研究为基础，注重对工具的政治属性的研究；二是沿袭结构—功能主义传统，力求通过对工具的研究来确定公共政策功能。

20 世纪 80 年代以后，在政策科学及公共行政学领域，出现了不少关于政策工具方面的论著。西方政策科学研究集中于政策执行研究，兴起了"执行运动"，主要研究可分为四个途径——自上而下途径、自下而上途径、政策/行动连续途径、工具选择途径。[①]其中，在 80 年代最有影响的著作可能要属胡德（Christopher Hood）的《政府的工具》（1983、1986）；在 90 年代，最有影响的著作可能要算彼得斯（B. Guy Peters）和冯尼斯潘（Frans K. M. van Nispen）所主编的《公共政策工具》（1998）（该书是 1992 年春在荷兰鹿特丹大学举行的政策工具研讨会的论文集，较全面地反映了目前政策工具研究的现状）。萨拉蒙（Lester M. Salamon）主编的《政府工具——新治理指南》（2002）对政府改革和政策工具问题进行了专门研究。此外，史蒂文·科恩（Steven Cohen）和威廉·埃米克（William Eimicke）在《创新工具：管理公共部门组织的创造性战略》中对战略规划、流程再造、全面质量管理、标杆管理、

---

① 黄伟. 试析政策工具研究的发展阶段及主题领域［J］. 国家教育行政学院学报，2008（9）.

绩效管理、团队管理和民营化等多种政策创新工具进行了研究，并用大量的案例来说明政策工具的重要意义。在当代西方社会，关于政策工具的理论研究呈现出一片繁荣的景象。

（一）政策工具的地位

长期以来，政策工具的探讨仅局限于目的与手段的关系上，对政策工具的系统研究相当缺乏，从而造成政策工具规范性知识的严重缺失。实践者们倾向于将政策工具归于狭隘的工具论范畴，目的在于"囊中藏有如此多的箭，政府就需要发展出一套方法学，找出射向问题靶子的正确的矢"[①]。学术界或是紧跟工具论的步伐摇旗呐喊，或是走向另一个极端，干脆将政策工具作为政策目的。

将政策工具仅仅作为政策的工具是工具论者典型的做法。该理论认为，了解一种具体的政策工具，在于了解其内在的功能，这种工具的效能或者是已经得到证明的，或者具有很高的可信度；人们在大部分可预测的环境中可以期待其产生的效果；有效的工具可以将政策失败转变为政策成功。所以，政策工具研究应该关注工具的特质与特征，以便确定、修正和扩展一组"普遍的"工具，这些工具可以适用于广泛的范围，可以在不同的束缚下取得最佳的绩效。可见，工具论者认为工具的属性本身就构造了政策过程，即工具的使用及其效果的好坏是由政策工具的特性预先决定了的，政策失败的原因只是所选择的政策工具存在缺陷，这是一种工具至上主义的观点。

任何一项研究都存在突破既有的领域而得以拓展的内在冲动，

[①] [美] 戴维·奥斯本、特德·盖布勒. 改革政府 [M]. 周敦仁等译. 上海：上海译文出版社，1996：325.

将政策工具仅仅作为政策的工具,当然不能满足政策制定者实践及学者研究的需要。实际上,一方面,工具论由于没有涉及对政策工具的政治属性以及在什么环境下政策工具取得成功等重要问题的解答,削弱了自身的解释力;另一方面,工具论故步自封的姿态也不利于进一步把握政策工具丰富的内涵。所以工具论一开始就注定要遭受批判的命运。

过程论、权变论以及建构论是对工具论的超越,这很大程度上是由对工具论起源于一种技术理性所持的不信任态度造成的。过程论否定了工具论的大多数主张,将政治置于中心位置,强调的是政策实施的作用,而不是工具的特性;权变论试图通过考察政策工具与政策环境之间的适应性来解释工具的应用过程;建构论走得更远,它认为,要了解特定工具被采用的脉络背景的特殊性,就必须了解这些工具的主观意义。政策工具的意义和合法性都是在实践过程中被建构和再建构出来的。对工具论的批判和超越显示出工具论自身的局限性及其在发展过程中面临的威胁,若将政策工具研究的演化历史做一番描述,工具论已经从政策工具谱系的一端经过过程论、权变论迈向建构论的一端,这在一定程度上反映了政策工具的研究走向。

在对政策工具地位的争论中,早期的行政学家如威尔逊、古德诺等通常将决策—执行作为两个不同的领域置于政治—行政二分法的宏大叙事环境中,并进一步得出政策工具独立于政策本身得以行使的结论。随着理论的演进,二分法遭到激烈的批判。欧文·休斯(Owen E. Hughes)就指出:"下面的两个论点由于与伍德罗·威尔逊的名字联系在一起而一度成为颠扑不破的神话,这两个论点是:政策和政治可以与行政严格分离;行政可以作为纯粹的工具。这两个观点是不正确的!"① 从根本意义上讲,作为选择的方式,政策制定和执行的方式、项目计划的管理方式等等都具有政治性。各种宪法和法律确立了政府的政治职能,而要实现这些职能,就需要相应的责任机制,其中选择的方式、政策设计和执行的方式、项目计划的管理方式即指政策工具。令人费解的是,既然如此,那么坚守单纯的工具论已无太大意义,但时下对政策工具的探讨却并没有脱离工具论的窠臼。而过程论、权变论以及建构论似乎又极度忽视工具论的价值存在。过程论完全用政治调节代替技术分析,抹杀了政策工具本身固有的技术理性优势。权变论所强调的政策环境的重要性以及将政策工具绩效归因于政策工具的适当供给的做法,模糊了"政策"概念与"工具"概念之间的界限,几乎没有为"政策工具"内涵留下空间,使政策工具研究的学术地位不升反降。建构论的改进之处在于,它将政策工具的技术理性与政治调节看成是互动的。然而,建构论使政策工具研究的重心发生了转移,关心的不再是"工具",取而代之的是政策系统、政策网络、决策过程等,政策工具的工具性特征几乎消失殆尽。将政策工具局限于传统的工具论范畴,已不能满足日益复杂的公共政策研究的需要,也难以使政策制定者应对瞬息万变的社会问题。同样,如果完全摈弃作为技术理性的工具属性,政策工具研究则会陷入形而上学的泥潭,找不到出路。进一步拓展政策工具的政治环境、意识形态背景等研究是政策工具研究的应有之义,若是完全取而代之,就会有舍本逐末之嫌。

---

① [澳] 欧文·E. 休斯. 公共管理导论 [M]. 张成福等译. 北京: 中国人民大学出版社, 2007: 275.

（二）推动工具研究盛行的因素

首先，理论与实践相结合的推动。大学学者与政策工具领域的实践者（实际操作者）保持着密切的联系，例如高校法律领域的权威学者同时也参与实际生活中法律的制定、执行、评估以及终结等过程。这种学术与实践的密切结合刺激了更多的学者投身于解决实际社会问题，进而推动了政策工具研究的发展。

其次，近代以来政策执行难度和复杂性程度的提高以及政府职能的扩张，导致对政府管理相关知识的需求增大，这就要求对社会政策问题做更多的科学与实证分析和研究。由于政策工具研究致力于解决简单但却难以回答的社会问题，因此，根据政策目标和途径来进行思考使政策工具研究为公共管理做出了重大贡献。

最后，工具研究长期以来得到政治和意识形态方面的支持。对福利国家的某些政府部门的不满使人们要求对政策失败的分析予以更多的关注。20世纪80年代初，荷兰的吉尔霍德委员会得出结论：政策工具知识的缺乏和不足是政策失败的重要原因。因此，解决政策失败问题的关键在于建立和发展一门政策工具理论并将它付诸实践。[1]

二、政策工具的内涵与效果评估

（一）政策工具的内涵

对于什么是政策工具，不同研究者给出的定义各不相同。有学者把政策工具看成是拥有某些共同特征的活动，例如一项计划、一条法令。还有学者认为政策工具只具有正式（官方）和合法性特征，

---

[1] 陈振明. 政策科学——公共政策分析导论（第二版）[M]. 北京：中国人民大学出版社，2003：169.

如尼达姆（D. Barrie Needham）对政策工具的定义就是"相对于公共主体的可用的具有合法性的治理"①。然而，显而易见的是政策工具不仅仅具有正式特征，现实中还存在着大量非正式政策工具。

欧文·休斯在《公共管理导论》一书中将政策工具定义为："政府的行为方式，以及通过某种途径用以调节政府行为的机制。"② 国内学者张成福的定义则是："政府将其实质目标转化为具体行动的路径和机制。"③ 陈振明的定义是：人们为了解决某一社会问题或者达成一致政策目标而采取的具体手段和方式。他认为政策工具、政府工具和治理工具三者在实际应用中没有明确界限，主要区别体现在不同学科角度的倾向。④

事实上，学术界对于政策工具概念有不同的解释与界定标准，体现出学者的不同认识。公共政策工具是政策目标与结果的桥梁，政策目的和政策工具应用会对政策工具的内涵界定产生影响。⑤

关于政策工具的应用研究，很大程度上是帮助政府减少社会问题的发生或解决相应的社会问题。詹姆斯·安德森很早就意识到，在试图确定某一项公共政策有没有可能有效时，政策分析家们不仅仅关切政策的主要目的，以及这些目的有没有实现，而且关注可采取的政策实施技术，以及这些政策实施技术是否适合于政策的有效实施。事实上，政策相关者很少基于政策的实施及其

---

① D. Barrie Needham, *Choosing the Right Policy Instruments: An Investigation of Two Types of Instruments, Physical and Financial, and a Study of Their Application to Local Problems of Unemployment*, Aldershot: Gower, 1982.
② [澳] 欧文·E. 休斯. 公共管理导论 [M]. 张成福等译. 北京：中国人民大学出版社，2001：99.
③ 张成福，党秀云. 公共管理学 [M]. 北京：中国人民大学出版社，2001：62.
④ 陈振明，张敏. 国内政策工具研究新进展：1998—2016 [J]. 江苏行政学院学报，2017（6）.
⑤ 顾建光. 公共政策工具研究的意义、基础与层面 [J]. 公共管理学报，2006（4）.

效果来选择政策工具,不同的政策领域以及不同的政策相关人倾向于选择自身所偏好的那种政策工具,并且会重复采用这样的政策工具,而不管实际上是否有助于具体领域问题的减少。这限制了政府的学习能力。要界定什么是政策工具,必须弄清楚以下几点:首先,政策工具存在,是为了实现政策目标,它是作为目标和结果之间的桥梁而存在的;其次,政策工具仅仅是手段,而不是目的本身;最后,政策工具的主体不仅仅是政府,其他主体也可以拥有自己的工具。

综上所述,我们将政策工具定义为:人们为实现解决某一政策问题这一政策目标而采用的具体手段和方式。

(二)政策工具的效果评估

从应用角度出发,政策工具效果评估的研究在有关公共政策的经典研究中是最为重要的课题之一,在近年的公共政策研究中,它也仍然处于核心的地位。政策工具效果的发挥至少会受到两种制约。一种制约被英特威尔德(R. J. in't Veld)称为"政策效果递减规律"。这一规律假定,任何具体的治理体制或者具体的政策工具的生命周期都是有限的,因此,一方面,政策所要实现的目标不可能通过政策自发地实现,也不可能通过发展自发地实现;另一方面,政策需要由公共部门来实施,需要采取诸如制裁或战略性的威胁等方式,于是,政策工具的实施会产生一些有意或无意、可以预见或不可预见的效果。随着时间的推移,那些有意识、可预见的效果会渐渐缩小,而那些无意识、不可预见的效果则会变得很重要。个中原因难以尽析,主要是政策相关利益主体学会了如何应对和抵制这些政策工具,从而使工具效果大打折扣。另一种制约则被称为"政策积累法则"。这一法则认为,如果一项政策效果不明显，或者一些公共政策失去了对公众的影响力，那么无效的政策会导致进一步的政策，即政策制定者要么修正规范和制裁的性质，要么形成一些更加严厉的方法。他们这种倾向于用同样的方法对政策工具的有效性或无效性做出回应的应对方式，从长期来看，是不可能取得成功的。政策效果递减规律与政策积累法则交替发挥作用，若政策制定者不进一步加强政策学习或进行强制性的突破，政策系统最终将会瘫痪。

政策工具效果的评估，可以从内部和外部两方面进行。内部因素首先是在政策工具的特征层面进行。比如伍德西德（K. B. Woodside）就通过对政策工具的可接受性与可预见性两个特征衡量其效果。林德尔（S. H. Lydall）与彼得斯则将政策工具的特征划分为资源密集度（包括行政成本和操作上的简单性）、目标（包括准确性和选择性）、政治风险（包括支持和反对势力的特点、公共知名度以及失败的概率）、对国家行为的约束（包括强制的困难和对限制政府行为的意识形态原则）。此外，还可以根据其性质来评估。关于工具论的最大争议是它仅仅将政策工具定位在技术理性的范畴，然而，政策工具并不是中立的，它有自身的性质和价值。比如自愿性工具与强制性工具之间在性质上的差异，就会导致政府与政策相对人之间关系紧张程度的迥异。政策工具的非中立性主要源于公共部门本身价值取向的多元化。外部因素一方面可以通过政策工具与政策目标的匹配性和恰当性来衡量，另一方面可以通过政策工具的政治特性和意识形态特征来衡量。其中，后一种情况牵涉面较广。

对内部因素和外部因素关注的不同，造成政策工具效果评估研究旨趣的分野。客观来看，长期以来，学界一直将内部因素当成衡量政策工具效果的主导力量，没有突破政策工具自身的限制，从而使评估本身存在很大的局限性。随着研究的拓展和深入，学者们逐渐开始对外部因素产生浓厚的兴趣，也进一步完善了政策工具效果的评估体系。

第二节 政策工具的分类

在很长一段时间里，对政策工具的分类主要依据工具特性来进行。为了形成一种明确的分类，人们已经投入了不少的时间和精力。然而，现有的所有分类都不怎么让人满意，没有一种分类能够对政策工具做全面穷尽的介绍。由于分类标准不统一，学者们对于工具分类也都各持己见。

最早试图对政策工具加以分类的是20世纪60年代的德国经济学家基尔申（E. S. Kirschen），他着重研究是否存在着一系列的执行经济政策以获得最优结果的工具。他整理出64种一般化的工具，但并未加以系统化的分类，也没有对这些工具的起源和影响加以理论化的探讨。

美国政治学家罗威（Theodore J. Lowi）、达尔和林德布洛姆等人也做过类似的研究，但他们倾向于将这些工具归入一个宽泛的分类框架中，如将工具分为规制性工具和非规制性工具两类。萨拉蒙推进了他们的研究，增加了开支性工具和非开支性工具两种类型。

加拿大公共政策学者豪利特（Michael Howlett）和拉米什（M. Ramesh）根据强制性程度对政策工具进行了分类。他们将政策工具分为自愿性工具（非强制性工具）、强制性工具和混合性工具三类。① 与其他分类方法相比，他们的分类框架更具解释力、更合理。本书将使用这种分类方法对政策工具进行分类，并在此基础上对政策工具进行介绍。

布鲁斯·德林（G. Bruce Doern）和理查德·菲德（Richard Phidd）依据强制性程度对政策工具进行了分类，认为"自律"是强制程度最低的政策，而"全民所有"是强制性最高的政策。但这种方法面临着操作上和度量上的巨大困难。与其小心区分强制性的程度，不如集中于一种简单而完善的分类标准，即政府提供物品与服务的水平。豪利特和拉米什用这个分类标准将不同的政策工具放在一条以完全自愿（提供）和完全强制（提供）为两端的轴上。完全自愿提供的政府工具几乎是不存在的，而完全强制提供的工具则没有留给人任何回旋余地，这两种极端情况之间，按照政府或公众参与程度的高低，依次排列不同的政策工具。用这个标准来衡量基尔申等人提出的政策工具分类，如下图所示：

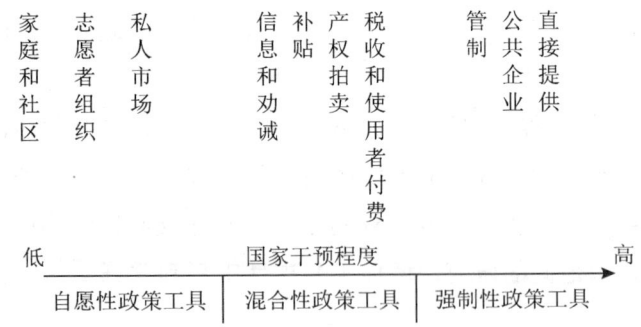

图 5-1　政策工具图谱

---

① Michael Howlett and M. Ramesh, *Studying Public Policy: Policy Cycles and Policy Subsystems*, Oxford: Oxford University Press, 1995, p. 82.

理论上，所有政策主题都具备使用一定数量工具的功能；就是说，绝大多数工具在一定程度上都是"可替代"的。但实际上，这些工具在很多方面都存在差异。

一、强制性政策工具

强制性工具也称直接性工具，它借助国家或政府的权威及强制力，迫使目标团体及个人采取或不采取某种行为。政府为实现其政策目标，可以通过选择管制、公共企业或官僚机构直接供给等手段或方式来履行其功能。

（一）管制

管制又称规制，是指政府要求个人和社会履行一定行为程序或行动方案，政府则通过特定的职能机构来进行全程管理。管制是由政府做出的，它们必须为目标团体及个人所遵守、服从，若不遵守或不服从，将受到惩罚。

大部分管制通过行政法规来进行（有些管制实际上就是一般的法律），并由政府部门或特别的机构（如美国的独立管制委员会）来管理。管制采取了不同的形式，如规章、标准、许可、禁止、法律秩序和执行程序等等。政府管制遍及社会生活的许多领域，尤其是物品和服务的价格与标准等方面。

政府的管制有经济的和社会的两种基本类型。经济管制是管制的传统形式。它控制诸如产品的价格和数量、投资回报，某一产业中公司的进入或退出等一类的事项，其目的是控制由市场运行所产生的不平衡；社会管制是一种较新的管制类型，它控制诸如健康、安全、职业歧视一类的社会事项。社会管制与经济管制不同，它并不集中在任何特殊的行业（如银行和电信）上，而是集中在诸如污染、安全或道德方面的广泛问题上。例如,《续资治通鉴·卷第五十七·宋纪五十七》记载:"闽俗治丧尚浮屠,务丰侈,往往破家,知州蔡襄下令禁止。至于巫觋主病、蛊毒杀人之类,皆痛断绝之。闽俗以变。"

作为一种政策工具,管制的优缺点非常鲜明。其主要优点是:所需的信息较少,较容易实施和管理,成本较低,效果具有直接性且更易见效,适合作为处理危机的工具。其主要缺点是:扭曲自愿性或私人活动,可能导致经济上的无效率,不利于革新和技术进步,过于刻板而缺乏灵活性等。

(二)公共企业

公共企业也称国有企业。它可以被视为一种强制性工具,其强制性甚至比管制更强。因为在公共企业那里,政府做出特别的规定以控制它的所有活动,这些规定被当作内部管理的指令。政府凭借其所有权可以进行全面控制。

目前并没有一种精确的方法来界定公共企业,但一般认为,公共企业具有如下三个特征:一是它们具有某种程度上的公共所有权(少至50%,多至100%),分析家往往用一个绝对的数字来界定,即只要政府拥有一个公司51%以上的所有权,该公司就是公共企业;二是公共企业受到政府某种程度的控制或直接管理,一个完全摆脱政府控制的公司不能被视为公共企业;三是公共企业生产的物品和服务要在市场上出售,这不同于诸如国防、路灯一类的公共物品(这种物品不能直接收费),因而,公共企业的销售收入与成本之间必须保持某种平衡。

值得一提的是,新加坡注重公民分享财政预算盈余,总理李显龙认为:"每个国人对新加坡的经济重组都做出了贡献,因此现在都应共享增长成果。"① 例如 2020 年新加坡推出总值 16 亿新元的"关怀与援助配套",所有 21 岁及以上的新加坡人可以从中受惠,低收入家庭能够获得更多援助。

作为一种政策工具,公共企业的优点是:在社会需要但私人企业因无利可图等原因而不愿提供的某些物品和服务领域中,它是一种有效的工具;在许多情况下,建立公共企业所必需的信息比管制或自愿性工具少;公共企业可以简化行政管理,并可以补充公共支出的不足。主要的缺点是:政府难以对公共企业进行有效的控制;公共企业的运作是低效率甚至无效率的,易于造成垄断并将负担转嫁到消费者身上;等等。例如,2022 年 10 月 20 日,湖北省供销社发布官方消息称,湖北省实施"基层社恢复重建工程"取得阶段性成果,基层社社员达到 45.2 万人,农民社员人数由 2016 年的 5.15 万人增至 2021 年的 33.3 万人;10 月 26 日,中华全国供销合作总社发布的一则招录公务员公告,再度将供销社拉入大众视野;10 月 31 日,住建部、民政部联合发布《关于开展完整社区建设试点工作的通知》,其中提到,试点社区为"适应居民日常生活需求,配建便利店、菜店、食堂、邮件和快件寄递服务设施"。有网友惊叹计划经济时代的供销社、国营食堂又回来了,有人甚至担心是不是中国要放弃市场化改革路线,重走老路。事实上,"问题的实质不是公营对私营,而是垄断对竞争"②。

(三)直接提供

由政府机构及其雇员直接提供公共物品或服务,是一种容易

---

① 分享盈余 人人有份[N]. 联合早报(新加坡),2006-2-18.
② [美]E.S. 萨瓦斯. 民营化与公私部门的伙伴关系[M]. 周志忍等译. 北京:中国人民大学出版社,2002:14.

为人们所忽略的基本的和被广泛运用的政策工具。政府所做的大量事情，如国防、外交、警察、消防、教育、社会保障、公有地管理、公园和道路维修、人口普查、地理测量等都采取这一途径或办法提供。

直接提供的优点是：其所需信息较少，因此容易确立；大规模机构易于得到相关的资源、信息与技巧；能够避免间接提供所出现的一些问题，如谈判、讨论和较高的信息要求；使交易内在化，从而减少由间接提供所带来的交易成本。其缺点是：官僚机构的直接提供往往以僵化刻板为特征，反应迟缓；对于官僚机构及官员的政治控制容易降低其为公众服务的质量；由于缺乏竞争机制，官僚机构没有成本意识而造成滥用经费；政府机构之间或跨部门之间的冲突往往会导致某些物品和服务供给无效。

二、自愿性政策工具

自愿性政策工具的特征是它没有或很少有政府参与，它的任务是在自愿的基础上完成的。政府在许多公共问题上往往不做什么事情或不主动介入，而留给社会去处理。政府相信，市场、家庭或志愿者组织自身能够处理好这些问题。自愿性政策工具是执行经济政策和社会政策的重要工具。

（一）家庭和社区

家庭和社区是一种常见的自愿性政策工具。在任何社会中，亲戚、朋友和邻居都为个人提供无数的物品与服务，政府也往往有意识地扩展它们在达成政策目标上的作用。政府间接地通过削减服务职能而鼓励家庭和社区提供服务，或者政府直接将服务职能转交给社会及家庭。在转轨时期我国政府职能的转变以及加强社区建设的实践中,可以明显地看到这一点。

家庭和社区可以做许多政府不能做或做不好的事。在几乎所有的社会中,照顾家庭成员和其他亲属是个人及家庭的实质性责任。小孩、老人和病人往往由家庭及个人来照管。例如,在美国,对老人的医疗卫生服务80%是由家庭提供的。在许多国家,社区服务的范围十分广泛,从幼儿入托、老人照管到环境卫生、娱乐保健等无所不包。《中华人民共和国戒毒条例》第二条规定,戒毒工作坚持以人为本、科学戒毒、综合矫治、关怀救助的原则,采取自愿戒毒、社区戒毒、强制隔离戒毒、社区康复等多种措施,建立戒毒治疗、康复指导、救助服务功能兼备的工作体系。这说明,自愿戒毒、社区戒毒已成为主要的戒毒方式。

家庭和社区作为一种政策工具的优点在于:它们不花或很少花政府的钱(除非政府提供基金或补助);在许多服务领域(如残疾人的照顾),家庭和社区比其他工具更合适;这种工具在大部分社会都受到广泛的支持和欢迎。但是,家庭和社区作为一种政策工具,是虚弱无力的,它们往往只能作为一种辅助工具来使用,而且这种工具也产生了公平方面的问题,尤其是对照顾者来说更是如此。

(二)志愿者组织

志愿者组织是指既不由政府强迫成立也不以营利为目的的行为组织。例如,慈善机构为穷人提供医疗保健、教育和食品;志愿者团体提供诸如清洁海滩和公园的公益服务等。国务院颁布的《志愿服务条例》中这样界定志愿服务:志愿者、志愿服务组织和其他组织自愿、无偿向社会或者他人提供的公益服务。志愿服务组织则是指依法成立、以开展志愿服务为宗旨的非营利性组织。

当前登记的正规的全国性志愿者社会组织有中国青年志愿者协会、中国助残志愿者协会、中国文艺志愿者协会、中华志愿者协会等。

在传统社会里，志愿者或非营利组织就提供了大量的社会服务，从事了各种公益事业。现代福利国家的出现曾一度降低了它们发挥作用的重要程度，但即便如此，在当代社会中，它们仍然被广泛地当作一种处理社会问题的重要手段。例如，在美国这样一个崇尚个人主义和物质利益的典型国度里，非营利组织提供的服务比政府提供的服务要多得多。在我国，随着政府职能的转变，志愿者或非营利组织作为一种政策工具的地位和作用也日趋重要。

从理论上说，志愿者组织是一种提供社会服务的有效手段，因为建立在自觉自愿基础上提供的服务是可靠的和低成本的；这种手段也是灵活的和具有回应性的，能迅速满足人们的需要（例如，在救灾方面，志愿者组织的行动往往比政府快）；由志愿者提供社会服务还可以减少对政府行动的需要，减轻政府的负担。但是，志愿者组织这种政策工具的应用范围有限，大量的经济与社会问题不能通过这种手段来处理；志愿者组织也容易蜕化而变成准官僚机构，从而降低它的效能和效益；许多社会成员既没有时间也没有资源去从事公益活动。

（三）私人市场

市场是一种最重要也最具争议的非强制性工具。买卖双方（消费者和生产者）之间的自愿的相互作用——消费者依其手中握有的有限数量的货币，想尽可能多地购买商品，而生产者则寻求利润的最大化——往往会带来双方都满意的结果。从理论上看，尽管双方都是自利的经济人，但作为一个总体的社会可以从它们的相互作用中获益，即实现社会福利的最大化，而且为社会上所需要的一切东西都可能通过市场以最低的价格提供。因此，那些对医疗保健和教育有需求者，可以从为营利而运作的医院和学校中购买相应的服务。

作为一种应用广泛的工具，市场是提供私人物品最有效益和效率的手段，是资源配置的有效工具；在某些公共物品和服务领域，市场工具也可能是改进效率和效益的一种有效途径。然而，市场工具有其明显的局限性：在大部分公共物品和服务领域中，它并不是一种有效的工具，不能有效地提供诸如国防、警察、路灯一类的纯公共物品；由于存在着不同类型的市场失灵，市场在提供收费物品和公共池塘物品上也存在困难；市场工具也会产生严重的公平方面的问题。因此，市场工具的应用往往需要有其他工具（如管制）的配合。

三、混合性政策工具

混合性工具兼有自愿性工具和强制性工具的特征。它们允许政府在一定程度上卷入非国家行动者的活动，而将最终的决策权留给私人部门，这类工具主要包括信息传播、劝诫、补贴、产权拍卖、征税和使用者付费等。

（一）信息传播和劝诫

信息传播是一种温和的工具。它由政府向个人、公司及社会发布或提供信息，以期望他们（它们）按照政府的意愿改变其行为。例如，政府发布经济社会方面的统计信息，公司及个人可以从中得出关于经济社会状况的结论并做出相关的行动上的反应；又如，政府要求烟草公司在烟盒上印上"吸烟有害健康"的标识，以引导公民不吸烟或少吸烟。

劝诫（或说服）仅比发布信息多了一些政府行动色彩，是政府试图说服人们去做或不做某事，即力求改变被说服者的偏好和行动，但不通过强制性的奖惩来使行为发生。例如，政府劝诫人们爱护环境，形成良好的生活习惯，参加体育锻炼，不要浪费水资源，乘坐公共交通工具等。政府部门及官员与企业界和劳工代表的协商也被当作一种劝诫的形式。

信息传播和劝诫工具的优点是：它们容易使用且较稳定；它们是政府对处理那些尚未有明确解决方案的问题的一个便利的出发点；如果能通过这种工具解决问题的话，那么，就不必再做其他任何事情了。这种工具也是一种民主的手段，与重视自由、个人价值的民主规范相一致。但是，信息传播和劝诫这种工具是一种相对虚弱无力的工具，只希望或要求人们做某事，而不强制人们做某事。如果没有其他工具的配合，这种工具的效果往往是有限的。

在传统社会治理过程中，信息传播和劝诫主要以教化的方式发挥其功效。《资治通鉴·卷第五十五·汉纪四十七》记载，东汉时期，王畅曾任南阳太守。南阳当地有许多皇亲国戚和豪门贵族，王畅到任以后便以严刑峻法大事整顿，遇到豪门贵族有人犯法，甚至派官吏摧毁他们的家宅房屋，砍伐树木，填平水井，铲平厨房炉灶，以毁灭他们的家业。功曹张敞向他上书劝阻说："文翁、召父、卓茂等前贤，都是以温厚的德教为政，因而流芳后世。用毁屋砍树这种严厉威猛的方式，虽然是为了惩治奸恶，可是效果难以长久。在下愚见，与其急切地用刑，不如广施恩德；与其孜孜不倦地缉拿奸恶之徒，不如礼敬贤能。虞舜举用皋陶，不仁的人自然远离。教化人民，靠的是恩德，而不是靠严刑峻法。"王畅诚恳地接受了他的建议，改为崇尚宽厚为政，使教化得以普遍推行。

（二）补贴

补贴是指各种政府或由政府指导的机构给个人、公司及其社会团体发放资助的财政转移形式，目标是让得到资助者采取政府所希望发生的行为。尽管最后的选择权留给受资助者，但采取所期望发生的行为的可能性因补贴而增加。

补贴有各种形式，包括拨款、税收减免和担保书等。拨款通常提供给生产者，目的是使生产者提供更多的所要求的物品或服务。这种开支来自政府的岁入，并必须经过立法机关批准。拨款的例子有政府给大中小学和公共交通的专款等。税收减免作为一种隐蔽的补贴形式，是一种对政府有相当大吸引力的工具，它实施起来更容易，不必经过立法批准，因为它实际上不花一分钱。担保书是一些具有面值、由政府给予某些消费者某种特殊的物品和服务的文书，消费者将这种证明交给其所选择的供应商，后者又将这种证明交给政府以获得补偿。此外，低利息贷款也是一种补贴形式。2022年9月24日，在全球财富管理论坛2022年秋季峰会上，财政部原部长楼继伟表示，美方公然立法进行产业补贴，"芯片法案"甚至规定，拿到补贴的美国企业不得扩大在中国的投资。意识形态化的产业补贴政策必然是失败的，针对特定企业支持的产业政策，成功的案例极少，普惠型产业政策则效果可期。

补贴作为一种政策工具，其优点有：它易于确立并加以实施；对政府官员来说，它是一种灵活的工具；能够鼓励创新；具有更高的政治可行性。其缺点有：补贴需要财政资金（税收减免除外），而要钱总是困难的；获得关于补贴是否达成目的（即所希望的行为是否发生）方面信息的成本较高；它不是处理危机的合适工具；补贴也往往因过多过滥而失效；补贴一旦建立起来，就难以取消。

（三）产权拍卖

作为一种混合工具，产权拍卖基于这样的假定：市场通常是最有效的配置工具，政府通过产权拍卖，在没有市场的公共物品和服务领域建立起市场。通过确定一定数量的对消费者指定的资源和可转移的产权而建立起市场，这会创造人为的稀缺，并让价格机制起作用。

使用这种工具的一个典型例子是污染防治。许多国家采用了这种工具来控制有害污染物的排放。基本思路是：政府确定可以进入市场的污染物的量，并定期拍卖可利用的释放数量的产权。我国已开始了这方面的试验，例如太原市控制二氧化硫排放量就采用了这种办法。另一个典型例子是控制城市道路机动车数量，尤其是出租车牌照的拍卖。此外，在水资源利用方面，我国也开始采用产权交易方式，典型例子是浙江省的义乌市与东阳市就水资源的使用进行了产权交易。

产权拍卖的最大优点是它创造了市场，将竞争机制引入公共物品及服务的提供，并且它是一种具有灵活性的工具。其最大的缺点是会鼓励投机行为甚至产生欺诈行为，同时，它依据支付能力而不是需求来配置资源，故被认为是一种不公平的工具。

（四）税收和使用者付费

税收是一种法律上规定的由个人和公司对政府的强制性支付。它也可以用作一种政策工具，以引发政府所希望的行为或限制其所不希望的行为。例如，在许多国家，各种工资税被用来资助各种社会保险项目；政府对某些特殊的物品、服务或活动（如香烟、酒、博彩）征收附加税来间接地限制其消费或绩效。

使用者付费可以看作税收这样一种政策工具的创新性应用形式。政府给某种物品、服务或行为确定"价格"，由使用者或行为者支付使用费用。使用者付费类似于产权拍卖，是管制和市场两种工具的混合。使用者付费经常被用于控制负的外部性特别是控制污染，也被用于控制城市交通。

税收和使用者付费的主要优点是：容易确立；可以提供财政激励；有助于革新；是一种灵活的工具。其主要缺点是：税收和收费水平难以准确确定；在得到一种最优化的收费标准的实验过程中，资源有可能被误置；不能用作处理危机的工具；管理成本高且繁杂。

随着人类社会数字化程度的不断提升，算法已经成为影响世界运行的基础性规则。如果把第一次公共管理的现代化归结为官僚化，第二次公共管理的现代化归结为以市场化为突出特征的多中心化，那么以算法治理为最新形式的公共管理现代化则可归结为计算化。① 在进入"算法时代"和"算法社会"之际，将社会计算贯穿于整个公共政策的过程，有助于实现公共政策的优化。公共政策由人去实施到依托算法去实施，是公共政策实践正在发生的重要变化。而且我们可以预判，算法作为一种基础性的工具，将嵌入各种具体的政策工具当中。例如在疫情之下作为认证信息的健康码，尽管在使用过程中暴露出诸如频繁变色、数据不能共

---

① 张敏. 算法治理：21世纪的公共管理现代化与范式变革［J］. 政治学研究，2022（4）.

享、隐私信息被泄露、异地无法互认等问题，但为中国加强社会管理、率先实现复工复产做出了贡献。通过将健康码嵌入政府既有对社会"流动"的治理体系，政府实现了社会的有序管理。

第三节 政策工具的研究视角[①]

一、政策工具的研究途径

国外有关政策工具的研究已形成了多种途径，一般而言，主要有如下四种基本途径：

（一）工具主义

工具主义途径又称古典途径。工具主义认为，工具的属性本身就构造了政策过程，即工具使用及其效果的好坏是由政策工具的特性预先决定了的，政策之所以失败，是由于所选择的政策工具存在缺陷，这是一种工具至上主义。这种途径假定，人们可以通过对各种工具逐一进行经验研究，形成对各种工具及其应用的解释；经过一定时间的研究后，有望形成一整套工具理论以及确定有关工具的各项原则。

（二）过程主义

这种途径的支持者并不承认存在着超出特殊具体问题之外的工具。他们认为，各种工具之间有着重要的差别，没有哪一种或哪一类的工具具有普遍的适应性；恰当的工具并不是抽象计算的产物，而仅仅是一种在动态适应过程中的试探性解决办法；工具

---

① 陈振明．政策科学——公共政策分析导论（第二版）[M]．北京：中国人民大学出版社，2003：173-198．

的恰当与否是视具体情况而定的。因此,过程主义者所强调的是工具发展的重复性过程,而不是工具的特性。

(三)权变主义

这种途径又称工具—背景研究途径。它所持的是传统的社会计划观点,认为工具选择的根据是:工具的绩效特征是如何满足某种特殊问题背景需要的。一旦政策的目标或目的明晰化了,那么,直截了当的事情就是去工具箱中找出最适合的工具。因此,对工具的研究既要注意弄清解决问题的特定要求,又要注意选出最适合这种要求的工具。

权变主义途径试图通过同时考察工具本身的特性和工具的应用背景来解释工具的应用过程,这种途径与古典途径的区别在于,它认为工具的使用过程及其效果不仅由工具的特性所决定,而且由工具应用的环境或背景(包括执行组织、目标团体及其他利益相关组织和人员等等)所决定。这种途径注意到了工具使用过程中环境因素的作用。在这里,那种无所不能的工具至上主义受到了极大挑战。

(四)建构主义

这种途径比权变主义前进了一步。它认为,要了解特定工具被采用的脉络背景的特殊性,就必须了解这些工具的主观意义。在这里,主观意义既表示非工具性的方面(如符号的或伦理的内涵),又表示那些其意义与解释被价值和感知所中介的工具性特征。依据这种途径,并不存在关于工具及其特征的客观现实,相反,工具代表了一种被社会地建构了的实践形式,其意义和合法性被不断地加以建构和再建构。

建构主义研究途径在修正工具地位方面走得很远。它认为政策工具在政策系统内、在决策领域和执行过程中并不起决定性作用，而仅仅是决定政策过程的众多因素之一。这样一来，工具主义特征就完全消失了。在这里，研究重心发生了转移，人们关心的不再是"工具"，取而代之的是政策系统、政策网络、决策系统和执行过程。

通过对这四种研究途径的介绍，我们可以看出，政策工具似乎是在逐步变得越来越自我否定，从第一个途径到第四个途径的演变使得政策工具的"工具性"特征之重要性被降到如此低的程度，以至于给人们造成这样一种印象：似乎工具理论不再适用了。虽然实际情况还没有这么严重，但是这种研究途径的变化却在一定程度上反映了政策工具的研究走向及其发展过程中面临的威胁。

二、政策工具研究的主题与走向

（一）政策工具研究的主题

政策工具研究实际上就是一些问题的集合，这些问题都是关于如何将政策意向转变为管理行为的。以往的研究表明，该领域并不存在单一的中心主题，而存在着一系列相互关联的研究主题，下面介绍几个重要的主题。

1. 政策工具的应用

评价工具的效力是古典研究途径中最重要的问题之一。虽然在目前的研究中，效力仍然具有重要性，但它却日渐失去了往日的地位，人们逐渐将注意力转移到了政策工具的具体应用过程上。在这里，关注的焦点集中在哪些主体参与了工具的应用过程，这些主体对于各个过程的影响及其程度如何，以及各参与者之间如何协调与合作等等问题。对政策工具主体的研究是对效果视角的补充，这一转变体现了人们对第四种研究途径的兴趣日益增长。

2."新工具"的探索

近年来，人们开始关注"新工具"的运用，有学者提出了"第二代工具"的概念。政策执行者也呼吁采用新工具，对新工具的引进可以看作是对社会经济发展的一种回应。虽然新的政策工具常常与旧的政策工具相提并论，但其着重点已经不再是政府统治的单边性，研究更多地聚焦于治理的双边性甚至多边性。同时，对新工具的提倡伴随着对旧工具的批判，如传统意义上的管制就被认为是过时的。另外，新工具中的"新"并非绝对意义上的"新"，旧工具也可以用新策略来实施。

3. 偶发性事件

古典途径的一个隐含假设就是"社会过程在一定程度上是可以控制的"，但事实上并非总是如此。在政策执行过程中，人们往往会碰到一些非预期状况或突发性事件，这种偶然性因素是不可忽视的。政策工具研究过度强调"工具""政策"和"社会问题"等概念，忽视了偶发性事件对政策工具应用过程的可能性影响。

4. 政策网络

政策工具并非自行生效的，它要发挥作用，必须得借助组织的努力，而且不仅仅局限于政府组织的执行活动。近年来，人们对政策执行网络中的各种主体进行研究。库尔瓦斯（E. Koolhuas）提到了目标团体中的权威人物的影响以及政策工具施行者与其他主体间的互动；赫林（E. H. Hlijn）指出组织文化和官员所承受的压力对政策工具产生的影响；阿伦森（M. J. Arentsen）则指出政策工具执行领域以外的主体也具有一定影响。不同的研究表明，探寻政策网络的性质，对于研究政策工具及其功效将是一个良好的开端。

5. 工具的动态性

政策工具并非一经选定就永久不变，它必须不断地调整以满足社会经济发展的需要。在执行过程中，它会随着时间推移而发生改变；即使它们本身不变，主体运用它们的方式、策略，以及目标团体为了逃避该工具的影响而采取的策略，都有可能发生巨大改变。此外，一种模式并不能适应各种不同的情况。因此，需要对工具的多样性和动态性做更多的研究。神经机械学为研究工具的易变性提供了研究框架，另一种有益的研究则是把工具的实施看成一个学习的过程。

6. 工具的优化组合

古典研究途径的支持者们提倡一种"纯"工具研究和"纯化"的工具应用实践。他们认为对各种具体工具的研究应分别独立地进行，人们应要么使用这种工具，要么使用那种工具，工具的组合运用是政策失败的原因之一。然而，要对各种工具做非常明确的区分，显然是不可能的，目前的分类法还做不到这一点。现在，人们认为多种工具同时且协调的运作更符合现实社会经济发展的需要，工具的优化组合可以取长补短，避免单个工具应用的片面性。

7. 助推型政策工具

在有限理性的基础上，助推型政策工具被行为科学研究所关注。传统公共政策制定和工具设计通常以"理性经济人"假设为出发点，简化当事人的复杂动机和行为特征，使选择与政策制定者意图一致，容易影响"参与约束"和"激励相容约束"。"行为经济学之父"塞勒（Richard Thaler）及其合作者桑斯坦（Cass R. Sunstein）提出助推理论，通过助推型政策工具组合影响微观个体的观念与行为，让公众的行为向政府希望的方向发展。① 在政策实践中，助推型政策工具能够在不明显改变公民偏好的前提下，改变公民选择框架以纠正其行为偏差，使公民做出与政策目标更为一致的行为决策。②

（二）政策工具研究的走向

随着政策工具研究的发展，这个领域也逐渐出现了一些新的变化，这些新变化反映出工具研究范围的转变和扩展。首先，转变是指工具适用的环境及其背景受到更多的关注。从古典途径向建构主义途径的转变，使得政策工具研究从微观层面上升到中观层面，即走向网络研究，并且其研究重点也发生了转移。其次，扩展是指这个领域内出现了许多新的理论，如网络理论、执行理论、学习理论和组织理论等等。同时，新工具和工具应用新策略的出现，充实了整个工具研究，为其理论发展与实际应用做出了极大贡献。这两个变化从某种程度上扩大了政策工具研究的范围，但同时也削弱了工具本身的重要性，因为政策工具逐渐被看成是影响政策产出的变量之一。政策工具研究从最初的强调工具本身到注重环境的影响，再到认为工具只是影响政策的因素之一，这个过程显示出了对政策工具本身的威胁。

（三）政策工具研究的成就与不足

工具研究对政策科学的直接作用也许是微小的，但其间接影

---

① 李宝良. 行为助推与公共政策优化设计研究[J]. 当代经济, 2021 (10).
② 郭跃、何林晟、苏竣. "工具—叙事—反馈"：一个行为公共政策的研究框架[J]. 中国行政管理, 2020 (5).

响却是不容忽视的。它使得政策制定者们开始改变思考方式，同时也促进了政策制定者之间以及制定者和分析家之间的相互交流。它紧跟政策实践的发展，为实际操作提供方法论，成为政策执行实践与理论之间的桥梁。

虽然政策工具研究是颇有成效的，但并不能掩盖其不足。除了分类法方面的缺陷外，研究还存在着理论上的片面性。第一，研究片面地集中于环境和经济政策领域；第二，研究片面地关注工具的运用，而实际上，工具选择的过程及历史同样有助于解释其功能；第三，目前的理论不够重视工具应用环境的复杂性。另外，对政策工具研究的另一个批判是针对该领域的一个隐喻，即把工具比作工匠手中的锤子或钳子。这种隐喻看起来似乎很形象、很合理，但实际上却是对人们的一种误导：它容易让人们把工具看成是中立的手段，而忽视其政治性；它容易让人们把效力看成是评价工具的唯一标准（事实上，政府评价工具还需要考虑别的价值标准）；它还给人们一种错觉，即政策制定者控制着工具，而实际上，他们并不能完全做到这一点，对工具的控制受到诸多方面的限制。

现在，政策工具领域仍然存在着大量的问题，需要我们加以进一步探讨，很多问题至今仍然没有统一的答案。例如，政策工具应怎样分类？在评价某一具体工具时，应采用何种评价标准？在理解工具在政策过程中的角色时，是工具自身的属性重要，还是工具选择的过程重要？对于诸如此类的问题，人们还远没有达成共识。因此，虽然政策工具的研究已起步，但仍然有很多工作要做。

三、政策工具的选择

政策工具的选择是指政府从工具箱中选出可用的工具。这一观点致力于找出政府在许多可用的工具中选择特定工具的原因，以及在政策的执行过程中，能否区分出工具选择中的一些明显的模式或风格。对这些问题的回答有助于把政策与明显的公共行政管理研究区别开来，有助于把执行研究和对政策科学的总体质疑与关注结合起来。目前，存在两种不同的研究视角对这一问题给出了答案。经济学家在很大程度上倾向于把政策工具的选择解释为是一种技术上的操作，这种操作把特定工具的特征同他们最近的工作联系起来。政治学者倾向于认为，从纯技术角度讲，工具或多或少是可以替代的，因而将焦点转移到他们认为支配了工具选择的政治力量上。

关于政策工具选择的影响因素，西方学者做出了不同的分析，他们各自强调影响工具选择的某一或某些方面的因素，甚至将某一影响因素推崇到极致而忽略其他因素。综合西方学者的分析，并结合我国的实际情况，我们将影响政策工具选择的因素归纳为政策目标、工具的特性、工具应用的背景、以往的工具选择和意识形态五个方面。

（一）政策目标

政策目标是政策制定者希望通过政策实施所达到的效果。政策目标来自政策问题，只有首先对问题进行诊断，明确目标，才能找到一个全面的解决办法，选择有效的政策工具。政策目标为政策工具规定了方向，为判断政策工具的有效性提供了评判标准。在进行政策工具选择时，关于政策目标，要考虑以下几点：首先，如果目标是单一的，就要明确目标是什么。目标不明确所带来的工具选择失误是政策实践中经常出现的问题。过去我国在执行林业禁伐政策时，单纯强调禁伐而忽视林业资源的保护，没有注意纠正导致不当使用和不可持续地管理天然林的潜在原因。其次，如果目标是多重的，就要明确目标构成。因为政策所要解决的常常是比较复杂的问题，因而政策目标往往不是单一的，而是多重目标的有机结合。有些目标甚至是相互冲突的，反映不同的利益诉求。最后，政策工具被执行一段时间后，要考虑政策目标是否已发生转变。如果目标已经转变，就要考虑达成目标的工具是否还有存在的理由，是否需要选择新的工具。

（二）工具的特性

每种工具都有其特征、适用范围及优劣。每种工具的倡导者都想让人们相信他们偏爱的工具是管理者的灵丹妙药。事实上，每种工具都有其适用范围，都有其价值，但不能包医百病。以对污染的治理为例，减少污染有多种手段。过去常见的办法是管制，这一工具有直接性和更易见效的优点，但它会扭曲自愿性和私人活动，导致经济上的无效率，不利于革新和技术进步，并且无法完全解决经济增长所带来的环境污染问题。现在，一些国家采用污染许可权交易这一工具，即某工厂只要能成功地把污染量降低至标准以下，就可以获得"降低污染信用额度"，它可以将该额度卖给其他工厂，其他工厂以此来支付其污染量超过最低标准的部分。这一工具的优点是使一些能够用最低成本来降低污染量的工厂，有经济诱因去降低污染。而大部分降低污染排放的工作，都由执行时最有效率的工厂来完成，整个社会将以最低的社会成本达到空气品质标准。这即经济学家所谓的用人类理性自利的天性来达成公共目标。但这一工具也有缺陷，这一工具强调经济理性，却减弱了某些工厂保护环境的自觉性。所以选择工具时要将其优缺点都考虑在内，以避免工具的误用和滥用。

（三）工具应用的背景

工具实施的背景因素包括执行组织、目标团体和政策领域的其他因素。

1. 执行组织

某个工具的实施会对执行组织产生正面的或负面的影响，在选择政策工具时，执行组织会考虑这些影响。如果选择某种政策工具能使执行机构受益，执行机构就会积极支持该政策工具；如果选择某种工具会降低执行机构的地位，改变组织结构，影响组织成员的利益，这种工具就会受到抵制。

2. 目标团体

目标团体是政策直接作用、影响的对象，因此政策工具的实施对目标团体有直接影响，而不同的政策工具会对目标团体产生不同影响。目标团体会抵制对自身不利的政策工具，使其无法开展；同时会通过各种手段使对自身有利的政策工具继续执行下去。

3. 政策领域的其他因素

除了上述的环境因素外，政策领域的其他因素也会影响工具选择。例如，近年来不可预知的环境变化这一因素越来越多地受到西方学者的关注。

古典途径假定社会过程在某种程度上是可控的；而过程主义途径崇尚背景因素，分析家们不再关注"工具"，而是强调政策系统、政策制定的活动及政策执行过程。[1] 可以说工具实施的背景或环境是一个重要的影响因素，在某些情况下，工具的产生和问题

---

[1] B. Guy Peters and Frans K. M. van Nispen, *Public Policy Instruments*, Cheltenham: Edward Elgar Publishing, 1998, p. 16.

的实质没有关系，但和背景密切相关。

（四）以往的工具选择

以往的工具选择对新问题的工具选择具有深刻影响，以前成功和失败的经历将使组织对以往的政策工具选择形成某种"路径依赖"或"路径恐惧"。由于某种工具是在过去被选择的，要转换成其他工具就会很难（因为已经积累了相关经验，并且目标团体信任它）。这种工具在经过一段时间后已经形成了一种路线，背离它会付出额外的代价。从纵向看，这种工具已内化为组织的执行路线，可选择的其他政策工具根本不被考虑；从横向看，它和其他工具或执行活动交织在一起。以往工具选择的影响在我国的政策实践中也有所体现，组织路线往往限制了对新工具的使用。

（五）意识形态

工具选择还受意识形态的影响。在西方国家中，政策工具的选择有着明显的意识形态特征。例如，20世纪80年代以后西方国家出现的市场化运动强调公共服务的民营化和市场机制，强调放松管制，各种市场化工具的运用都反映了亲市场的意识形态倾向。亲市场而远政府，可以看作是"新公共管理"关于政府治理工具选择主张的基本特征。正是由于这一特征，"新公共管理"被戴上了"市场主义"的帽子，成为人们批判的靶子。

以上是影响工具选择的五种主要因素。认识这些影响因素，有利于分析存在问题，更好地做出工具选择，实现政府治理目标，从而最大程度地满足人民的利益诉求。

案例分析与练习

【案例分析材料】
材料来源于2017年陕西公务员考试申论真题

材料1

秦岭保护，北麓尤为关键，其中，西安又是关键中的关键，为保护秦岭生态的有效机制，2013年，《西安市秦岭生态环境保护条例》正式施行。以《西安市秦岭生态环境保护条例》实施为契机，西安市通过实施浅山坡复绿、环山路点亮、停车场规划、休闲绿道建设、"铁锤"治理行动等一系列举措，生态建设取得明显成效。为进一步加强对秦岭的保护，《西安市秦岭生态环境保护管理办法》已通过西安市政府常务会议审议，自2016年12月25日起施行。

2017年1月21日，西安市召开秦岭生态环境集中整治会议，西安市政府主要负责人提出，要加快制定秦岭保护工作问责规定，落实约谈制度，用刚性的制度管人、管事，用问责机制层层传导压力，倒逼各级干部主动担当、认真履职尽责，对失职渎职行为进行严肃问责，坚决保护好秦岭生态环境。

材料2

政府及其相关部门铁腕保护秦岭的同时，"保护秦岭人人有责"的理念也日益升入人心。

2016年11月，陕西省环保厅、西安市秦岭生态环境保护管理委员会办公室和新闻媒体共同推出了"大美秦岭环保行"大型公益活动，500余名环保志愿者参加。"尽管山路崎岖，行走不便，但是没有一个人掉队，大家身着统一的服装，分散在秦岭北麓田峪峡谷间，捡拾河道、路边和林间的垃圾，通过自己的双手，为我们的'父亲山'秦岭做了一次'大扫除'。"志愿者徐先生说。

在徐先生看来，必须树立从现在做起、从我做起，从随手捡拾垃圾、不乱扔垃圾做起的环境保护意识，才能为打造"大美秦岭""美丽陕西"贡献出自己的一份力量。四年来，在徐先生的感染下，身边的同学、朋友和亲人都加入到了保护秦岭的行动中来。

据了解，从2012年开始，西安市每年都组织开展"感恩秦岭——我为秦岭植棵树"志愿者活动，以唤醒全体市民的生态环境保护意识，倡导绿色生活方式，通过政府主导，社会参与，共同加强秦岭北麓生态环境建设，改善和提升秦岭北麓生态环境面貌。

新浪微博搜索显示，自2013年至今，关于秦岭生态环境保护的关注度是上升趋势，新开通微博账号亦呈现逐年递增趋势。2016年全年，秦岭环境保护的相关微博共计1638条，"秦岭环保调研小组""换树1加1美丽秦岭行动""心随绿动环保秦岭"等来自高校和民间的环保组织官方微博账号增加至14个。自媒体平台拓展了向社会公众传递秦岭生态环境保护的通道，也吸引了高校学生和社会团体的积极参与，让更多的人参与到保护秦岭的行动中来。

"每次到秦岭里爬山的时候，只要看到垃圾都会主动捡拾起来。我要以自己的行动，影响身边的人，爱护秦岭从我做起，"华阴市市民李先生说，"保护秦岭，关键是要唤起每一位公众的意识，当我们每一个人都养成了生态环境的保护意识，秦岭的生态环境一定会越来越好。"

材料3

自美国人卡逊于1962年发表《寂静的春天》，对传统工业文明造成环境破坏作了反思后，引起各界对环境保护的重视。1972年，罗马俱乐部发表了《增长的极限》，对西方工业化国家高消耗、高污染的增长模式的可持续性提出了严重质疑。1987年，世界环境与发展委员会发表《我们共同的未来》，强调通过新资源的开发和有效利用，提高现有资源的利用效率，同时降低污染排放。1989年，英国环境经济学家皮尔斯等人在《绿色经济蓝图》中首次提出了绿色经济的概念。

我国社会各界已经充分认识到经济发展和环境保护统一的极端重要性，通过对资源环境产品和服务进行适当的估价，作出了相应的发展战略抉择。近年来，我国加强资源节约、环境保护技术的研发和引进消化，对重点行业、重点企业、重点项目以及重点工艺流程进行技术改造，提高资源生产效率，控制污染物和温室气体排放。制定更加严格的环境、安全、能耗、水耗、资源综合利用技术标准，严格控制高耗能、高污染工业规模。依法关闭一批浪费资源、污染环境和不具备安全生产的落后产能。采用信息技术改造提升传统产业。据测算，我国技术可行、经济合理的节能潜力超过4亿吨标准煤，可带动上万亿元投资。要加大节能关键和共性技术。装备与部生研发和攻关力度，重点攻克低品位余热发电，高效节能电机、高性能隔热材料、中低浓度瓦斯利用等量大面广的节能技术装备。要采取财政、税收等措施,促进成熟的技术、装备和产品的推广应用,大力发展节能服务产业。我国累计堆存工业固体废弃物近70亿吨,大量的废旧资源没有得到回收利用,随着蓄积量的不断增加,产业发展空间很大。要组织开展共伴生矿产资源和大宗固体废物综合利用、"城市矿产"餐厨废弃物资源化利用、秸秆综合利用等循环经济重点工程。要大力推动再制造产业发展。要加强再生资源回收体系建设,尽快建设完善以城市社区和乡村分类回收站和专业回收为基础、集散市场为核心、分类加工为目的的"三位一体"再生资源回收体系。要推动再生资源国际大循环,增强国际再生资源的获取能力。

新能源具有低碳清洁的特点,目前几乎供应着世界电力的1/5。其中风能发电正以每年30%的增长速度增长,太阳能增速超过40%。有关机构预计,到2050年清洁能源占一次能源结构的比重将达到32.2%。我国新能源发展潜力巨大,每年可再生能源资源可获得量达73亿吨标准煤,而现在开发量不足5000万吨标准煤,提升空间巨大。近年来,我国新能源快速发展。太阳能集热面积居世界首位;2009年风电装机容量突破2000万千瓦,已居世界第二位,在建规模达到1000万千瓦;在建百万千瓦级的核电机组已达19台;国内第一个兆瓦级大型太阳能光伏发电示范项目已经开展。生物质能利用也得到了较快发展。要加强水环境保护,加快城镇污水处理厂及配套网建设。要加强大气环境保护,深入推进燃煤电厂脱硫设施建设,加快推进重点耗能行业二氧化硫综合整治;加快实施燃煤电厂和机动车氮氧化物处理设施建设,加快城镇生活垃圾处理设施建设,推动垃圾焚烧发电场建设,大力推进污垢无害化处置和医疗废物及危险废物处理设施建设,加强重金属污染综合治理。

材料4

1976年,丹麦政府专门设立能源署,之后于2008年,又专门设置了丹麦气候变化正常委员会。1976年的"丹麦能源政策"作为丹麦第一部能源领域的整体规划明确提出:进口天然气来源限于北海和德国;利用发电废水供热;发展区域供暖系统;大力发展风能;增加国家支持的能效技术、新能源技术研发投入;鼓励工业和生活节能等。在随后的数十年中,丹麦不断细化和完善相关能源政策,例如利用财政补贴和价格激励,推动可再生能源进入市场,包括对"绿色"用电和近海风电的定价优惠,对生物质能发电采取财政补贴激励。丹麦采用固定的风电价格,以保证风能投资者的利益,风能发电进入电网可采用优惠价格,在卖给消费者之前国家对所有电能增加一个溢价,这样消费者买的电价都是统一的。另如,丹麦政府在建筑领域引入了"节能账户"的机制。所谓节能账户,就是建筑所有者每年向节能账户支付了一笔资金,金额根据建筑能效标准乘以取暖面积计算,分为几个等级,如达到最优等级则不必支付资金。经过能效改造的建筑可重新评级,作为减少或免除向节能账户支付资金的依据。

另一方面,丹麦要求新建筑必须遵循严格的能耗指标,同时,丹麦计划到2020年前完成电、热、气、水的入口计量工程,这种能耗计量方式的普及对激励居民主动减少生活能耗效果显著。而且在实际生活中,由于有了法律法规的正面引领,促使建筑业也更具有前瞻性。近些年来,大量新建筑不仅是严格按照"2015建筑能耗规定"（BR2015）设计建造，有的甚至依照"2020建筑能耗规定"（BR2020），使得能耗标准再多减低25%。

值得一提的是，政府出台有利于自行车出行的道路安全与公交接轨等优惠政策和具体措施后，自行车成为包括王室人员及政府高官在内多民众日常出行的首选。如今，全国人口550万，自行车拥有量超过420万辆，人均拥有量为0.83辆（中国现为0.32辆），成为名副其实的"自行车王国"。

丹麦绿色发展战略的基础是公私部门和社会各界之间的有效合作。国家和地区在发展绿色大型项目时，在商业中融合自上而下的政策和自下而上的解决方案，这种公私合作可以有效促进领先企业、投资人和公共组织在绿色经济增长中取长补短，更高效地实现公益目标。哥本哈根将于2025年建成全球第一个零碳首都；第二大城市奥胡斯2030年实现碳中和；在南部森讷堡地区致力于2029年建成零碳社区。上述"零碳项目"均是公私合作的典型案例。

丹麦政府和国民具有强烈的忧患意识，把发展创新节能技术和可再生能源技术作为发展的根本动力，究其原因有三：第一，丹麦是资源贫乏的小国，受气候变化影响较大；第二，全球气候变化和应对气候变化的呼声日高，给丹麦企业界和研究界提供了动力和商机，把提高能源效率和发展可再生能源作为减排温室气体的最有效手段；第三，由于美国页岩的价格十分低廉，所以无论是丹麦，还是中国、日本，其能源价格和电价都高于美国（国际能源署预估美国的优势将持续20年），丹麦企业要与美国企业竞争，必须借助于创新的节能减排技术提高竞争力，弥补能源价格方面的竞争劣势。

近年来，能源科技已成为丹麦政府的重点公共研发投入领域。

通过制定《能源科技研发和示范规划》，确保对能源的研发投入快速增长，以最终将成本较高的可再生能源技术推向市场。此外，丹麦绿色发展模式调动了全社会的力量，在政府立法税收的引领下，新的能源政策始终强调加大对能源领域的研发的投资力度，工业界积极参与，投入大量资金与人力进行技术创新，催生出一个巨大的绿色产业。通过多年努力，丹麦已经掌握许多与减排温室气体相关的节能和可再生能源技术，使丹麦的绿色技术远远走在了世界前列，丹麦成为欧盟国家中绿色技术的最大输出国。

丹麦今天"零碳转型"的基础，与其一百多年前从农业立国到工业化现代化转型的基础一样，均是依靠丹麦特有的全民终生草根启蒙式的"平民教育"，通过创造全民精神"正能量"而达到物质"正能量"，从而完成向着更以人为本、更尊重自然的良性循环发展模式的"绿色升级"。自从上世纪70—80年代两次世界性能源危机以来，丹麦人不断反思，从最初对国家能源安全的焦虑，进而深入到可持续发展及人类未来生存环境的层级，关照到自然环境、经济增长、财政分配的社会福利等各方面因素，据此勾勒出丹麦的绿色发展战略。

【练习题】

1. 请根据给定材料1和2，总结现有秦岭生态保护系列举措，并就此提出自己的建议。要求：总结全面，内容具体，切合实际，200—300字。

2. 请总结材料3和4中的内容对我国绿色发展的可借鉴之处。要求：内容精确，切合实际，200—300字。

第六章　公共政策评估

民为贵，社稷次之，君为轻。

——《孟子·尽心下》

得道者多助，失道者寡助。寡助之至，亲戚畔之；多助之至，天下顺之。

——《孟子·公孙丑下》

    目前国内与国外学术界对公共政策评估的研究旨趣存在极大不同。国内绝大部分论著主要谈及公共政策评估的意识如何陈旧、手段如何单一、方法如何落后，于是，如何需要去更新理念、改变手段、丰富方法的陈词滥调不绝于耳。公共政策方面的学者试图充当宣传专家、技术专家和方法论专家的意愿与自身论著中仅流于表面的政策评估描述形成鲜明对照。国外学术界则似乎已经超越了对公共政策评估本身的研究兴趣，而是以一种更为宽广的学术视野对公共政策评估进行审视，关注公共政策与民主制度的互动关系。本章的目的在于，在把握国内外研究公共政策评估的理论动态的基础上，弥补国内公共政策评估研究仅仅关注政策问题本身的不足，将公共政策评估置于公民权与行政权相对平衡的理论框架下，使公共政策评估的论证、说理更具逻辑性和系统性。

第一节　公共政策评估概述

一、政策评估的内涵

政策评估是一个新兴的领域。作为一项采用正规、科学方法的研究，政策评估始于20世纪30年代，而直到20世纪50年代后期，社会科学方法才开始在公共政策评估方面出现小规模的应用。20世纪60年代，美国政府干预政策的盛行导致了公共政策评估的快速发展。美国国会关于项目评估的立法对此也起到了推波助澜的作用，各州政府的评估人员大大增加。同时，大量的评估活动要求政府各级机构寻求私人咨询公司的帮助，反过来又促成私人部门大量参与政策评估活动，并最终导致评估产业的形成。另外，美国许多著名大学也纷纷建立了政策研究机构，提供研究数据，并为不断扩大的政策分析市场培养人才。就我国而言，正式的公共政策评估活动和研究工作尚处于初级阶段，公共政策评估实践仍停留在较为初级的层面，缺乏系统的理论指导和经验积累。然而，可以预见，随着政策评估在一些地方政府试点所取得的实效越发明显，公共政策评估作为一种有力的手段，将会成为各级政府日益重视的课题。例如广东省2013年以来制定了立法公开、立法论证、立法听证、立法评估、立法咨询专家五项制度；选聘66名专家学者成立立法咨询专家库。2013年5月21日，广东省第十二届人民代表大会常务委员会第六次主任会议通过《广东省人大常委会地方立法研究评估与咨询服务基地工作规定》，提出广东省地方立法研究评估与咨询服务基地是由省人大常委会与中山大学等大学合作建立，从事地方立法研究评估、咨询与服务的专门机构。该基地根据省人大常委会的要求，为地方立法工作提供智力支持和专业咨询服务，主要包括：1. 受委托起草地方性法规草案或者参与地方性法规草案的起草；2. 参与地方立法论证或者受委托对地方立法中的重要问题进行论证；3. 受委托组织地方性法规草案的听证；4. 受委托对地方立法中的重要问题进行专题研究；5. 受委托进行立法后评估工作；6. 搜集和整理地方立法信息资料；7. 开展地方立法理论研究和实践调查；8. 省人大常委会要求进行的其他咨询服务活动。广东省人大常委会还与省法学会、省工商联、省律师协会、省青年联合会合作组建广东省立法社会参与和评估中心，促进地方立法智库的建设，为地方立法工作提供有力支撑。

关于政策评估的界定，学者也是众说纷纭，詹姆斯·安德森认为："如果把政策过程看作某种有序的活动的话，那么，它的最后一个阶段便是政策评价。总的说来，政策评价与政策（包括它的内容、实施及后果）的估计、评价和鉴定相关。作为某种功能活动，政策评价能够而且确定发生在整个政策过程中，而不能简单地将其作为最后的阶段。"[①] 那格尔认为，政策评价主要关心的是解析和预测，它依靠经验性证据和分析，强调建立和检验中期理论，关心是否对政策有用，而主要关心的是把评价看成一种科学研究活动。[②] 托马斯·戴伊在《理解公共政策》中则认为，政策评估就是分析公共政策的影响，这种影响不仅仅限于公共政策效果，而且关注由公共政策所引起的所有效应，具体包括：公共政

[①] [美] 詹姆斯·E. 安德森. 公共决策 [M]. 唐亮译. 北京：华夏出版社，1990：183.
[②] [美] S.S. 那格尔主编. 政策研究百科全书 [M]. 林明等译. 北京：科学技术文献出版社，1990：634-635.

策对目标情景或目标群体的影响；对目标情景或目标群体之外的情景或群体的影响；公共政策引起的近期或长远的效应；直接的政策成本，用于政策项目的资源；间接的政策成本，包括机会成本等。陈振明在《政策科学》中所给的定义是："政策评估是指依据一定的标准和程序，对政策的效益、效率及价值进行判断的一种政治行为，目的在于取得有关这方面的信息，作为决定政策变化、政策改进和制定新政策的依据。"① 张金马在《政策科学导论》中认为："公共政策评估就是对公共政策的效果进行研究。"②

可见，学者们对于政策评估概念的界定见仁见智，我们不必落入繁琐的概念辨析中不能自拔，只需了解政策评估无非是针对政策效果所进行的一系列评估活动而已。广义的政策评估包括政策方案执行前、执行中和执行后的评估，即事前评估、事中评估和事后评估，而狭义的政策评估则是专指执行后的评估，即事后评估。

政策评估从不同的角度，可以分为不同的种类。

（一）从评估组织的活动形式角度，可以分为正式评估和非正式评估

正式评估指事先制定完整的评估方案，严格按规定的程序和内容执行，并由确定的评估者进行的评估。它在政策评估中占据主导地位，其结论是政府部门考察政策的主要依据。例如对于一些重大工程的论证，需要进行正式评估。非正式评估指对评估者、评估形式、评估内容不做严格规定，对评估的最后结论也没有严

---

① 陈振明. 政策科学——公共政策分析导论（第二版）[M]. 北京：中国人民大学出版社，2003：309.
② 张金马. 政策科学导论 [M]. 北京：中国人民大学出版社，1992：250.

格的要求，人们根据自己掌握的情况对政策做出鉴定的评估。日常工作中进行的大多数评估都属于此类，如政府领导人视察某地的即兴评说。在政策评估中，正式评估和非正式评估缺一不可，都应给予足够重视。

（二）从评估机构的地位角度，可以分为内部评估和外部评估

内部评估是由行政机构内部的评估者所完成的评估，可分为由政策运行机构和人员自身所进行的评估，以及由专职评估组织和人员所进行的评估两类。最为典型的内部评估机构是政策研究室。例如中共中央政策研究室，其主要职能是分析国家情况，进而制定政策，并负责起草中共中央的主要文件、草案、报告。地方上，不仅省、市、县的党委会设置政策研究室，人民政府也会设立政策研究室。

外部评估是由行政机构外的评估者完成的评估，可以分为委托和不委托两种类型，委托评估主要包括行政机构委托营利性或非营利性的研究机构、学术团体、专业性的咨询公司、大专院校、民间团体等进行评估。

（三）从政策评估在政策过程所处的阶段角度，可以分为事前评估、事中（执行）评估和事后评估

事前评估的内容包含三方面：对政策实施对象发展趋势的预测、对政策可行性的评估、对政策效果的评估。事中（执行）评估就是对执行过程中政策实施情况的评估。事后评估是政策执行完成后对政策效果的评估，它在政策执行完成以后发生，是最主要的一种评估方式。

（四）从政策评估的内容角度，可以分为政策影响评估、政策效率评估和政策效益评估

政策影响评估主要是指对于政策对其对象产生的作用及各种制约因素对政策产生的作用进行的分析评估。政策效率评估是指对政策在其运行过程中的速度、范围等功能效力进行的分析评价。政策效益评估是指对政策运行中或运行程序结束后所产生的有效结果、成果、收益等进行的评价和估计，即对政策实践的客观结果进行分析、评价和认定。

根据评估模式的演进历程，美国学者古贝（Egon G. Guba）和林肯（Yvonna S. Lincoln）将公共政策评估理论与实践发展划分为四个时代，且每个时代都有其鲜明的特征（参见表6-1）。19世纪末至20世纪30年代，测量技术得到大量应用，形成了以"测量"（measurement）为标志的第一代评估，其中评估者扮演技术人员的角色，需要尽可能地掌握各种测量工具。20世纪30年代，以泰勒（Ralph W. Tyler）为代表的学者认为评估是一个过程，通过描述政策目标与政策结果的一致程度，从而发现问题并改进问题，由此形成了以"描述"（description）为特征的第二代评估。第三代评估流行于20世纪50年代末到70年代末，评估不再局限于简单的测量和描述，评估者根据自己的经验性调查和实验对诸如确定的政策目标是否需要做出判断、判断是否需要标准等一系列问题进行追问，"判断"（judgment）便成了第三代评估的鲜明特征。第四代评估是由美国学者古贝和林肯在20世纪80年代提出，是以"协商"（negotiation）为核心的一种评估范式，倡导"共同建构""全面参与""多元价值"的评估思想和方法，指出评价就是对被评事

物赋予价值，本质上是一种心理建构；评价描述的并不是事物真正的、客观的状态，而是参与评价的人或团体关于评价对象的一种主观性认识，是一种通过协商达成的共同的心理建构。

表6-1 政策评估的四个阶段

政策评估阶段	主要任务	方法导向	基本特征
技术阶段（测量）	客观分析政策是否达到预设的技术目标	实证研究方法	价值中立客观严谨
描述阶段	根据预设政策目标来描述公共政策的成绩和问题		
判断阶段	对政策目标是否达成的总体判断	比照政策目标和前两阶段的分析	
价值多元阶段（协商）	考虑多元群体的利益诉求，分析政治因素	价值多元主义	价值导向不寻求绝对中立

资料来源：[美]埃贡·G.古贝、伊冯娜·G.林肯.第四代评估[M].秦霖译.北京：中国人民大学出版社，2008；刘祺、叶仲霖、陈国渊.公共政策价值评估：缘起、概念及测度——一种批判实证主义的评估程式建构[J].东南学术，2011（4）.

二、政策评估的作用和意义

政府制定的一项公共政策是否取得了预期的效果、达到了预期的目标，必须采用一定的评估标准和方法来进行衡量。政策的评估不仅有利于发现政策取得的成绩、存在的问题，而且还有利于根据政策的执行情况和具体环境及时对政策进行修正或调整，因此，政策评估对于公共政策的制定、执行、终结都具有重要的作用和意义。

　　首先，一项政策正确与否、是优是劣，只能以实践为唯一的检验标准，而政策评估就是在大量收集政策实际执行效果和效益信息的基础上，运用科学方法分析判断政策是否实现了预期目标，在多大程度上实现了预期目标，政策所产生的社会效益、经济效益、生态效益如何等。因此，评估人员要密切关注政策执行的动向，搜集相关的资料和信息，再加以科学的分析、论证，得出可靠的结论，以确定该项政策是否有好的效果、执行过程是否效率很高以及其效益所在。其次，政策评估是决定政策走向的依据。一项政策的制定往往是决策者依据有限信息，凭借有关技术和方法对未来情况做出判断，其假设成分太多，确定性因素太少，难以正确驾驭，因此，必须根据对政策实际执行状况的评估来决定该项政策是应该继续、调整、革新还是终止。由此可见，只有建立在科学、系统、全面的政策评估基础上的政策才经得起检验。再次，政策评估是改善执行不力、提高行政效率的重要保障。政策执行不力与行政效率不高一直是困扰我国政府的两大难题，以往历次政府机构改革失败的重要原因之一就是我国的公共政策缺少有效的评估机制。通过政策评估，能够及时发现执行中存在的问题，迅速加以纠正、改进，可有效地监督、预防执行机关怠于执行、执行走样的问题，保证政策被正确贯彻实施，促进行政效率的提高。最后，政策评估还是实现决策科学化、民主化的保障。决策科学化强调专家学者参与决策，决策民主化要求广大公民参与决策。政策评估能有机地实现决策科学化与民主化这一对矛盾的辩证统一，通过评估得出的结论具有科学性，为下一步的民主决策奠定坚实的基础，因此，政策评估对于公共决策的科学化、民主化是不可或缺的。

评估结果的运用会影响到评估本身的价值。历史上，大臣对政策的评估是决定政策去留的主要根据。以三国时期选拔人才的关键政策九品中正制为例，早在 208 年曹操就开创了这一制度，220 年该制度被魏国正式确立为选官制度。《资治通鉴·卷第八十一·晋纪三》记载，当初，吏部尚书陈群由于吏部不能够审查、核实天下的才士，所以就命令郡国各自设置中正，州设置大中正，选取本地区的人才担任朝廷的官职，只有富于德才的人才能够当选。按照人才的才能、政绩、资历分为九品等级。言行卓著的就可以被提升，道义缺损的就会被降级，吏部凭借这个标准来任免朝廷的百官。这个制度实行的时间渐久，有的中正并不是合格的人选，于是邪恶敝败的风气一天一天地滋长。刘毅针对这种状况上书说："如今设立了中正来决定官职的九品等级，品级的高与低，中正可以随自己的心愿来决定，别人的荣与辱都攥在他们的手里。他们掌握着人君才能拥有的威与福，夺取了朝廷的权势。他们对公，不因为自己的考查失实而承担责任；对私，也不为揭人隐私而有所顾忌。这种制度使人们各尽心思去钻营，廉洁谦让的风气消失了，争斗的习俗形成了，我私下为圣朝感到羞耻。中正制度的设立，对于政治的损害有八点：

品级的高下，以势力的强弱为转移；是与非的标准，由人的兴盛衰败来决定。同一个人，十天之内，处境就发生了变化。上品的官员没有出身贫贱之家的，下品的官员没有出身有权势的大族的，这是第一。设置中正的目的，本是要使州里公正的评论都能够归服顺从，将要以此来平复不同见解，使言论归于统一。现在却重视中正的职权而轻视担任中正的人品，使得违逆的言论在州中放任，使大臣之间结下了憎恶的仇怨，这是第二。本来设置这项制度，之所以把人才分为九个等级，就是因为人的才与德有优劣的不同，资历、辈分也有前有后。现在的做法却使得优与劣调换了位置，前与后颠倒，这是第三。陛下奖赏善良，惩罚邪恶，从来都是依法来裁决的，现在设置中正，把一国的重任托付给他，却没有能控制他的奖赏与惩罚的办法，还禁止人们控告中正，这就使中正为所欲为，肆无忌惮，各个被冤枉的人，有一肚子的怨言和真心话，却不能被陛下听到，这是第四。一个国家里的才士，多得可以以千计数，他们或者流徙于异邦，或者是到别的地方谋求衣食。中正连这些人的相貌都不曾见过，更何况要发挥他们的才能！作为中正，对这些人无论是了解还是不了解，都应当评论、衡量他们的表现，不管是官府对他们的赞誉之词，还是败坏他们名声的流言蜚语，都应当全面地听取。但对这些意见，如果只相信自己的判断，就会被不了解所蒙蔽，只听别人告诉你的话，就会因为彼此的局限而陷于片面与狭隘，这是第五。大凡寻求人才的目的，是治理民众。现在担任官职且有显著成绩的人，有的却处于很低的等级，担任官职但没有政绩的人，反而获得很高的级别，这就是压抑了确实有功劳的人而崇尚空虚的名声，助长了浮华的风气，使得对官员政绩的考核被废除，这是第六。所有的官职都是由不同的人担任的，各种各样的事情也需要由具有不同才能的人来处理。现在不问其才能是否合适，只管让他登上九品。以品级来选取人，有的人的才能与品级并不相符；若要根据具体人的情况来选取人，又被品级所局限，不过是空话，官职的品级与人的才德不相吻合，这是第七。九品中恶劣的人，也不彰明他的罪过，对所推举的人也不陈述他们的优点，各自放任自己的爱憎，培植自己的亲信，那么天下的人又如何不懈怠于德行而专心于人情世故呢？这是第八。

由此看来，职务名为中正，实际上是邪恶的处所；事务名为九品，却有八点损害。古今的过失，没有比这项制度更大的了。我愚昧地认为，应当罢免中正，废除九品，抛弃这一敝陋之法，再重新建立一代美好的制度。"

太尉、汝南王司马亮、司空卫也上疏说："曹操在丧乱之后当权，人士四处流徙迁移，要想详细地加以考察是办不到的，所以建立了九品官职的制度，以作为一时选拔人才的大致标准和依据。如今九州有了统一的制度，伟大的教化正要开始推行，我们认为，应当扫除浅陋的措施，改用以所在地区为主的土断之法，从公卿以下，以自己的居住地为准，不要再像客居当地似的，隶属于远处的其他地区。全部废除九品中正制度，使得荐举选拔优秀的人才一事由乡里各自讨论决定，那么争相追求浮华的习气自然就会止息，人们也就会尽心于自己的努力了。"在始平王那里任文学之职的江夏人李重上疏说："九品制度废除后，应当先开始流动迁徙，听任人们相互合并附就，那么真正的土断之法就可以开始实行了。"上述的这些理由对于中正制度的评估已经十分到位了，然而，晋武帝虽然对这些建议很赞赏，但是最终也没能实行改革。

三、政策评估的原则及过程

政策评估是一种工具，要实现科学有效的公共政策评估，需要遵循相关的原则。其一是科学性原则。要用科学的发展观引导政策评估。公共政策的评估内容和评估指标应体现城乡协调发展、区域平衡发展、经济与社会共同发展、人与自然和谐共处、国内发展和对外开放统筹的指导原则,建立包括经济调节、市场监管、社会管理和公共服务等主要内容在内的公共政策评估内容。其二是全面性原则。公共政策评估不能以单纯的经济指标为主,过多地强调经济总量的增长,而应多角度、全方位地进行评估。近年来一些地方政府借鉴企业 360 度评分法的做法体现的就是全面性原则。其三是客观性原则。公共政策评估要依据经济和社会发展的客观规律,按照全面推进物质文明、政治文明和精神文明建设的发展要求,对政策制定后的投入与产出、中期成果与最终效果所反映的效果进行客观评价。其四是公正性原则。公共政策评估既要考虑客观性,也要考虑公正性。由于公共政策评估的多元化和多层次性,公共政策评估的实际操作非常复杂。不同的评估方法,不同的评估程序,都会使评估的内容和侧重点不同,造成结果缺乏公正性。因此,要充分考虑公共政策评估的公正性。其五是可操作性原则。公共政策评估体系应具有实际意义,在具体指标的选择上尽量选取具有共性的综合指标以保持评估标准的统一。同时,指标体系要避免过于繁琐,指标含义要明确,指标体系所涉及的数据资料要便于收集,这样才能使其运用具有较强的可操作性。

政策评估是一种有计划、按步骤进行的活动,虽然评估过程会因为评估类型的不同而不尽相同,但是,只要是正规的、科学的政策评估,一般都要经过准备、实施和结束三个阶段:

第一阶段是准备阶段。作为一项复杂的、系统的工作,政策评估在实施以前必须进行周密的组织准备工作,这是评估工作的基础和起点,也是评估政策得于顺利进行和卓有成效的前提条件。

这一阶段首先要确定评估对象,这实质上是解决评估什么的问题。政策对象错综复杂,只有根据理论研究与实际工作需要,遵循有效性与可行性相结合的原则精选评估对象,才能使评估收到最佳效果。其次要制定评估方案,以阐述评估对象,明确评估的目的、意义和要求,确定评估标准,然后提出评估的基本设想。此外,评估方案还要说明评估的场所、时间和工作进度,以及评估经费的筹措和使用等问题。评估方案制定之后,就开始挑选和培训人员。只有选择适当的评估人员,提高他们的理论分析水平和实际操作能力,构建具有较高水准的评估队伍,才能实现评估目的。

第二阶段是实施阶段。实施评估是整个政策评估活动中最为重要的阶段。该阶段的主要任务是:首先利用各种调查手段,全面收集政策制定、政策执行、政策影响和政策效益等方面的信息;然后综合分析政策信息,对那些有关政策的原始数据和信息资料进行系统的整理、归类、统计和分析;最后综合运用适合的评估方法,对政策进行评估,得出评估结论。

第三阶段是结束阶段。结束阶段是处理评估结果、撰写评估报告的阶段。在结束阶段,政策评估者须形成书面形式的评估报告,提交给有关领导和实际部门,使之了解一项政策实施的最终情形,及时根据情形决定政策的继续、修改、中止等。评估报告除了对政策效果进行客观陈述、对政策进行价值判断、提出政策建议以外,还应对评估过程、评估方法和评估中的一些重要问题进行必要说明,对评估工作的优缺点进行总结,为提高今后政策活动水平服务。

四、政策评估的方法及发展趋势

（一）政策评估的方法

1. 成本收益分析法

成本收益分析法主要是从经济的角度对政策进行评估，即以货币单位为基础对政策的投入与产出进行估算。该评估方法以收益超过成本以及社会净福利最大化为政策评估标准，直接体现了开展政策评估的首要目标——提高财政资金的使用效率以及公共政策的效率。作为基础的评价方式，成本收益法将"收益"与"成本"处理成同一量纲，可用于不同类型政策的横向比较，理论上可以确定不同政策成效的优劣次序。

2. 比较法

比较法主要将观测指标与基准或参照系相比较，以评估政策的成效。常用的基准包括：一是可比参照系，如一项旨在打击犯罪率的政策实施后，犯罪率是否降低到与政策预期相近的水平；二是可接受的阈值，如犯罪率低于专家认为会威胁社会稳定的最低安全水平；三是历史基准，如犯罪率相比政策实施前是否有所下降；四是其他可比较地区的水平，如本辖区犯罪率是否低于其他可比地区。比较法的问题在于，无法解释为什么情况变得更好或更糟了，因此也无法确定政策是否真的有效。

3. 归因法

归因式评估试图在一个反事实（counter-factual）框架中证实，观测指标的变化是否真的由某项政策施行造成。事实指在某项政策 A 的影响下可观测到的某种状态或结果 B，反事实则是指在其他条件完全一样但不执行政策 A 时，可观测到的状态或结果 B'。结果 B 与反事实结果 B' 之间的差异，就是政策 A 的确切因果影响。由于历史的不可回溯性，不可能同时观测到事实状态 B 和"反事实"状态 B'，解决方法是尽可能找到与待评估案例呈现强相似度的反事实案例，近似地完成反事实评估。

归因式评估除了要求对指标进行可靠测量外，还需要科学的研究设计和统计分析技术，通常还需要比非归因评估更多的观测数据。国际上，归因式评估主要由高校或第三方智库完成，而政府部门作为执行主体的政策评估则主要使用非归因式评估方法。

（二）政策评估的发展趋势

随着行政改革实践的发展，公共政策评估的发展趋势呈现以下几个特征：

1. 评估主体由内部评估走向多元化、专业化评估

对公共政策进行评估已不单单是政府内部事务。20 世纪 80 年代以来，从国际公共行政的发展来看，一个政府的民主化程度，不仅要看其代议制的发展状况，更要看其行政民主化的发展状况及公民直接参与行政的深度和广度。北京、南京、辽源等地进行的市民评议政府活动，为公民参与公共政策评估做出了有益探索。未来的公共政策评估应该由党委组织部门、政府人事部门、人大政协的相关机构、公民和社会组织等多元化的评估主体进行，各评估主体的评估结果交由独立性的评估机构进行综合处理后得出最终评估结论，从而保证评估结果的相对客观性和公正性。另外，由于中国不像西方国家那样具有成熟的市民社会，依靠独立的、专业化的评估机构在目前还不太现实，因而还需要在党委和政府的领导与指导下逐步

建立一个独立于政府的、专业性的公共政策评估机构，并通过法律的形式予以规范，以避免评估的主观性和随意性。

2. 评估方法从数量技术评估走向多种方法综合评估

传统的公共政策评估主要依赖对公共政策的经验主义分析，最注重的是基本技术，即分析性的或者方法论的问题。最常用的两个方法是实验研究方法和成本-效益分析方法（包括两个主要的变体：成本-效率分析和风险-效益分析）。无论是实验研究方法还是成本-效益分析方法，都离不开监测和评价的具体技术与方法。比如以运筹学、管理科学和决策科学为基础的数学最优化，以经济学和统计学为基础的计量经济学方法（计量经济学是现代经济学的基础，或者说是现代经济学中最有成就的部分），以及以心理学和社会学为基础的准实验方法等。以往的公共政策评估受到自然科学的影响，过多依赖科学手段和数据进行评估，不仅结论由数据推出，而且事实也由数据来表述。这些科学的抽象本来就只是对活生生的现实的一种解读而已，仅仅依靠数据更难深刻和真实地反映与再现现实，更不能对政策所针对的社会问题、政策情景、政策方案、政策效果、政策影响等进行评估。现实是复杂多样的，如果我们要深刻地理解现实，就需要多种途径和手段。对公共政策进行评估同样如此：公共政策评估的工具应当既包括定量分析，又包括定性分析；既包括社会实验，又包括心理分析；等等。

3. 评估手段从传统评估走向现代化评估

由于信息技术的广泛应用及各学科的深入发展，未来的公共政策评估将会广泛应用信息技术，借鉴包括工商管理、社会学、心理学、统计学等多学科有效的定量测评方法。一方面，信息管理系统的构建不仅可以为评估提供完备的资料和数据，而且极大地减少工作量,大大降低因人工操作所受的劳累之苦,保证评估的准确性;另一方面,公共政策评估软件的开发成功使评估过程简便易行,只要将管理信息系统所采集的相关数据输入公共政策评估软件,就会很快得出评估结果,既省时又省力。在一些地方,采用先进的评估手段已成为提升政府竞争力的关键。目前,工商管理中利用平衡记分卡、360度评分法的做法也逐渐被政府部门所青睐。美国的图表测度法、浦洛士考绩法,英国的因素三级法等,也越来越受到公共管理学界的重视。西方国家使用的这些较为成熟的评估方法在应用中取得了一定的效果,值得我国借鉴,以更好地发挥公共政策评估的功效。

4. 评估指标从单维度评估走向多元标准评估

以往的公共政策评估往往局限于几个指标,例如效率、效益等。这种公共政策评估的标准单一,多从经济的标准,也即成本—效益的角度考察公共政策效果。当然,这些标准都很重要,但是不可否认,公共政策评估应该包含更为广泛的内容,它不仅仅具有经济方面的内容,同时也应有政治的、法律的、伦理的等更多方面的内容。也就是说,公共政策评估的标准应当是多元的,这一趋势也越来越明显。罗森布鲁姆(David H. Rosenbloom)就指出:政策评估的目的是检视某项政策是否达成预期影响,以及检视政策的执行是否妥当,分别从管理、政治、法律观点探讨政策评估意义。其中"管理"关心的是以效能、效率和经济性等标准衡量政策执行的成败,属于理性技术层面。而"政治"则关心:(1)代表性,强调民众(利害关系人)在政策执行决策上的参与;(2)反应度,即政府对民众需求的反应是灵敏或迟钝;(3)责任,厘清行政部门对政策应负起的责任。这属政治伦理层面。而"法律"则强调平等保障、程序正义及相关民众的权益。

公共政策评估是一项系统工程，不仅会受到政治改革进程的影响，而且与政府改革的进程息息相关。仅通过公共政策评估孤军奋战式地设计制度或简单照搬他国的经验，是不可能取得成功的。只有立足于经济体制、政治体制及行政体制改革进程的现实，结合充分的调查研究，才能构建真正符合中国国情和实际需要的公共政策评估体系，以促进政府效能的提升和引导社会的全面进步，更好地推动政治民主化和现代化的进程。

5. 评估范式从仅基于实证主义范式走向逐步导入价值评估范式

正如古贝和林肯指出，前三代政策评估在方法论上倾向于实证主义，侧重定量研究，追求工具理性和经验，要求绝对的价值中立，排斥价值，导致工具理性泛滥与人的价值理性以及内在责任感缺失，相对忽视公共政策的客体——政策受众群体的需求和感受，以至于评估结论难以被受众群体所理解和接受，这将使得政策评估深陷指标陷阱的泥潭之中无法自拔。事实与价值本是一体两面的问题，陈振明在《政策科学——公共政策分析导论》一书中也强调了价值分析的重要性，他认为，政策研究中的价值分析是决策者实现决策功能的前提和基础，是决策者政治人格的核心部分。20 世纪60—80 年代，人们开始对实证主义范式进行批判与反思，人文社会科学研究强调价值涉入渐成趋势，公共政策评估的研究和分析也由强调价值中立的实证主义研究方式逐步向强调价值涉入的研究范式转变。学者刘祺等人认为，这将使得政策评估的视野进一步拓展，超越对传统的政策效果和影响的实证分析，逐渐将政策问题、政策目标、政策方案、政策执行、政策结果都纳入政策价值评估的范畴，同时把价值评估作为一种重要的指标，纳入统一评估指标体系，使政策评估从理性的技术性评估逻辑起点过渡到理性和非理性相结合的系统评估。①

近年来，海外学者对中国的研究为中国历史上的政策评估打开了一扇窗。例如明史专家范德（Edward L. Farmer）将讨论明代政府的语汇由"专制统治"变为"独裁统治"，即"帝制中权力的进一步集中"。这一定义把独裁作为各种制度设计中内含的一种政治组织系统提炼了出来。中国社会的权威本质问题的核心不是忽必烈的蒙古习惯，抑或朱元璋的暴戾性格，而是他们为了维持自己权力所引入的制度。更进一步，作为儒家善政核心原则的君臣、君民间的互惠关系，却是朱元璋强调的规范与制度所缺乏的。尽管朱元璋留下遗训"我已成之法，一字不可改易"，但他的子孙并未持守他所致力推行的专制体制。这个堪称中国史上最特殊时代之一、几乎实现了专制乃至独裁的时期，也就随着朱元璋的去世而告终。②

第二节　公共政策评估基础的理论框架

按照近现代民主法治的思想，公共政策的主体与相对人所体现的关系是：决策主体所享有的权利是一种体现政府义务的公权——行政权，而政策相对人所享有的权利则是体现人民主权的

---

① 刘祺，叶仲霖，陈国渊. 公共政策价值评估：缘起、概念及测度——一种批判实证主义的评估程式建构［J］. 东南学术，2011（4）.
② ［加］卜正民. 哈佛中国史·挣扎的帝国：元与明［M］. 潘玮琳译. 北京：中信出版社，2016：84-85.

私权——公民权,行政权和公民权有着内在的、有机的统一关系。正如行政权并非代表一种与民主原则、尊重人权或其他类似价值的原则相吻合的制度,作为行政权核心体现的公共政策,也并非无一例外地同民主和宪制的原则相一致。所以,作为决定政策变化、政策改进和制定新政策依据的政策评估也就不能仅停留于公共政策本身,而应从行政权力与公民权利的视角来定位、检讨和评估公共政策。因此,作为现代政治核心概念之一的公民权利应该成为公共政策评估的实际理念基础。

一、公民权与行政权的关系界定是公共政策评估的基础

古今中外对公民权利(及其与义务的关系)有着不同的具体理解,其中最为人所熟知的,则可能是英国社会学家马歇尔(Thomas Humphrey Marshall)结合几个世纪来英国社会中公民权利的历史发展而对公民权利所做的分类。马歇尔将公民权利划分为基本的法律权利、政治权利和社会权利三类。基本的法律权利包括:受法律保护的自由权利(言论自由、信仰自由、各种选择自由等)、人身安全权、"法律面前人人平等"和可靠地适用法律裁定程序等等。政治权利包括选举和被选举权、结社自由、舆论自由、集会和抗议的权利等等。社会权利是一种对实际收入的普遍权利,这种实际收入不按有关人员的市场价值来衡量。法律权利、政治权利和社会权利紧密相联,互为前提和条件。公共政策的直接目的就是确保满足和实现这些一项一项地被载入法律法规中而获得确认的公民权利。它直接表达和体现的正是国家及其各级政府为落实其治理责任而对公民权利做出的承诺。在某种程度上,

对公共政策的评估也就是对政府承诺的检验。

公共政策的重要依托是行政权的运用，而对行政权的探讨实质上可归结于国家权力的范畴。透过历史的长河可见，国家权力经历了权力神授向人民主权的转变。人民主权思想建立的基础是将以人为本作为前提的自然法思想，其立论依据是社会契约理论。国家权力最核心的一种体现——行政权，在通过社会契约理论的梳理并得到普遍的认同之后，已被公认为是因人民让渡其权力并交由被选举出来的一批人运用而形成的。所以，"社会契约理论奠定了对近现代公民权利与国家权力关系认识的基础，对限权发挥了有效作用。行政权作为国家权力的重要组成部分，自然适用公民权利与国家权力的关系，行政权来源于人民，在近现代已是一种共识"[1]。而美国学者阿克曼（Bruce Ackerman）在提到社会正义时，认为社会正义是建立在一种中立对话的方法基础上，而不是建立在虚构的社会契约基础上。但他并没有否认社会契约的实质内容——公民权利的源泉和实现，只不过他将关注点放在实现的方式上而已。

就本质而言，公共政策只不过是那些被选举出来的公职人员，运用人民所让渡的权力，去实现人民权利的一种方式而已。那么，对公共政策的评估，如果抛开公民权利的实现，仅对公共政策本身进行评判，则很可能不得要领。传统的公共政策评估总是将政策失败归因于意识的陈旧、手段的单一、方法的落后等，却发现在更新理念、改变手段、丰富方法之后，不可避免地又陷入新一

---

[1] 胡建淼. 公权力研究——立法权、行政权、司法权 [M]. 杭州：浙江大学出版社，2005：234.

轮的政策失败。"新瓶装旧酒"是行政权和公民权两者与公共政策之间关系最贴切的隐喻，无论公共政策以什么方式呈现，都离不开与行政权和公民权两者的互动和博弈。对公共政策进行评估，形式上是对政策方案执行前、执行中和执行后的评价，实质上则是对行政权与公民权的再分配。

二、公民权的彰显是公共政策评估的应有之义

公共政策评估是新公共管理的重要内容，而公民参与是新公共管理的应有之义，也是公共政策评估的应有之义。从构建服务型政府来看，公民本位、社会本位正是构建服务型政府的核心要义，而这必然要求公众积极参与到公共管理和公共政策之中。从公民社会的觉醒角度来看，公众参与公共政策评估有利于培养其参与政治生活的素质与能力，久而久之，当社会公众参与政治生活蔚然成风时，当单个公民在面对涉及切身利益的重大公共政策束手无策时，昔日参与政治生活实践所逐渐养成的公民精神与能力将促使他们联合起来，自发形成社会组织来维护自身的权利。与此同时，社会组织的形成促进公民社会的壮大，若加以合理的制度规范，将有利于形成政府、市场、社会三足鼎立之势，三者相互监督、制衡，和谐共治，共同促进社会的进步发展。[①]

三、公民权与行政权的相对平衡是公共政策评估的要旨

正如行政权作为公共权力的标志性特征就是它的公共性，公

---

① 张为波、张鹏. 试论公民参与公共政策评估的重要作用［J］. 西南民族大学学报（人文社会科学版），2013（5）.

共政策最本质的属性在于公共属性，它没有私人属性。但是，也正如公共性只是行政权的应然性特征，而私人性却是行政权的实然性特征一样，公共政策所具备的公共性在理论上虽然无可争议，而在政治实践中却因政客们钩心斗角的传闻和徇私舞弊的事实，引发了不少争议。

毋庸置疑，在行政权与公民权关系问题上，公民权保护一直"雷声大雨点小"，而行政权力却日益膨胀。行政权无论在法律的内在规定性上还是在外在的实施上都带有浓厚的支配性和控制性。除了人所共知的长期封建专制集权历史文化的影响之外，现实中凡是涉及实质性的利益分配制度，往往体现出"官本位""身份本位"，这反过来又强化了行政权的扩张性。当绝大部分政治、经济、文化、社会资源还掌控在政府手中时，行政权与公民权之间就会呈现不对等的关系。公民权的行使相对而言具有被动性，而公民权的维护效果又有赖于对私人产权的肯定以及公民的组织性。然而实际上，一方面，私人产权长期得不到国家保障。纵观几千年世界发展的历史，东方国家人民的权利遭到践踏的情形随处可见，统治者利用手中的国家暴力机器侵犯人民权利是常有的事，从而呈现一种无法可依的状态。即使是在《物权法》出台后，也依然可见暴力拆迁、随意将维护自身合法权益当成"钉子户"行为的现象。另一方面，人民因其无组织性而难以与国家形成对抗。为了维护统治者的特权和垄断利益，东方国家总是对普通民众的组织存在天然的恐惧，处处对公民结社、公民组织进行打压和压制。薄弱的市民力量难以抵抗强大的国家机器，因此只能期望一种"政府善治"的乌托邦状态，而不能靠自己的力量改变自己的命运。因此，东方国家的"包青天情结"与西方国家的"天助者必自助"形成了鲜明对比。行政权与公民权的这种现实关系所带来的一种直接的必然结果,就是凸显控制性、支配性的行政权在社会的各个领域呈现出行政权本位论,权力凌驾于权利之上,或导致权力的失控,甚至造成灾难性的社会后果。

行政权与公民权之间是一种此消彼长的关系。理论上,在社会权利结构中,如果行政权力比重过小,公民权利比重过大,就会导致政府效率低下、社会秩序混乱等不良后果;而如果公民权利比重过小,行政权力比重过大,呈现本末倒置的状况,公民权利则难以有效约束行政权力,反而处处受制于行政权力,其现实表现就是不同程度、不同形式的专制主义。行政权的扩张不可避免地会导致公民权的萎缩,并带来政府的"合法性危机"。这两种情况的结果都会损害社会的整体利益。作为行政权与公民权行使的重要载体——公共政策,便应承担起平衡行政权与公民权的责任,而公共政策评估则是实现这一责任的重要工具和手段。公共政策评估可以弥补当前我国行政权力相对集中、公民权利相对分散的不足,最终促进社会整体利益的增加。

第三节 重构公共政策评估的三大领域

广义的政策评估包括政策方案执行前、执行中和执行后的评估,即事前、事中和事后的评估。事前评估是决定问题能否成为政策以及进行政策规划研究时进行的评估,一般采用预测和仿真的方法来进行。事中评估是在政策实施中进行的评估,着重检验是否按政策目标来执行,对前面工作的进展情况与预期效果进行比较，并对未来进行预估，以发现问题，调整或修正目标和策略。事后评估是指政策完成后，评估它是否达到了预期的目标。狭义的政策评估则是专指执行后的评估，即事后评估。此处是以广义的政策评估为基础，通过事前、事中和事后三个阶段重点考察其中行政权与公民权的配置情况。

一、事前评估：行政权比重小于公民权

公共政策的制定与执行一直存在反比关系，这是因为决策与执行是两类性质不同的事务：决策讲究科学民主，要求从长计议，三思而后行；执行要求高效快捷，迅速果断。如果决策时匆匆上马，那么在执行中将遇到许多阻碍，从而导致执行效率不高；如果决策时充分酝酿，则执行时所要面临的困难都已经在决策过程中被考虑到了，那么执行效率就会较高。

两种因素影响到事前的决策。一方面，任何政府决策都要考虑成本。决策成本的大小，决定了一个社会民主参与的限度：只有非常简单的事情，即社会可以承担巨大决策成本的事情，才可以实行最广泛的民主。布坎南和塔洛克（Gordon Tullock）在《同意的计算》中从另外一个角度探索了人们为什么会愿意支付决策成本的问题。他们认为，一项公共政策的制定不仅仅涉及决策本身的成本，还涉及外部成本，即决策者本人可能对不参与决策的局外人强加的成本。决策成本往往成为行政权扩张的挡箭牌。[1] 另外，由于现代民主宪制的基本理念之一就是责任原则，即政府必须对其行为承担政治和法律责任，具体到政府决策，它要求决策

---

[1] [美]詹姆斯·M. 布坎南、戈登·塔洛克. 同意的计算——立宪民主的逻辑基础 [M]. 陈兴金译. 北京：中国社会科学出版社，2000：47.

权限与决策责任相一致,这是一条重要原则。实现这一原则唯一的途径是公民权能够制约行政权,或者至少能够与行政权相抗衡,因此,决策中充分体现公民权是公共决策科学化和法治化的前提与基础。由于公共性是公共政策最本质的特征,在政府决策成本与政府责任之间,孰轻孰重一目了然。

对公共决策事前评估的重点在于,公民权的比重要大于行政权。公民权的发挥要求增强政府决策的透明度,建立起公众参与决策的制度,赋予公众在公共决策上的话语权。因此,在公共决策前构建一个公民与政府平等的对话系统和平台,并发挥公民的主导作用,是行使公民权的关键所在。更为重要的是,公众参与决策所形成的意见,应该是公共政策形成的主导依据,而非参考意见。因此,公众参与的组织安排、参与能力以及引入类似"特性""公民美德""公共精神"和"审慎思辨"等话语并使政策具有合法性,既成为影响公民参与效果的主要因素,又是未来需要加强的主要方面。传统官僚制下的政府管理仰仗的是封闭的流程运作而形成的信息优势、技术优势,官僚制之外的公民难以了解政府内部决策,所以造成公民对政府的不满,而政府又缺少对公民的回应,政府与公民之间的隔阂由此而生。例如,《资治通鉴·卷第十三·汉纪五》记载,汉文帝越来越明习国家政事,朝会时,文帝问右丞相周勃:"全国一年内判决多少案件?"周勃谢罪说不知道。文帝又问:"一年内全国钱谷收入有多少?"周勃又谢罪说不知道。紧张和惭愧之下,周勃汗流浃背。文帝又问左丞相陈平。陈平说:"有专门主管这些事务的官员。"文帝问:"主管是谁?"陈平回答:"陛下如果要了解诉讼刑案,应该问廷尉;如果要了解钱谷收支,应该问治粟内史。"文帝说:"假若各事都有主管官吏,那么你是负责什么事情的呢?"陈平谢罪说:"陛下由于不知道我的平庸低能,任命我为宰相。宰相的职责是,对上辅佐天子,理通阴阳,顺应四季变化,对下使万物各得其所;对外安抚四夷和诸侯,对内使百姓归附,使卿大夫各自得到能发挥其专长的职务。"文帝这才赞好。右丞相周勃极为惭愧,退朝之后责备陈平说:"你怎么一向就不教我如何回答呢?"陈平笑着说:"你身为宰相,却不知宰相的职责是什么,如果陛下问长安城中有多少盗贼,你能勉强回答吗?"由此,绛侯周勃自知能力比陈平差得很远。像周勃这样连自身职责都不清楚的官员,又怎会清楚如何发挥政策应有的功效呢?

政府决策的民主化、科学化已经成为一种共识。当实践部门和学界共同喊出政府治理必须由统治型向服务型转变时,政府决策就已不再仅仅是政府的"囊中私物"了。公共管理与政府管理的区别在于,公共管理中公民之间的政治关系是横向的,而在政府管理中,这种政治关系是一种命令—服从的垂直关系。我们总是将政府管理等同于公共管理,但实际上,我们对公共管理中"公共"的丰富内涵和寓意总是缺乏深刻的理解。可以毫不客气地说,当前全球的政府改革目标指向无非是将政府管理引导至公共管理罢了。从政府管理到公共管理,实质上就是由行政权主导向公民权主导转变。

二、事中评估:行政权比重大于公民权

政策的执行与决策要保持一致,要能够以最低的成本和最少的时间完成政策意图,实现政策目标。执行效率是政府决策民主化的延伸和应有之义,也是政府运作顺畅的条件。一项政策如果

得不到贯彻执行,就不能被称为政策了。在执行过程中要将政策意图和宗旨反映到政策结果上,就必须将执行的效率纳入执行主体的要求当中。为了减少政策成本,较好较快地实现政策目标,执行的效率化成为政府改革中必须关注的课题。政策在执行中发生偏差和阻梗已经成为公共管理中普遍存在的问题。之所以出现这些问题,或是因为执行主体理解上的偏差,或是因为执行主体主观上的故意曲解,或是因为政策环境的改变,需要对原有政策进行调整,或是因为执行条件不具备,不一而足。决策与执行的不一致性不仅困扰着公共管理者,而且也使公众对政府决策产生怀疑,失去信心。根据心理学的责任推断理论,对个体的责任推断呈现为两个逻辑发展链条:1. 失败→缺乏努力→可控的原因→责任→生气→惩罚;2. 失败→缺乏能力→不可控的原因→无责任→同情→不惩罚。政府官员既然能够成为国家公务员,那么必然具备决策和执行的能力,所以我们暂时不考虑第二个链条。在第一个链条中,由于中国的权威政治模式,很难出现可与政府相抗衡或制约的另外一种力量,所以即使公众对政府决策失误或对决策与执行不一致感到生气或愤怒,实质上的政府决策者也很难受到惩罚。那么,政府官员缺乏努力的原因虽各种各样,却万变不离其宗:没有发挥好行政权。

对公共决策事中评估的重点在于,行政权的比重要大于公民权。首先,这是以公共决策事前充分发挥公民权的作用为前提的,如果抛开此前提,强调事中行政权的比重大于公民权则适得其反。其次,公共政策评估应当以公共服务为指导原则,避免将政策评估的研究放在公民权与行政权对立的层面上。既要控制政策执行中行政权的恣意运行,同时更应注重对公民合法权益的保护。行政权与公民权是公共政策系统和运行过程的两个支撑点,在政策执行中,两者是一种互动的关系,行政权的运行是基础,公民权的实现是目的,行政权的比重大于公民权是为了最终更好地实现公民权。最后,行政权的比重大于公民权是相对的,只是说明在政策执行中行政权相对于公民权诉求更具有优先性,而非破坏公民权应有的地位。一旦侵害了公民权,这种优先性则会在顷刻之间消失殆尽。历史上,著名的王安石变法之所以难以取得成果,主要原因是在政策确定后,行政权难以贯彻。《续资治通鉴·卷第六十七·宋纪六十七》记载,因为政见不和,司马光力辞枢密副使之命,但宋神宗仍然让司马光供职。司马光说:"臣自知无力于朝廷。朝廷所行,皆与臣言相反。"宋神宗敦谕再三,司马光仍然拒绝了。《续资治通鉴·卷第七十七·宋纪六十七》记载,宋神宗感叹无人才可用,蒲宗孟说:"人才半为司马光邪说所坏。"宋神宗听后不说话,久久地直视着蒲宗孟。蒲宗孟很害怕,感到无地自容。宋神宗又说:"未论别事,其辞枢密副使,朕自即位以来,唯见此一人。它人虽迫之使去,亦不肯矣。"为了平衡改革派和保守派的关系,变法事实上从来没有彻底地实施过。

三、事后评估:行政权比重等于公民权

理论上,只要事前充分酝酿,事中执行有力,那么对于公共政策的事后评估则无足轻重。然而实际上,由于当今世界瞬息万变,公共政策领域复杂多样,即使事前深思熟虑,随着环境、条件的改变,政策预设目标也需要进行相应调整。所以有学者认为事后评估是"最主要的一种评估方式"。

在行政权与公民权此消彼长的过程中,学术界对公共政策最

重要的主体——政府这一官僚组织存在两种截然不同的观点，并直接影响到公共政策改革与评估的整体思路：一种观点以韦伯为代表，认为官僚组织非常有效率，虽然有诸多弊端，但具有其他组织无法比拟的优势，所以公共政策改革与评估的目标指向是完善官僚制，加强行政权的行使。另一种观点则对官僚组织大加批判，谴责政府的总体无效率，官僚体制也被描述为"由天才设计而由白痴管理"的一种制度，而公共政策改革的目标也在摒弃官僚制还是突破官僚制的思考中徘徊，所以公民权的发挥成为重点。其实，表面看似矛盾的观点并不矛盾，只是比较的对象不同罢了。赞扬官僚组织的人是将政府与非市场导向的可替代形式相比，如韦伯提到的旧形式；批评官僚组织的人是将政府与现代自由市场组织相比，特别是营利性公司。工业革命已经持续几个世纪，如今已进入信息社会，再将政府与韦伯提到的非市场导向的旧形式相比已毫无意义；由于公共部门与私人部门在性质上存在本质区别，将政府与现代自由市场组织相比则不可避免地存在逻辑上的矛盾。"官僚组织的优点和效率仅仅与特别的社会职能有关，并且与是否存在能够履行此类职能的社会组织有关。因此，除非能够进行具体的论证，否则，对官僚组织技术优越性进行赞扬，或者谴责它效率的缺乏，意义都不大。"[①] 赞扬政府的观点是将视野投向行政组织自身，基本上是在行政权的工具理性上打转；批评政府的观点则以更加广阔的视域聚焦于行政组织的外部力量，试图将工具理性纳入价值理性的范畴，并将行政权的行使放置于更宽

---

① [美] 安东尼·唐斯. 官僚制内幕 [M]. 郭小聪等译. 北京：中国人民大学出版社，2006：43.

泛的民主政治理论的框架中讨论。

对公共决策事后评估的重点在于,公民权的比重要等于行政权。只有将公共政策改革实践放置于行政权与公民权的理论中讨论,才能够在研究政策评估时"既见树木,又见森林"。东方国家从未如西方国家那样沿着"守夜政府"——"全能政府"——"有限政府"的发展谱系演进,而主要遵循统治者一手主导的国家发展模式。对王权的顶礼膜拜,以及对集权保持根深蒂固的信奉和崇拜,使东方国家从来就没有真正形成以平等为基础的市场经济。迈向漫漫公民本位的长途,也就是官本位逐渐淡出历史的过程。公共政策做出相应调整,以实现官本位向公民本位转变,是一种必然选择。从更为宽广的视野来看,将公共决策事前评估的重点安排为公民权的比重大于行政权,只不过是确定一种公民本位的制度安排;将公共决策事中评估的重点安排为行政权的比重大于公民权,是以最少的时间和成本实现这一制度安排;将公共决策事后评估的重点安排为公民权的比重等于行政权,是因为行政权与公民权的和谐相处可以避免公共政策自身运作的损耗,使其沿着正确轨道良性健康地运行,并为新一轮的公共政策发挥作用创造良好的环境和基础。

哈贝马斯指出,一个更综合的合理性概念应该能够把认识论要求的三个基本推理模式整合起来:经验—分析模式与科学方法的整合,阐释模式与历史和社会关系的整合,以及建立在批判反思基础上的社会批评过程和社会政治哲学方法的整合。[①] 恰如哈贝

---

① [美] 弗兰克·费希尔. 公共政策评估 [M]. 吴爱明译. 北京:中国人民大学出版社,2003:239.

马斯所说，每一个推理模式都产生一种与特殊社会领域的实践以及与之相关的制度上的实践相结合的知识。将公共政策评估置于行政权与公民权的概念和理论框架中进行分析，是建立在对行政权与公民权的历史社会关系发展的概括基础之上，并对自然法理念中行政合法以及民主宪制中公民权的行使两者的结合进行反思，从而提出公共政策评估事前、事中和事后三个阶段行政权与公民权三种不同的配置模式。同时，行政权与公民权之间的配置具有相对平衡性，不能将其绝对化。

由于"参与民主的本质在于民主体验可通过民主方式改造个人的观点，人们认为拥有这些体验的个人因此变得对公共事务更加热诚，更加包容，更有知识，也更能自我反省"[①]。在公共政策中把握公民参与的实质以及将其纳入政策系统中，并通过公共政策评估加强这一行径，是全球治理的大趋势。从近年中国《立法法》的颁布实施、检察院系统试行人民监督员制度、法院系统试行人民陪审员制度、政府决策试行听证会制度等可以看出，行政权与公民权保持相对平衡的一些端倪已经开始显露。可以预见，这一趋势将继续进行下去。

---

① [美] 弗兰克·费希尔. 公共政策评估 [M]. 吴爱明译. 北京：中国人民大学出版社，2003：220.

案例分析与练习

【案例分析材料】

材料来源于2018年黑龙江公务员考试（公检法）申论真题

材料1

政府绩效考核是指运用科学的方法和标准对政府部门及其工作人员完成工作的数量、质量、效率及行为模式等方面进行综合评价的管理手段和过程，通俗地说就是"评官评政"。其目的在于通过掌握政府部门的绩效，建立与绩效挂钩的激励机制，提高政府部门及其工作人员的积极性、主动性、创造性，促进其潜能的最大发挥，实现组织与个人的共同成长，最终通过绩效考核促使政府部门提供让群众满意的公共服务。

在过去的30多年中，我国一直以GDP为主要内容对地方经济发展和领导干部政绩进行考核，取得了较好的政果，但也带来了不少问题，如一些地区以牺牲资源和环境为代价一味地追求GDP增长等。这种单纯以GDP作为地方经济发展和领导干部考核指标的评价体系越来越受到社会的诟病。

近年来，G市积极实行乡镇分类考核，让发展的指挥棒不再只唯GDP，而是注重地域特色，并凭借创建"科学定位、分类考核"机制荣获了"2017年度中国政府创新最佳实践奖"。这种差异化的考核体系，强烈地透露出当地科学发展的精神，推动全市经济社会呈现出强劲发展态势。去年，G市完成财政收入35.02亿元，同比增长15.3%，连续两年荣获全省科学发展综合考核评价先进县

(市)。在全国县域经济竞争力排名130位，发展潜力排名79位，两项排名均列全省第二。

新出台的乡镇分类考核办法，引导乡镇错位发展、分类发展。根据各地经济实力、资源禀赋、功能定位等，按照工业、农业、现代服务业、城市建设和综合发展等工作重点，将全市各乡镇划分成5类不同区域，设计了5种考核体系，各乡镇根据区域类型不同，分别突出现代服务业、开放型经济、工业和民营经济以及生态环保等工作重点。

伍桥镇是个传统农业乡镇，但在过去的考核中，经济指标却和工业乡镇占比一样。这使得镇干部必须拿出大量时间和精力外出寻找工业项目。由于先天不足，不但工业没有很大突破，农业优势也未得到充分发挥。作为贫困乡镇，招商引资本已不易，而考核数据却年年递增，乡镇干部人人有指标。"整天忙于不熟悉的招商引资和应付统计数据"，一些干部甚至不知道全乡10个村的分布情况。"对于农业为主的乡镇，反正年底肯定是垫底的，干部没什么积极性，而且由于担心污染环境，群众不支持新建工业企业，高科技企业也不可能来这里啊。"当地一位乡镇干部苦恼地说："待在农业乡镇，很多人觉得没前途。数字出官，官出数字，只有在数据上做文章。"伍桥镇落入这个"考核怪圈"，是因为与其他22个乡镇遵循着同一套考核办法。这种传统的考核办法让"打篮球的"和"踢足球的"同场比赛，导致各地不同的基础条件和发展特色被忽视。

传统的乡镇考核办法只注重考量财政收入、工业增加值等经济指标，导致各乡镇都往一条道上挤。实行差异化考核后，由于不再盲目追求工业经济指标，各乡镇纷纷放开手脚唱响"特色经"：田南镇依托富硒优势，引进浙江某集团投资20亿元发展富硒有机农业项目；灰埠镇投入近900万元资金改造集镇，使集镇承载力大大提升……

在考核中取得好名次有了希望，干部做工作也有了前所未有的积极性。在新的考核方式下，越来越多的乡镇找到了自己的主攻方向：新街镇工业基础好，就主攻招商引资，强攻工业经济，上半年引进新型工业项目9个，总签约资金达7亿多元；红星镇依托临近省会城市的优势，大力发展服务业，着重保护生态环境，实行产业发展"优一、选二、进三"战略，全力服务昌西文化产业园"五城"建设；瑞州街道把服务瑞阳新区建设作为"第一要务"，干部纷纷反映工作的目标性更强了。

在分类考核的指挥棒下，G市的老百姓享受到了比以往更多的实惠。八景镇建成了全省一流的乡镇集贸市场、全省首家农村数字化影院，并投资2000多万元建设设施一流的人民医院；石脑镇投入1.5亿元，启动中心小学改造、农贸市场改扩建等10多个民生项目。

材料2

蒋坝镇是另一个在差异化考核下发展的典型。该镇环境优美，文化历史底蕴丰富，旅游经济发展优势明显，但在以往侧重工业经济的考核方式下，就是铆足劲干，也总在后几位徘徊。如今考核方式一变，重点考核"特色小镇"建设，蒋坝镇卸下包袱，轻装上阵。2015年，在全部完成十多家工业企业的搬迁任务后，蒋坝镇加强顶层设计，完善组织架构，打造了以党委政府为引领、企业开发为核心、旅游度假区管委会为服务平台的三大发展引擎，全力打造中国河工风情小镇，让小镇从里向外，逐渐旧貌换新颜，实现脱胎换骨。仅一年多的时间，芦苇苍茫、烟波浩渺的"观沧海"，不耗费能源而自动发光的湖边小径"落霞湾"，湿地花田"快活岭"，河工风情街区的茶馆、民宿、酒吧、咖啡馆等已初显风貌。2016年，财政部、水利部、国家旅游局等20个部委联合发文，"美丽蒋坝"一跃成为全国示范项目。"河工风情小镇——美丽蒋坝"的品牌在全国的美誉度和知名度迅速提升。

新的考核也让工业重镇高良涧街道党工委书记陈某压力倍增："按以前的考核方法，我们基本都在第一方阵，差异化考核后，我们必须要有所行动，谋求突破，才能继续保持排在前列。"为此，高良涧街道关闭了景区所有采石场，仅此一项每年财政就减收200多万元；先后关闭迁出了造纸厂等5家污染严重的企业，拒绝了空心砖厂、电动车厂等13个污染环境的项目。与此同时，高良涧街道正倾心于做优做大低碳产业群，积极引进电动汽车动力模组、环保电动汽车、LED绿色照明、节能家电等节能环保高科技产业。

差异化考核还将考"事"与考"人"相结合。近日，在G市边远山区镇工作了13年之久的郭副镇长，一"跃"至全市经济总量、财政收入排名第一的主要街道任正职，这在G市领导干部调整史上算得上是跨度最大的一次。据统计，实施差异化考核以来，G市有15名干部因成绩突出获市委表彰嘉奖，3名同志因对比差距持续拉大被诫勉谈话。

材料3

政府在社会生活中举足轻重，政府管理的优劣、政府效率的高低必然对社会发展产生重大影响。对此，记者专门进行了调研。

在某地综合服务大厅，记者发现：首先，在内部管理上，制度和规定虽然多，但缺乏系统性和完整性，内部质量管理体系不够健全，不够科学，管理和控制不到位，执行走样、变调；其次，在业务管理上，存在着职责不清、程序不明、执法随意性大、服务意识不强、管理效率低、成本高、监督制约机制不到位等问题，并在一定程度上影响了政府形象，直接或间接地影响了行政机关职能作用的发挥。这说明，大力改进和提高这些地方政府行政管理的管理质量和工作效率迫在眉睫。

ISO9000质量管理体系是国际标准化组织制定的国际标准之一。该标准可帮助组织实施并有效运行质量管理体系，是质量管理体系通用的要求和指南。我国在20世纪90年代将ISO9000系列标准转化为国家标准，随后，各行业也将ISO9000系列标准转化为行业标准。

ISO9000质量管理体系最初源于制造业，由于在提高组织效率和改进产品质量方面的巨大推动作用，进而扩展到服务业和公共部门。在国际上，美国、新加坡、马来西亚、英国、加拿大、以色列等国家的政府部门，运用ISO9000国际标准的原理和方法改善政府部门内部管理，并获得了可喜的成功。

以提高质量为核心、强调过程方法的ISO9000质量管理体系为政府部门强化服务意识、提高服务质量带来了先进的理念和工具。实践证明，政府部门推行ISO9000质量管理体系，有利于政府增强服务意识，提高工作效能。

材料4

ISO9000标准强调管理和服务的标准化、程序化，强调"职、权、责"相统一,这与政府部门管理原则是相同的。因此,ISO9000 质量管理体系虽然源于制造业,但是经过不断的探索和更新,它已经广泛适用于事业单位、社会团体及政府部门。

ISO9000 质量管理体系具有广泛通用性和适用性的根本原因,在于其作为一种先进、科学的管理思想和体系,统一了质量管理的原理、方法和程序,高度概括、总结和提炼了世界各国质量管理理论及实践经验的精华。

ISO9000 质量管理体系是国际标准,将其引入政府部门,将管理制度与国际接轨,不仅是我国进一步融入世界经济体系的需要,而且可以改善地方投资软环境,促进地方经济发展。广东省某市将 ISO9000 质量管理体系全面导入市直机关后,成效显著,并先后被世界银行评为"中国最有投资价值的地区"之一,被国家权威机构评为"中国 50 家投资环境诚信安全区"之一,被香港特区政府列为与珠三角西部发展紧密合作关系的首选城市,被台湾电机电子工业行业协会列入"值得推荐的地区"。

当前,政府行政管理的科学化和民主化仍然是一个亟待解决的问题。政府行政管理的科学化要求做到行政程序的规范化和行政管理方法、手段的现代化。行政管理的民主化不仅要求政府部门的工作人员积极参与决策,还要使人民群众也能充分表达自己的意愿,从政府外部积极参与决策。ISO9000 质量管理体系要求政府部门按照制订的质量方针和具体的业务流程来开展工作,并将所有的业务办理过程予以记录,保证了管理和服务过程的可溯性,从而规范政府管理和服务的流程和制度,提高了政府行政管理的科学性。ISO9000 质量管理体系强调顾客导向和全员参与,积极鼓励人民群众反映心声、提出建议,有利于更好地为政府部门献计献策。

材料 5

B 区是 A 市高新企业、科研机构、大专院校最为密集的地区。随着全面深化改革的不断深入，特别是进一步融入"一带一路"国家发展战略，B 区委、区政府面临着管理方式、管理水平如何与国际接轨，政府职能如何向公共管理模式转变等一系列挑战和考验。

B 区委、区政府在实践中，创新政府运行机制，将质量管理认证全面引入政府管理体系，政府服务质量与效率大大提高。他们在政府系统引进 ISO9000 标准认证，实现政府工作从"管制"到"服务"的转变，成为我国首家全面推行质量管理体系认证的地方政府。

"推行认证后，B 区政府有了质的飞跃。"B 区的群众和投资者普遍反映，现在政府机关工作人员笑脸服务多了，"衙门习气"少了，政府部门的服务意识、服务态度和服务质量都有了根本转变。与此同时，全区各部门依法行政能力不断增强，办事效率明显提高。有数据显示，一般文件的办文时间由 ISO9000 质量管理体系运行前的 7 至 15 天缩短为 3 至 5 天，三分之二的文件当天办结；工作重大差错率和有效投诉均为零，测评目标达标率为百分之百。这些都是 B 区在引入 ISO9000 质量管理体系之后发生的变化。

ISO9000 认证标准注重"以顾客为关注焦点"。谁是政府的顾客呢？为此 B 区政府组织全区公务员进行大学习和大讨论。讨论中，公务员纷纷就"为谁执政、为谁服务"和"如何行政、如何服务"等问题，联系 B 区和本部门实际，各抒己见，"政府的顾客是人民"成为共识。不少公务员提出，推行质量管理体系，必须完成思想观念上从"管制"到"服务"的转变和政府工作人员角色上从"官员"到"服务员"的转换。

为确保投入人员多、涉及范围广的标准认证工作扎实有序推进，区政府发文成立了区 ISO9000 质量管理体系认证工作领导小组，由区长任领导小组组长，成员由党政各部门负责人组成，设立了具体开展贯彻质量管理标准和申请认证工作的 ISO9000 办公室，并由质量认证领导小组撰写了指导全区认证工作的可行性报告。

【练习题】

1. 根据材料1—2，简要概括差异化考核对 G 市发展所起到的推动作用。要求：（1）内容全面，条理清楚，简明扼要；（2）不超过 150 字。

2. 根据材料3—5，对我国部分地方政府积极推行 ISO9000 质量管理体系的现象进行评价。要求：（1）分析透彻，表达准确，简明扼要；（2）不超过 250 字。

第七章　公共政策监控

> 有公理，无公欲。私欲净尽，天理流行，则公矣。天下之理得，则可以给天下之欲矣。以其欲而公诸人，未有能公者也。
>
> ——王夫之《船山全书》

公共政策监控是公共政策过程的一个基本环节或功能活动，它贯穿于政策过程的始终，制约或影响着其他各环节，是公共政策系统不可缺少的一个组成部分，其目的在于保证政策系统的顺利运行，提高政策制定与执行的质量，促进既定政策目标的实现，提高政策水平。"监控与评估可以提供关于政府政策和项目绩效的独特信息。它可以识别什么有效、什么无效以及原因何在。"[①]

第一节　公共政策监控概述

一、政策监控内涵

政策监控是指为达到政策方案的预期目标，避免政策失误，

[①] ［澳］凯斯·麦基.建设更好的政府：建立监控与评估系统［M］.丁煌译.北京：中国人民大学出版社，2009：12.

对政策过程尤其是执行阶段进行的监控,包括监督、控制和调整等功能活动环节,以保证政策的权威性和严肃性。由于政策的制定是一个复杂的过程,即使之前对政策制定做了最充分的准备工作,我们也很难确保制定出的政策是完美无缺的,而且由于诸如执行者的认识水平、价值取向、个人及其所代表的利益、偏好等种种原因,政策在执行过程之中经常被误读、曲解、滥用、消极抵制甚至反抗。而政策监控却可以保证政策合法化、合理化,得到贯彻执行,实现政策的调整与完善。《资治通鉴·卷第二百一十一·唐纪二十七》记载,贞观时期的制度规定:中书省、门下省以及三品官入朝奏事,须有谏官、史官随同,如有过失则及时匡正,无论善恶均记录在册;诸司奏事均在正衙,御史弹劾百官时,必须头戴獬豸冠,当着皇帝的仪仗朗读弹劾的奏表。所以大臣无法单独在君前奏事,小臣也无从进谗行恶。到了许敬宗、李义府当权时,朝政多隐秘策划、邪僻不正,官员奏事大多是等仪仗撤下后,屏退左右,在皇帝御坐之前秘密进行的,监察御史和待制官只是远远侍立以等候奏事的大臣退下;谏官和史官也是随皇帝仪仗一同退出的,至于仪仗撤下以后发生的事,则无从得知。武则天以刑法控制臣下,谏官和御史可以仅凭传闻奏事,自御史大夫至监察御史可以互相弹劾,致使臣下大多以邪谄不正的手段相互陷害。宋璟做宰相以后,想恢复贞观时期的制度。后来,唐玄宗发布制命:"从今以后,凡事如果不是必须保密的,一律对仗奏闻,史官也要按贞观时的旧例加以记录。"而根据《资治通鉴·卷第二百一十二·唐纪二十八》,广州的官民要为宋璟修建遗爱碑。宋璟向玄宗上奏说:"臣任广州都督期间并无优异的政绩,现在由于臣地位显耀,那些人才阿谀奉承;要革除这种恶劣的风气,希望从臣这儿开始,请陛下降敕禁止为臣立碑。"玄宗采纳了他的建议。于是其他各州都不敢再提立碑的事。

政策监控在政策过程中表现为一个由监督、控制和调整等功能性活动组成的动态过程。其中,政策监督指的是政策监控的主体从一定的制度、法规出发,对政策系统的运行进行监视和督促的行为;政策控制是指政策监控主体为了保证政策的权威性、合法性和有效执行,发现与纠正政策过程尤其是执行过程偏差的行为;政策调整是指在政策监督和控制获得有关政策系统运行机制,尤其是政策执行的效果的反馈信息的基础上,对政策方案、方案与目标之间的关系等进行不断的修正、补充和发展,以便达成预期政策效果的行为。

监督、控制和调整三个环节构成了一个完整的政策监控机制。通常而言,政策监控机制要发挥预期效能,应具备三个基本条件:第一,建立必要的制度、法规,明确职责,这是形成政策监控的依据问题。无数事实表明,公共政策在执行过程中发生"走样变形",其根本原因在于缺乏强有力的约束机制。在政策监控中,光靠思想政治工作和一般的批评教育是不够的,还必须具备相应的强制性措施。监控主体只有对监控客体有影响权,包括对违反制度、法规和政策者加以处罚,责令其纠正政策过程中的各种错误与偏差的权力,才能发挥效果。目前,我国实现政策监控的必要手段有党纪手段、行政手段、经济手段和司法手段等等。应当看到,加强立法,制定健全的法律法规,是政策监控取得成功的根本保障。第二,在机构设置上保持监控机构的独立性。政策监控总是由一定的社会组织来实施的。实施政策监控的组织机构不仅是政策监控的物质载体,还必须是一个功能齐全、没有遗漏的系统,并且能够对所有政策在其所应实施的一切地方进行监控。这是政策监控的封闭原则的基本要求。毋庸置疑,实施政策监控的组织机构要发挥监控效果,必然是以其地位的独立性为前提的。第三,具备灵敏、准确的信息反馈系统。在政策监控过程中,没有及时、准确的信息反馈,就无法对抵制和违反政策者进行及时处理,无法使政策决策者随时掌握变化中的客观情况,以便及时调整、纠正、完善、发展或更新政策。在经济、社会飞速发展的今天,一个正确的政策决策,可以迅速带来良好的社会效益和经济效益,反之,一个错误的政策决策,也会造成巨大的损失。例如,在2003年所爆发的这一场SARS危机中,虚假信息的公布所带来的社会危害已为世人所目睹。2003年3月12日,世界卫生组织正式向全世界发出出现急性呼吸系统流行病的警报。但是,我国相关的公共卫生部门继续对外发布错误消息,导致各医院的知识准备和物质准备严重不足,在此背景下,病毒迅速传播开来。因此,灵敏、准确的信息反馈系统具有非常重要的作用。

政策监控形式多样,常见的分类有:(1)按监控活动实施的时间来分,可分为事前监控、事中监控和事后监控。事前监控是指政策进入实施之前所进行的监控活动;事中监控是指在政策实施过程中进行的监控活动;事后监控是指对政策执行的效果进行评价。(2)按监控主体的性质来分,可分为内部监控与外部监控。内部监控也叫自我监控,是指政策运行体系内的自我监督与控制,包括立法监控、司法监控、行政监控和执政党对政策过程的监控;外部监控指政策运行体系之外的组织或人员的监控,如人民群众舆论、社会组织、在野党、利益集团等对政策活动的监控。(3)按监控产生的方式,可分为正式监控与非正式监控。正式监控是指国家专门机关依法对公共政策进行的监控；非正式监控是指国家专门机关以外的个人、组织对公共政策系统及其运行各环节进行的监控活动。

二、政策监控机制的构成

所谓政策监控机制，就是政策监控子系统的运行机制，其中最重要的是监控主体的构成及其发生作用的内容与方式。备受关注的监控主体主要有立法机关、司法机关、行政机关、执政党、利益集团和大众媒体。

（一）立法机关的政策监控

立法机关不仅是重要的政策制定主体，同时也是重要的政策监控主体。全国人民代表大会是我国的最高权力机关，也是最高监督机关，地方各级人民代表大会是地方各级权力机关和监督机关。立法机关主要通过下列途径对政策实施监控：

1. 依靠法律监控政策

一切公共政策的制定与实施都必须遵循法律，立法机构以制定或废止法律来对政策的运行加以强有力的监控。

2. 通过审议途径监控政策

立法机构有权要求政府部门报告预算、决策、立项情况，并加以严格审议，从而实现对政策的监控。

3. 通过人事任免监控政策

立法机构具有一定的人事任免权，它可以通过选举、任命和罢免有关公共机构的负责人与工作人员来对政策过程进行监控。

4. 通过质询监控政策

立法机构有权就政策实施的有关事件对政府部门进行质询和

诘问，政府部门不可避而不答。

5. 通过视察、检查活动等监控政策

在地方人大的工作创新和发展中，"广东人大现象"和"海淀人大现象"就是两个突出的事例。人大代表对政府监督动真格，屡屡为民生问题呛声，这种民主开放的现象被称为"广东人大现象"；在与人事任免权的结合中实现监督权的制约职能的现象，则被称为"海淀人大现象"。

（二）司法机关的政策监控

司法机关的职责在于通过严格司法来维护法律的尊严。司法机关有权依法对公共政策进行监控。司法机关监控政策的主要途径有：一是通过对政策制定程序和原则是否合法的裁定来对政策加以监控；二是通过对政策的内容是否合法的裁定来对政策进行监控；三是通过对政策执行中诸如行政裁量权的使用是否合法的裁定来对政策加以监控。在我国，各级人民法院和人民检察院通过审查、提起公诉、审判等行为，对严重违反国家政策的工作人员、公民个人、单位或其他组织形成强有力的制约，以此进行政策监控。更进一步，我国法院在适用刑法过程中没有违宪审查权，不承担预防和纠正各种违宪行为的职责，但这并不妨碍法院通过合宪性解释积极参与宪法实施进程。

（三）行政机关的政策监控

行政机关对政策的监控是一种纵向的、在行政系统内部进行的监控活动，是一种由上而下的监控，主要通过上级主管机关对下级执行机关工作的指示、检查、布置、督促等实现。行政机关对政策的监控主要通过两种方式来进行：一是行政管理机关的政策监控。它是由上级政府部门依行政法规定的行政管理权对下级政府部门及其所属机构进行政策监控，包括中央政府对所属部门及地方政府的政策监控、综合部门的政策监控、主管部门对下级业务部门的政策监控。二是行政监督机关的政策监控。它是由专门的监督机关对行政机构内部的工作人员在政策制定、执行过程中的行为进行监控，主要通过对政策运行中出现的违法、违纪现象进行查处来对政策加以监控。

（四）执政党的政策监控

执政党在政策制定与执行中发挥着决定性的作用。同时，执政党也是对政策运行过程进行监控的最重要的力量。执政党对政策执行的监控主要通过下列渠道来实施：一是通过将执政党成员选入立法机关的方法来对政策加以监控；二是通过将执政党成员列入各级政府机构和政府各个部门的方式对政策进行监控；三是通过严肃党纪国法的办法对政策进行监控；四是通过执政党对社会团体、社会组织的影响对政策加以监控；五是通过执政党对大众媒介的影响与控制对政策进行监控。

（五）利益集团的政策监控

利益集团是现代社会中参与政策运行的重要力量。利益集团基于自身的利益，不仅积极参加政策的制定与实施，而且对政策过程进行监控。利益集团主要运用下列方式参与政策监控：一是通过向政策决策者、政策执行者提供有关的信息来参与政策监控；二是通过建立民间政策研究机构，进行政策咨询和评估来监控政策；三是通过组织基层群众的政策参与来进行政策监控。

（六）大众媒介的政策监控

在现代民主社会中，大众媒介的作用越来越大。大众媒介对政策执行的监控主要是通过以下方式实现的：一是对政策的执行进行跟踪报道，让政策执行机构的行为直接显露在政策目标群体和公众面前，从而使政策的执行更为公开化、透明化；二是对政策执行中的效果和问题加以评论，让政策执行机构能及时地听取政策目标群体和公众对政策的意见和建议。

对照中西政策监控机制可以看出，西方政策监控机制的理论基础是分权与制衡理论。权力的分立与制衡这一原则运用于政策运行过程，就是任何一个国家机关及任何一种权力都不能单独操纵政策运行过程，公共政策的制定、实施、调整、终结根本上是由各方及其所代表的利益集团进行谈判与交易的结果。立法、司法、行政权力主体中的任何一者极端化，都会产生巨大的破坏力，危害社会的健康发展。恩格斯认为，资产阶级理论家"以极其虔敬的心情把这种分权看作神圣不可侵犯的原则，事实上这种分权只不过是为了简化和监督国家而实行的日常事务上的分工罢了"，"这个原则只是在它符合于现存的种种关系的时候才被采用"[1]。很显然，在马克思主义看来，分权并不是多么神圣的东西。当"它符合于现存的种种关系"[2] 时，任何国家和政权都可以使用它，并且应该使用它。所有想到、讲到权力分立理论时心惊肉跳的人，实际上是将它"神圣化"了，这恰恰是反马克思主义的。三权分

---

[1] ［德］马克思、恩格斯. 马克思恩格斯全集（第5卷）［M］. 北京：人民出版社，1958：224-225.
[2] ［德］马克思、恩格斯. 马克思恩格斯全集（第5卷）［M］. 北京：人民出版社，1958：225.

立是目的还是手段？实际上大家都清楚，三权分立只是资产阶级用来保护其利益的手段而已，只是我们长期以来混淆了目的和手段。三权分立的真正意义在于：一个国家机关行使一项国家权力，但必须同时受到其他两个国家机关的监督与制约。可见，三权分立其实就是权力分立，它有利于通过日常职能的分工和相互牵制，防止专横和腐败。权力分立的原理并不是资产阶级的发明，早在古希腊、古罗马时代就有了。因此，它应该是全人类共同的法律文化成果。

三、政策监控的程序

（一）确立标准

政策监控的标准必须与政策目标相一致，从根本上服从并服务于既定政策目标。必须将政策目标具体化、细化。政策目标转化为监控标准主要有两种形式：一是将政策目标按其时间和空间细化为阶段性、地域性、部门性的标准；二是将政策目标细化为指标和数字。此外，还要根据组织结构和各自的职责，将其落实到具体的单位和个人，这样才能在政策监控中分清责任，便于调整。

（二）了解信息

政策监控只有对有关政策制定本身和政策执行等情况的第一手资料进行收集，才能进行对照比较，进行监督控制和纠偏。社会调查是获取有关政策信息资料的最可靠方法，社会调查主要包括普查、典型调查、抽样调查。

（三）分析偏差

主要从政策效果、政策效益和政策效应三个方面寻找有无偏差存在、偏差是否严重，以及偏差存在的原因，从而为纠正偏差、对政策进行控制和调整打下基础。

（四）调整纠偏

当确认了某一项政策在运行中确实存在偏差，而且又有必要消除偏差时，政策监控主体就要对产生偏差的原因进行分析，在此基础上就该项政策的运行向决策层或执行者提出调整建议，以纠正偏差。政策调整的程序是：提出政策调整方案→选择调整方案→做出调整决定。

第二节　我国监察制度的演变与发展

政策监控仅是政策过程的一个环节，需要从一定的制度、法规出发，对政策系统的运行即政策的制定、执行、评估和终结活动进行监督和控制。革命导师马克思在《〈黑格尔法哲学批判〉导言》中说："批判的武器当然不能代替武器的批判，物质力量只能用物质力量来摧毁；但是理论一经掌握群众，也会变成物质力量。理论只要说服人，就能掌握群众；而理论只要彻底，就能说服人。所谓彻底，就是抓住事物的根本。而人的根本就是人本身。"[①] 通过对人的监控达到对政策的监控是根本之路。回顾我国监察制度的历史和发展，可以为政策监控的改革和发展提供参考。

一、中国古代监察制度考察

"监察"一词的含义是监督各级国家机关及其工作人员的工作

---

① ［德］马克思、恩格斯. 马克思恩格斯文集（第1卷）［M］. 北京：人民出版社，2009：11.

并检举违法失职的机关或工作人员。中国古代监察制度是统治者为了巩固自己的统治、维护国家秩序、监察官员而设立的制度，这一制度萌芽于战国，形成于秦朝，成熟于隋唐，在宋元时期日渐严密，至明清时形成比较完备的体系。

（一）从萌芽到形成阶段

《周礼·天官》记载，在西周官制中有"小宰""大宰"两职，其作用是监督文武百官。春秋战国时邹忌制定的《七法》、李悝制定的《法经》和《杂律》中都有关于监察的法律条文，管仲在《管子》一书中多次提到设置专职监察官的问题，这些说明监察作为一种制度已开始处于萌发时期。秦统一六国后，在中央实行三公九卿制，设御史府作为中央的监察机关，御史大夫为其最高长官，御史大夫作为三公之一，其职责是"典正法度""弹劾非法"，御史大夫下设御史中丞、御史丞和侍御史等属吏，协助其处理具体事务。在地方上设置了与中央相应的郡监，即监郡御史，负责监察地方事务，隶属于御史大夫。此外，还制定了《置吏律》《除吏律》等法令。秦朝时，监察制度开始有了雏形。汉承秦制，两汉时期的监察制度在秦朝御史府的基础上有了创新和发展。中央的监察机构仍以御史府为主，由御史大夫和御史中丞监察考课百官。到了汉武帝时期，为了有效地控制地方，又对监察体制做了调整，废除丞相史，设立刺史制度，将全国划分为十三州部，每州设刺史一名，对地方官吏进行监察。此外，汉代还颁布了《御史巡察诸郡九条》《刺史察举六条》等法规，这些法规的颁布标志着我国古代监察制度初步形成。东汉时期，御史府改为御史台，御史大夫成为行政长官，御史中丞成为御史台的最高长官。至此，御史府（台）脱离行政系统，成为独立的专司监察的机构。

经过两汉时期的发展完善，由中央的御史府（台）、丞相司直、司隶校尉与地方的监狱史、刺史、督邮共同构成的一套相对完备的监察体系已经形成。①

（二）从发展到成熟阶段

魏晋南北朝时期，御史台从少府中独立出来，成为由皇帝直接掌握的独立监察机关，地位进一步提高；原来负责监察地方的刺史成为地方的行政长官，中央以不定期对地方进行巡察的方式取代了常驻监察机关；更加重视舆论监督，专设门下省作为言谏机构，言谏制度初步形成。隋朝时负责谏诤的门下省成为三省之一，言谏制度得到了进一步发展。唐朝形成了由监察机构和言谏组织构成的系统，设立了自上而下、以皇帝为监察对象的监察制度，形成以上察下、以下督上的双向监察格局。中央最高监察机关为御史台，御史台下设有三院——台院、殿院和察院，均向御史大夫请示汇报，三院各司其职又密切配合，共同组成中央"一台三院"的监察模式。地方设监察御史，负责监察所属州县。玄宗时期，制定了《监察六法》。

宋朝为了加强对监察机构的控制，在中央实行台谏合一制度，即中央监察体制分为御史台和谏院两部分，在地方设置监司，由其负责并监督地方政务，同时掌管地方行政权和监察权。元代将御史台的地位提升到与行政、军事同等重要的位置，加强了对群臣的监督；还创设行御史台，并在江南和陕西设立行御史台，作为中央的派出机构；将全国划分为二十二道监察区，每个监察区设肃政廉访司，从而构建起中央与地方相结合的全方位的

---

① 李超. 我国古代监察制度及其历史借鉴［J］. 广西社会科学，2019（1）.

监察体系。

（三）不断走向完备

明朝是专制制度不断极端化的王朝。无论是监察思想还是监察制度与监察法，都围绕这条主线不断演变。明朝洪武年间，罢中书省、废丞相之后，国家最高监察机关由御史台改为都察院，内部机构进行整合，台院合一；为限制六部的权力，创设了独立监察机构——六科给事中，对六部进行监察。地方设提刑按察使司，负责监察地方事务。此外，明朝还建立了厂卫系统，作为监察机构的补充。

清朝将六科给事中合并于都察院，号称"科道合一"，负责对所有官员的监察，实现了监察组织的空前完整和统一。另外，"风闻弹事""密折制度""严禁反坐"为监察官提供了制度保障。清朝的最重要的监察立法当数《钦定台规》，分为训典、宪纲、六科、各道、五城、稽查、巡察和通例八类。它是秦汉以来监察立法之大成，是我国古代最具代表性的监察法典，也是世界监察制度史上罕见的较为完整的监察法典。[①]

我国古代监察制度从性质上看，是在专制皇权之下。监察的实质目的不是伸张民权、维护公平，而是维护皇权、限制官权。监察制度不过是统治者的一个工具，服务于皇帝，用来限制相权以及百官。皇权至上的思想使得监察制度的效果完全取决于皇帝的意志，一旦监察权力影响到皇帝自身的权益，皇帝往往率先成为监察制度的破坏者。

---

① 张晋藩. 中国古代的监察制度 [J]. 人民周刊, 2019 (3).

二、新中国监察制度七十年的历时性考察[①]

(一)新中国成立之初的确立阶段:1949—1954年

1949年10月中央人民政府成立后,最高执行机构政务院随之成立,还设置了34个委、部、会、院、署、行,作为政务院联系、指导的部门。其中所谓的"委",就包括人民监察委员会,这是新中国最早的监察机构。1950年10月,政务院通过并公布实施《政务院人民监察委员会试行组织条例》,批准了《大行政区人民政府、人民监察委员会试行组织通则》以及《省(行署、市)人民政府、人民监察委员会试行组织通则》。截至1953年底,包括大行政区、省、市及县在内的四级政府共组建了3586个监察机构。在管理体制上,监察系统实行"一重领导、一重指导"的体制,即既受同级政府领导,也受上级监察机构指导。在同一时期,党的纪检机构与监察机构并行不悖、分工不同。

(二)社会主义建设初期的调整阶段:1954—1959年

1954年4月,第三次全国监察工作会议对监察制度做出调整,决定在不设区的市、县地方政府内不再保留监察机构。为改革央地关系,精简央地之间的行政层级,中央于同年6月决定撤销大行政区的建制,西南、西北等六个大行政区在年底先后被撤销,这些大行政区的监察机构一同被撤销。1954年政务院被改组为国务院,政务院人民监察委员会则改为中华人民共和国监察部。1954年宪法第49条赋予了国务院统一领导各部和各委员会工作的职权,监察部是在国务院领导下行使职权的组成部门。12月,监察部发

[①] 李凌云.新中国监察制度七十年的嬗变[J].西部法学评论,2019(3).

出了要求地方各级政府设置监察机构的通知。1955年11月,国务院常务会议批准了《监察部组织简则》,较为全面地规定了监察部的任务、职责、机构设置等内容。1959年全国人大通过了有关撤销司法部、监察部的决定。随后,监察部停止公务的处理,机构职能及人员转隶到中央纪检机构,地方各级监察机构并入对应的党的纪检机构。在1969年4月的党的九大后,党的各级纪检机构又被彻底取消。监察制度就此出现中断,并在此后的20多年时间里处于历史空白状态。

(三)改革开放以后的重建阶段:1978—1993年

十一届三中全会召开后,国家的各项事业开始向改革开放靠拢,现行宪法1982年全面修改时,监察职权作为行政管理权组成部分的形象得到彰显。1986年11月,国务院向全国人大常委会提交了提请设置监察部的议案。12月,全国人大常委会审议并通过决议,决定恢复监察体制,至此,监察部得以重新建立。1987年7月,监察部向国务院办公厅等有关部门发布通知,宣布监察部正式成立,并开始对外办公。地方各级政府重新设立监察机构,负责本区域的监察工作。由此在全国范围内逐步恢复了四级监察机构的框架。在此阶段,监察机构实行双重领导体制,其作为政府组成部门,既要接受同级政府领导,还要对上一级监察机构负责并汇报工作,其中上级监察机构在业务方面处于主要领导地位。截至1988年11月底,全国省、市、县三级地方政府的监察机构已全部建立,共配备26600多名工作人员。1990年11月,国务院在归纳监察工作经验后,适时通过了《行政监察条例》,该条例明确了监察机构是政府内部行使监察职权的专门机关。

(四) 市场经济体制建立后的深化阶段：1993—2017 年

1993 年 2 月，中共中央、国务院批转了中央纪委、监察部有关纪检监察合署办公的请示，中央纪委与监察部正式合署办公，监察机构的序列依旧保留在国务院。在人事安排上，监察部部长一般由中央纪委副书记担任，具备党员身份的副部长同时为中央纪委常委。与此同时，地方各级党的纪检机构和监察机构开始实行合署办公。在内设机构上，中央纪委与监察部双方职能不同的部门各自保留，职能相近的加以合并。至此，监察机构结束了 1986 年以来与党的纪检机构相互独立的格局。1997 年 5 月，《行政监察法》颁布实施，在法律层面继续确认了监察机构行使职权的地位，对人员组织、职责权限、监察程序等做出系统规定，其所享有的措施更为多元，监察工作的法制化程度进一步提升。2004 年 9 月，为推进《行政监察法》的贯彻落实，国务院颁布了《行政监察法实施条例》，切实增强了监察立法的体系化、规范化和细致化程度。2007 年 9 月，国家预防腐败局在监察部正式挂牌成立，该局的主要职责是进行宣传教育、制度建设以及体制机制方面的创新等，通过此类举措抓一些源头性的反腐败工作，持续提升反腐倡廉工作的制度化水平。

(五) 新时代的改革阶段：2017 年至今

2017 年 11 月全国人大常委会表决通过了关于在全国各地全面推开国家监察体制改革试点工作的决定。2018 年 3 月，全国人大审议通过了宪法修正案，决定设立监察委员会，不再保留原监察机构和预防腐败机构，相关职能并入监察委员会。在本次会议上，还表决通过了《监察法》。这是一部实现国家监察制度全面覆盖的基本法律,对监察的领导体制、职责范围、权限、程序、反腐败国际合作及法律责任等做出详尽规定。在管理体制方面,监察委员会实行垂直领导的模式,并接受同级人大的监督。监察委员会整合了检察院的职务犯罪侦查权后,原先在刑事司法中由公、检、法三家组成的"三足鼎立"格局,被塑造成公、监、检、法四权并列的制度架构。监察委员会同样沿袭了先前党的纪检机构与监察机构合署办公的模式,并在新型职能基础上进一步形塑了法律监督的机制。至此,新中国的监察制度进入新时代发展阶段。

第三节　公共政策监控理论的失效及重塑

国内关于政策监控的研究成果,以静态描述政策监控的主体、程序、机制等为多,抑或以狭隘视野在政策监控自身领域自说自话见长。然而,遗憾的是,此种丝毫无益于实践指导和理论积累及创新的面貌并未受到太多重视,要改变目前政策监控实践的进一步恶化和政府责任的缺失,必须对现有的政策监控理论进行深刻的检讨。

一、政策监控理论的失效

从历史角度看,价值观是伴随着物质主义与唯利是图经济的盛行而日益狭隘化的。宏观上,政策监控理论的失效一方面与我们的社会理论一直将博大精深的马克思主义的唯物主义矮化为物质主义有关,另一方面也与政治经济学理论长期将内涵丰富的市场经济简化成唯利是图的交换经济存在密切联系。就这样,两种历来与公共政策研究并无关联的思潮互相推波助澜，搭就了政策破坏和监控失效的舞台。微观上，政策监控在公共政策学的理论体系中只占有非常有限的空间的事实限制了研究者的视阈，而作为实践性非常强的政策监控领域，如果只是通过消化适合西方体制的政策监控理论并忽视国内政府政策监控的鲜活事实，那么所建立的规范理论也只能是空中楼阁。

首先，在诸多对政策监控主体的描述中，立法机关、司法机关、行政机关、执政党、利益集团、公众和大众媒体之间的功能表述及互动机制成了当前政策监控论著的主旨。实际上，对政策监控主体的简单探讨并没有抓住问题的关键，因为在政策监控失灵的地方，总可以看到各方监控主体都是客观存在的，但却总呈现出一幅奇妙的监控责任弥散机制，使监控各方在面对监控失灵时看似已经尽力而为，事实上是将监控责任巧妙地弥散于各方之间，使得灾难不可避免，责任无从追究。从而，一部政策监控史也就周而复始地演绎着一部灾难发生史。

政策监控的关键在于权力的分立。只有在理论上将权力分立原则置于官方政策监控主体之间以及官方与非官方政策监控主体之间——后者所体现的行政权与公民权的分立和抗衡是根本所在，才能使政策监控理论取得突破。

其次，政策监控是一个较笼统的概念，公共政策的教科书通常将政策监控在内涵上界定为一个由监督、控制和调整等功能活动组成的动态过程。理论上，监督、控制和调整三个功能活动既可以作为一个整体归属于一个主体行使和运行，也可以交由不同的主体，还可以作为不同部分交由不同主体。其一，若是将监督、控制和调整三个功能活动作为一个整体归属于一个主体行使和运行,那么其中的权力责任和义务就应该是非常明确的。然而,由于公共政策涉及的范围总是很广,与各主体总能扯上关系,所以也就瓦解并摧毁了权力责任和义务关系的确定性与主体单一性的基础,使政策监控作为一个整体成为泡影。其二,若是将监督、控制和调整三个功能活动作为一个整体交由不同的主体行使和运行,那么,监督、控制和调整三个功能活动就会犹如魔术师手中的魔术球,不停地在各个监控主体之间转换,最后消失在迷雾重重的监控机制中。看似监控主体众多,实则形同虚设。其三,若是将监督、控制和调整三个功能活动作为不同部分交由不同主体行使和运行,那么,就可以更好地理顺政策监控的关系,从而为构建完善的政策监控体系奠定理论基础。

二、政策监控理论的失效分析

针对中国政策的实践,有学者甚至提出"全世界政策最多的国家,可能就是中国,但是,我们有政策,却没有公共政策"[①]。抛开政策本身的原因,若从政策监控角度看,将公共政策变异成某些小群体的政策确有可能。在诸多政策监控失灵的背后,人们常常会发现一个危险的"共犯结构",具体表现为:一是政策相对人企图逃避规制和打击。比如,在一些安全事故发生后,责任人以金钱封口,或者以暴力威胁,不准知情者向外透露情况。二是负有监控职责的公务人员推卸、逃脱本应当承担的行政责任和法律责任,上下级之间统一口径,相互证明。三是以金钱和利益建立起来的联盟,固化了官商之间对待事故的一致立场。一旦政策

---

① 岳经纶. 公共政策的价值取向 [J]. 中国审计, 2003 (10).

监控主体与政策相对人之间形成了阴暗的利益捆绑关系，他们就会成为对抗社会正义的合力。

当然，政策监控官方主体及学者可以把责任推给抽象的"既得利益集团"或者"地方保护主义"。但这显然过于简单。政策监控失灵之后常见的是谎言的继续盛行和涉及的所有机关的遮遮掩掩，甚至信誓旦旦。当千万民众呼唤真相，要求政府给出确切的答案时，等来的往往不是主管部门或监控机关的"太极拳法"，就是对事实材料的"乾坤大挪移"。

众所皆知，政策监控失灵的根本原因在于政治权力和经济权力的一体化。正是政治权力和经济权力的一体化，才使政策监控主体异化为政策破坏者。很多年来，政府的改革目标就是建设法治型政府。就企业和政府的关系来说，法治型政府的前提就是政府要从经济领域撤出来。然而，现实的发展却显示有些政府部门在很大程度上已经拜倒在经济增长的狭隘价值观和"不发展就死亡"的铁律之下。很多官员称自己为"坚定的改革者""人民的公仆"，而称反抗者为"打着推动民主的幌子反改革""一小撮不法分子"，实际上，他们自己才是反改革的，却把"反改革"和"不法"的帽子戴在反抗者头上。他们让自己的对立面看起来像是在阻碍改革开放的步伐，破坏社会的稳定。可事实上，他们在将真正推动社会进步的力量妖魔化之后，却浑然不觉自己已经站在人民的对立面，成为社会的异己力量。例如，在2022年初由中央纪委、国家监委宣传部与中央广播电视总台联合摄制的反腐专题片《零容忍》中，曾任公安部副部长的孙力军现身说法："我一直在反思，我为什么犯了这么多错，走了这么远？你是做公安的，是公平和正义的维护者，没想到自己成了一个法治建设或者公平正义的破坏者。"

在社会主义建设初期，物质经济不发达，以政府为主导的经济建设使政治权力和经济权力的捆绑看似不可避免。实际上，政治权力和经济权力的纠缠存在两面性。两者的联姻既可以导致外部正效应，促进社会的不断发展，同时也可能造成外部负效应，以损害大多数人利益为代价。政府俘获理论认为，立法者和管制机构也追求自身利益的最大化，因而某些特殊利益集团能够通过"俘获"立法者和管制者而使政府提供有利于它们的管制，从而获取垄断利益。已经俘获政府的企业易获得市场优势，并在企业界形成示范作用，从而诱使越来越多的企业家将其才智用于俘获政府。既然俘获政府可以使俘获者企业和政府官员双双获利，那么其他企业的发展就会受到约束甚至某种歧视。这些企业也就不可能对开发创新性的产品、改进生产方法或强化企业管理有太多的兴趣。因为政府管制的奖励依据是"关系"而不是"能力"，这样的激励安排和错误导向会扼杀企业家的创新精神，导致很多行业都会由俘获者企业所垄断。由于政府和俘获者企业联姻得越久，两者的交易成本或信息成本就越呈递减趋势，政府与其他未俘获的企业的交易成本或信息成本越呈高速递增趋势，毕竟能够俘获政府的企业占少数，所以政府和俘获者企业所得的收益肯定远远小于社会为这种俘获行为付出的代价，从而造成严重的外部负效应。一旦俘获行为形成一种路径依赖，政府和俘获者企业可能联合起来，利用各自手中的权力和金钱来维持不合理的旧制度，任何改变现存制度的努力和措施都会遭到顽强的抵制，任何改善政府治理机制所必需的政策和改革意图也会被有影响力的企业和获得巨额私人利益的政府官员破坏。这时，政府就成为不合理利益分配结构的维护者,这不仅对企业的长远发展极为不利,对整个国家的经济发展也危害极大。

当然,政治权力和经济权力的纠缠也可以导致外部正效应,促进社会总福利的提升。但事实上,这是一种推崇主宰的伦理体系,是政治经济组织对人民大众主宰的价值维系。在以主宰为主要统治哲学的思路中,普通公民只能被动地接受统治者的管理,而不能参与管理,体验到由主动参与带来的成就感、相互扶持感以及由共同的文化圈、一致的价值观带来的家园归属感。主宰化的结果是人性化的人类社会、政治体系、文化制度以及伦理道德规范不堪重负,并且日渐迷失或者扭曲。而任何试图逃离主宰的思想都有可能被认为是徒劳无益、荒诞不经、离经叛道和不能容忍的。中国几千年的封建专制将此种主宰化的统治思想演绎得淋漓尽致。卢梭早已提道:"即使是最强者也决不会强得足以永远做主人,除非他把自己的强力转化为权利,把服从转化为义务。"[①]封建统治者们通过禁令、礼节、仪式逐渐将主宰化思想转化为人民的义务,从而达到皇权长治久安的目的。新中国的成立以及改革开放的持续进行,也可以说是一场破除主宰化思想的运动,使公民个体能够主宰自己。政策监控如果不能使公民主宰自身的话,那么,就应该对政策监控本身体系做深刻的检讨。

三、重塑政策监控理论

政策监控本来是一项内嵌于政策过程始终的活动,可在政策失灵时,往往出现的情况是监督无处可寻、控制张冠李戴、调整

---

① [法]卢梭. 社会契约论[M]. 何兆武译. 北京:商务印书馆,2006:9.

难以为继，不去解决政策失灵的问题，反而压制试图寻求真相的公民。每一个政府都把保护生命安全置于保护利益的要求之上，但是，一些官员却把保护自身利益的要求置于公民生命安全之上。因此，避免政策监控的失灵，不仅仅要加大宣传力度、提高人员素质、健全法律法规、完善制度机制，还要创造一个符合公民意愿的政策监控体系，以提升政府责任。

首先，必须旗帜鲜明地提倡服务性的文化，破除主宰性的文化。官本位是主宰性文化最恶劣的体现，已经招致共产党人由来已久的唾弃。然而，很难确保官本位不会死灰复燃。中国共产党执政几十年，宣扬的是一种"全心全意为人民服务"的理念，但扬善并不必然抑恶，只有掀起对主宰化思想彻底的大讨论和大批判，才能破除权力部门化、部门权力利益化、部门利益私人化的怪现象，彻底解决政策监控失灵问题。从扬善的一面看，党的二十大报告提出实现高质量发展，发展全过程人民民主，再加上学术界关于从统治型到管理型再到服务型政府的论述，这些都为形成良好服务性文化氛围和观念洗礼提供了基础。从抑恶方面来讲，《中国共产党章程》早就规定："尊重和保障人权。广开言路，建立健全民主选举、民主决策、民主管理、民主监督的制度和程序。""我们党的最大政治优势是密切联系群众，党执政后的最大危险是脱离群众。党风问题、党同人民群众联系问题是关系党生死存亡的问题。"可现实是很多部门和官员听不得半点意见。这样的例子俯拾即是，据媒体报道，2020年11月11日早晨，济源市委书记张战伟在济源市政府机关餐厅呵斥在此吃饭的济源市政府秘书长，秘书长试图解释，却被张战伟"狠狠地打了他一记响亮的耳光"。新华社甚至这样评论：在一些地方，个别领导干部官气十足、以权压人,"一把手"俨然成了"一霸手",扭曲了一方政治生态。①有权不可任性,妄为不得善果,为政者当警之!这些散发出主宰化气味的事例说明破除"官本位"观念还任重道远。防止权利被权力所驯化,必须将主宰化的思维从政府文化中剥离出去。

其次,剥离主宰化的思维仅仅是万里长征的第一步,需要进一步建立公民权与行政权相分立的政策监控体系。前文已经阐述了监督、控制和调整三个功能活动应该作为不同部分,交由不同主体行使和运行,实际上,只有在监督这个层面,公民权才能发挥更好作用,而控制和调整则要由具备公权性质的行政权行使,才具备合理性和合法性。在政策监控领域,公民权与行政权分立有两层含义:一方面是在监督环节,以公民权为主导,以行政权为辅。监督权置于公民权范畴内使用的主张是,生活中最贴近政策的人最了解政策运行,有关的监督权应当掌握在他们手中。另一方面是在控制和调整环节,以公民权制约行政权。公民权的发挥有赖于大众媒体。马克思曾深刻地指出:"报刊按其使命来说,是社会的捍卫者,是针对当权者的孜孜不倦的揭露者,是无处不在的耳目。"② 在现有体制下,互联网的作用尤为明显。当已经发生的政策行为显示,作为公权力的官方监控主体的行为动机或行为方式明显偏离公共目的的时候,发挥控制和调整的作用已经不太可能,公民权就可以发挥其制衡作用。这种否定性制衡的实现方式,既表现为对公共政策的立法审查和司法审查,也表现为对

---

① 北京晚报评论:一把手的手,不是用来打人的[EB/OL].(2021-01-27)[2022-12-26].https://www.sohu.com/a/447050714_163278.
② [德]马克思、恩格斯.马克思恩格斯全集(第3卷)[M].北京:人民出版社,1971:36.

官方政策监控主体的行政复议和行政诉讼。

再次,公民权与行政权分立的政策监控体系依赖于公民自治组织的建立和强大。在行政权天然有侵略性这一人所共知的事实面前,尽管公民权与行政权分立是建立完善政策监控体系强有力的手段,但还需要在其他方面对行政权加以约束。在著名的美国警察局局长沙利文诉《纽约时报》一案中,执笔判决意见的布伦南大法官的结论振聋发聩:"对公共事务的辩论应当不受抑制、充满活力并广泛公开,它很可能包含了对政府或官员的激烈、刻薄,甚至尖锐的攻击。""本应充当公众批评之喉舌的报纸,从此将蜷缩在畏惧和胆怯的阴影之下,而第一修正案所保护的自由,无法在这样的气氛中有任何立足之地。""如果迫使那些批评官方行为的人,必须确保其所述事实的真实性,并以漫天要价的损害赔偿责任作为威慑,也必然导致言论自查。……提出法律证据,证明所控排谤在全部事实细节方面的真实性,这是相当困难的。在这样的规则下,本来打算对官方行为进行批评的人,将受到阻慑,从而保持沉默。"对于批评官员的尺度,美国第四任总统詹姆斯·麦迪逊的那句名言则很有启发意义:"如果有检查言论的权力,那也应当是人民检查政府的言论,而不是政府检查人民的言论。"[1]

最后,官方监控主体与公民组织之间应形成良好互动。可以看出,官方监控主体在制度完善方面实际已经有力地推动了公共政策的发展,《中华人民共和国政府信息公开条例》的实施、行政问责制的不断完善,都显示出政府所做的努力。当政

---

[1] [美]安东尼·刘易斯. 批评官员的尺度 [M]. 何帆译. 北京:北京大学出版社,2011:181、183、185。

策监控失灵的时候，应该及时进行批评和问责。当大众意识到官方监控主体已经变成进步的障碍，而不是前进的动力时，就应该通过合法的手段将其撤换。当然，这些都仅仅是政府自身的一个完善，需要进一步推动的是公民自治方面的进步。公民自治中常被忽视的是法律和资金的支持。缺乏财政和法律资源，而不是缺乏意愿，使得许多公民组织无法完成自我主宰的目标。因此，要实现官方监控主体与公民组织的良好互动，最关键的问题是公民组织应具有充足的资金和充分的法律保障，从而形成对行政权的制衡。

1986年7月31日，万里同志在首届全国软科学研究工作座谈会上作了题为《决策民主化和科学化是政治体制改革的一个重要课题》的报告，之后我国花了二三十年的时间，终于形成了政策监控的理论框架。现在我们要做的是在这一框架的基础上建立起政策监控体系的大厦，以真正落实政府责任。

案例分析与练习

【案例分析材料】

材料来源于 2016 年上海公务员考试申论真题

材料 1

市场监管是现代政府的基本职能之一。从概念上说，监管指的是政府依据规则对市场主体行为进行引导和限制，其目的是纠正市场失灵。根据被监管对象不同，市场监管包括经济性监管和社会性监管两大类：前者针对能源、金融等经济部门，后者包括安全、健康和环境等内容。在西方国家近 30 年改革中，政府一方面放松对微观经济运行的管制和干预，另一方面加强与民生相关的社会性监管。在我国行政体制架构中，能源局、证监会、银监会、保监会等部门承担经济性监管职能；工商、质监、食药、知识产权、安监等系统主要负责社会性监管。

政府监管市场的模式在理论上可分为三类：一是分段监管，具体包括研制、生产、流通、消费等环节；二是分事项监管，可以是许可审批、监督执法、行政处罚等工作；三是分品种监管，根据风险程度将产品区分为普通商品、重要工业产品、进口商品、食品药品、特种设备等，采取不同监管措施。三类模式各有利弊，其中分段监管容易产生段与段之间的缝隙，分事项监管对工作专业性要求较高，而分品种监管的难点是品种边界的划分。

理想的市场监管体系应具有整体性。由于种种原因，我国政府市场监管职能长期散落在多个部门，部门之间难免出现职能交叉和真空，形成"九龙治水"的监管碎片化问题。在当前中国的语境下，由于食药等部门实行属地分级管理，地方保护主义又将监管体制缺陷放大，导致信息本地化问题。在不少地方，市场主体违法犯罪信息呈现"村里知道说不知道，乡里不知道装知道，县里想知道还真知不道"的层层衰减分布。横向与纵向的监管体制缺陷，使得我们面临日益严峻的食品药品安全、产品质量和消费者权益受侵害问题。

材料 2

近年来，地沟油、瘦肉精、天价宰客、电梯伤人事件一直未曾断绝过。据统计，2014 年中国全面小康进程中"最受关注的十大焦点问题"，包括食品安全、腐败、物价、房价、医疗改革、贫富差距、环境保护、就业、社会保障、社会道德风气等，其中，食品安全关注度居首位。

2014 年 3 月 28 日，国家食品药品监管总局和公安部联合召开新闻发布会，公布了 2013 年查处的食品药品违法犯罪案件中案情复杂、涉案金额较高、社会影响恶劣、具有警示作用的"食品药品十大典型案例"。其中包括河南民权"5·24"特大病死肉案，湖北武汉闵某某等生猪非法注射沙丁胺醇案，陕西西安李某等涉嫌生产、销售假牛肉案，山东枣庄盖某等涉嫌生产、销售不符合安全标准的食品案，辽宁本溪徐某等涉嫌生产、销售伪劣保健食品、药品案，江苏沛县蒋某等涉嫌生产、销售伪劣保健食品案，广西柳州"5·17"生产、销售假药案，广东深圳"7·29"系列生产、销售假药案，湖南隆回孙某等涉嫌生产、销售假药案，浙江丽水周某等涉嫌生产、销售假劣创可贴案。

国家食品药品监管总局稽查局领导介绍，2013年，食品药品监管部门与公安机关开展了食品药品系列专项整治行动，强力打击各类危害食品药品安全的突出违法犯罪。据统计，全年我国各地侦破食品药品安全犯罪案件4.3万余起，抓获犯罪嫌疑人6万余名。他还指出，在当前中国经济社会发展所处的特定阶段，食品药品安全违法犯罪出现了一些新情况、新动向。如长链条跨区域案件明显增多，利用互联网进行食品药品违法犯罪呈上升势头等。犯罪手法升级，活动愈加隐蔽。

根据有关资料显示，我国仅2014年上报的因电梯事故死亡的人数就达36人。据国家质检总局2015年3月份印发的文件显示，截至2014年底，全国电梯总量达到360万台，并保持以每年20%左右的速度增长。目前，我国电梯保有量、年产量、年增长量均为世界第一。由于目前部分电梯管理责任主体不明确、选型配置与使用条件不适应、维护保养不到位以及老旧电梯逐步增多等原因，电梯事故时有发生。截至2015年6月底，全国31个省份及新疆生产建设兵团电梯使用和维护保养单位自查电梯230余万台，发现存在隐患的电梯11余万台。照此计算，隐患电梯占比达到4.7%。

材料3

上述这些事件给公众带来持续的危机感，暴露出了食品产业链和特种设备安监等方面的问题，政府公信力亦面临考验。

近年来，中央一直在加强食品安全工作的力度，先后制定了食品安全法及实施条例，设立了国务院食品安全委员会，开展了一系列专项治理和整顿。然而深层次的问题并未得到解决，每年各类食品安全事件仍层出不穷。以下几个案例折射出我国有些地方的基层政府在食品药品安全监管方面还存在一些问题。如某县食品药品监督管理局为进一步强化食品药品监督工作,从县人大代表、政协委员中聘请了 13 名社会监督员,8 个镇各聘请了一名食品药品安全协管员、169 个村都聘请了村级食品药品安全信息员,建立了"横向到边、纵向到底"的县、乡、村三级食品药品监管网络。但是,协管员、信息员缺乏食品药品安全监管基本知识;没有报酬或补助,工作积极性不高;监管对象多为本乡本村人,怕得罪人,遭报复。以上这些问题导致协管员、信息员不能真正发挥作用。另外,实际执法与现行法律法规存在脱节,如《医疗器械监督管理条例》规定的处罚起点在 5000 元,脱离农村和基层实际,难以规范执法。法律规定对不符合要求的餐饮服务单位要予以取缔,但现实中许多小餐饮业主都是下岗、失业和农村务工人员。如果坚决取缔,有可能影响社会和谐稳定。再如,某县现有的食品安全监管执法人员基本都是原从事药品医疗器械监管的人员,从未接触过食品相关业务知识,虽然不断加大相关法律法规知识和业务知识的培训力度,但仍无法完全达到食品安全执法工作的要求。

食品安全的监管从农田到餐桌,涉及农业、水利、盐业、工商、质检、食品药品监督等多个部门。以某县为例,目前是"铁路警察、各管一段",段与段之间还存在着间隙。县政府虽然在食品药品监督管理局挂牌成立了食品药品安全委员会,但未能落实相应的编制及人员,加之县食品药品监督管理局与质检、工商、农业等部门属同级政府工作部门,协调难度大、监管手段有限,限制了食品安全综合协调工作的纵深开展。同时,管理食品加工小作坊和食品摊贩的地方法规迟迟难以出台，缺乏具体有限的监督方法和标准，形成了一定的监管盲区，留下了食品安全隐患。

今年来，各级领导高度重视矿山、交通、消防、护林防火、建筑施工等安全问题，要机构就成立机构，要人给人，要钱给钱，几乎没有任何领导拒绝和迟缓，在一些乡镇甚至成了中心工作。而与我们每个人的身体健康和生命安全息息相关的食品药品安全，却从未享受这样的礼遇。如某县食品药品监管对象有5000家左右，从业人员数万人，而食品药品监督管理人员编制仅35名。人均管理对象150家左右，人均工作量数倍甚至数十倍于其他行政执法队伍，监督管理任务非常艰巨，人少事多矛盾突出，再加上执法装备落后，行政执法取证设备缺乏等问题，潜在安全风险巨大。

材料4

党的十八届三中全会通过的《中共中央关于全面深化改革若干重大问题的决定》明确指出：必须积极稳妥从广度和深度上推进市场化改革，大幅度减少政府对资源的直接配置。政府的职责和作用主要是保持宏观经济稳定，加强和优化公共服务，保障公平竞争，加强市场监管，维护市场秩序，推动可持续发展，促进共同富裕，弥补市场失灵。要"改革市场监管体系，实行统一的市场监管"，这就要求我们更加重视市场监管，广泛关注国外相关市场监管情况，针对我国市场监管的现状，研究提出实行统一的市场监管的思路举措。

某农贸市场集聚了大大小小的经营户，这里原本是"典型"的分散管理，新成立的市场监管所引入的"标准化"新模式，全面提升了这里的食品安全监管力度。一线执法人员人手一本《农副产品市场监管检查操作流程》，这是征询了农贸市场、批发市场、街镇和市场监管所等各方意见后，编制完成的日常检查"掌中宝"。而从检查频率看，市场上门检查从原来的每月一次改为每周一次，涵盖原分属三个局职能的农产品索证索票、生产许可证检查、食品安全检测等。

但市场综合监管体制改革后，在一些专业性较强的监管领域，如特种设备监管、食品安全检验检测、医疗器材监管等，监管主体和监管对象之间的知识、信息、专业不对称等问题依然制约着相应监管水平的提升。尤其是基层监管执法人员仍不同程度存在知识结构不匹配、本领恐慌、心里不适应等问题，而基层执法人员要真正熟练掌握专业技能，尚需要一个较长的学习、锻炼过程。

面对风起云涌的新业态，政府监管业务日益繁重。如当下便利的网络订餐让不少人成了它的忠实拥趸。然后，互联网背后的餐饮商家也隐藏着卫生状况不过关等食品安全隐患。在浦东一家公司上班的白领小方最近遇到一件怪事，她一直用网络订餐来解决午饭问题，但有一次她点开一家饮品店的商家详细信息，竟然发现该商家上传的营业执照居然是一家汽车运输公司的。"老母鸡变鸭"，暴露的正是网络订单的食品安全隐患，而新的《食品安全法》已于2015年10月1日正式实施，如何运用"大数据"监管模式，促使网络订餐市场、食品销售和餐饮服务等规范、有序、健康发展，对市场监管部门提出了更为严格的要求。

此外，目前一些基层市场监管人员身份不统一，待遇和福利不统一，"同工不同酬"现象较为普遍。尤其是基层市场监管人员基数大、职数少，晋升渠道不畅。如上海某区市场监管局55岁还是科员的员工有10个，越到基层年龄越大，职级越低。而且体制改革后，基层监管任务增加，压力增大，要学习大量新的业务，承担更多的职责。

材料5

深圳于2009年借大部制改革之机，率先在全国进行市场监管体制改革。大胆突破分段监管桎梏，改变监管领域的"碎片化"，将原工商、质检、知识产权三局整合，组建了市场监督管理局，不再保留市质监局、市工商局，把食品生产、食品流通、餐饮消费三个环节的食品安全监督管理职责一并划入市场监督管理局。2011年，深圳市进一步整合涉及食品安全监管的相关职能，将原由农业部门承担的食用农产品质量安全监管和原由卫生部门承担的食品安全管理综合协调等职能先后划入市市场监督管理局，并专门成立了市食品安全监督管理局（设在市场监督管理局内）。2014年5月，深圳市继续探索市场监管领域大部制改革的"升级版本"，组建市场和质量监督管理委员会，主要承担制定政策、规划、标准等职能，并监督执行部门，由分管副市长任主任委员。委员会下设三个机构：一是深圳市市场监督管理局（挂市质量管理局、市知识产权局牌子），二是深圳市食品药品监督管理局，三是深圳市市场监督稽查局。上述机构分别承担市场监管领域的行政管理和监督执法职能，市场监督管理局和食品药品监督管理局局长分别担任市场监管委员会副主任委员。在区一级分别设置市场监督管理分局和食品药品监督管理分局作为市局直属机构，在街道设市场监督管理所作为两个区分局的派出机构。深圳模式呈现上下统一、中间分开的"纺锤形"结构。

【练习题】

1. 结合材料4，概括一些地方政府在食品监管工作方面存在的问题。要求：观点明确，语言精练，条理清楚，字数不超过300字。

2. 结合材料5，概括深圳市场监管模式的主要特点。要求：观点明确，语言精练，条理清楚，字数不超过300字。

3. 阅读给定材料，以"加强市场监管"为主题写一篇文章。要求：（1）自选角度，自拟题目；（2）联系实际，观点明确，分析具体，条理清楚，语言流畅；（3）总字数800—1000字。

第八章 政策终结与政策周期

> 官益久,则气愈媮。望愈崇,则谄愈固。地益近,则媚亦益工。至身为三公,为六卿,非不崇高也,而其于古者大臣巍然岸然师傅自处之风,匪但目未睹,耳未闻,梦寐亦未之及。臣节之盛,扫地久矣。
>
> ——龚自珍《明良论》

作为政策运作过程的最后一个环节,政策终结既是政策周期的结束点,也是政策更新与政策发展的逻辑起点。及时地终止一项多余、无效的或已经完成使命的政策有助于提高政府的执政绩效。政策经过制定—执行—评估—监控—终结这几个阶段后形成了一个周期。及时、有效地终结没有价值的或错误的公共政策,有利于促进公共政策的更新与发展,推进公共政策的周期性循环,从而实现公共政策系统的优化。

第一节 政策终结

一、政策终结概述

公共政策决策者在获得公共政策结果的信息后,面临着对公共政策去向的判断和抉择：是应该终止该政策，还是继续下去，或是加以调整和革新？如果决定终止某项公共政策，就意味着该项公共政策生命的结束，即公共政策终结，它是公共政策过程的最后一个阶段。对于决策者来说，及时终结一项被证明是无效的或已经完成其预定目标的公共政策，将有助于提高公共政策的效率。因此，政策终结既是前一项公共政策的终止，又是后一项公共政策的开始。

最先提出政策终结概念的是拉斯韦尔，他在《决策过程》一书中将政策终结定义为"关于取消政策方案，以及研究有关相信某种政策必须继续而采取某种行动或因政策终结而丧失价值的人们之主张的活动"①。布鲁尔（Garry D. Brewer）把政策终结定义为"政府对那些已经无法发挥正常功用的、多余的、过时的以及不必要政策和项目进行调整的行为"②。林永波、张世贤认为，"政策终结这个概念隐含了一套期望、规则和惯例的终止，政策活动的停止，机关组织的裁撤"，同时它也是"新期望的提出，新规则、惯例的建立，崭新活动的展开，机关组织的更新与发展"③。张金马认为，"政策终结指的是在政策领域里发生的终结现象，是人们在政策过程中主动进行的，旨在提高绩效的一种政治行为。政策终结是政策决策者通过对政策进行慎重的评估后，发现修改政策已成为多余、不必要或不发挥作用时，采取必要的措施予以终止的

---

① ［韩］吴锡泓、金荣枰. 政策学的主要理论 [M]. 金东日译. 上海：复旦大学出版社，2004：492.
② Garry D. Brewer, "The Policy Sciences Emerge: To Nurture and Structure a Discipline", *Policy Sciences*, Vol. 3, 1974.
③ 林永波、张世贤. 公共政策 [M]. 台北：五南图书出版公司，1982：534.

行为"①。陈振明将政策终结定义为："政策终结是政策决策者通过对政策或项目进行慎重的评估后，采取必要的措施，以终止那些过时的、多余的、不必要的或无效的政策或项目的一种政治（或政策）行为。"② 因此，所谓政策终结，是指公共政策决策者在对公共政策进行慎重的评估后，采取必要的措施，终止那些过时的、多余的、不必要的或无效的公共政策的一种行为。

政策终结作为政治实践，在现实操作中具有复杂的表现形式。按照终结程度，政策终结可以分为完全终结和部分终结。根据终结所需时间，政策终结可以分为爆发型、渐减型和混合型。公共政策的终结是公共政策过程中一个不可或缺的环节。它不是消极行为，而是积极的政策变迁。通过政策终结，公共政策获得了更新和发展。

总的来说，政策终结的形式有以下两种：

一是公共政策使命的结束。一项公共政策实施一段时间以后，公共政策决策者发现公共政策目标已经实现，公共政策问题已经获得解决，原有的公共政策已经没有存在下去的必要。

二是失误公共政策的废止。通过评估，公共政策决策者发现所执行的公共政策为无效的或失效的公共政策，无法解决所面临的公共政策问题，甚至会引发新的社会问题，因此必须终止原公共政策。

一项公共政策没有达到预期目标或对它要解决的社会问题没有发挥作用，其原因可能是多方面的，如公共政策的投入不足，

---

① 张金马. 公共政策分析：概念·过程·方法 [M]. 北京：人民出版社，2004：477.
② 陈振明. 政策科学——公共政策分析导论（第二版）[M]. 北京：中国人民大学出版社，2003：390.

或该公共政策在实施的过程中遭遇到目标群体的不配合甚至抵制等。另外，如果某项政策造成的负面影响过大，或者社会问题和政策环境变化太快、太复杂，也会导致公共政策不能发挥其预期的效力。

在现代社会中，随着社会的发展和社会事务的日益复杂多样，公共政策在引导和规范社会生活中的作用越来越重要，因此，及时终结一项失误的或是已完成使命的公共政策意义重大，具体表现为以下几点。

（一）有利于节省公共政策资源

任何一个国家或地区的政府所拥有的财政和社会资源都是有限的，而公共政策的制定和执行需要投入大量的资源。如果不能及时终止一项已经过时的或是无效的公共政策，那将是对有限的公共政策资源的极大浪费。当一项公共政策目标已经实现，公共政策问题已经解决，或是虽然公共政策目标没有实现，但实践已经证明该公共政策是无效的，在这些情况下，及时终止政策的实行，可以有效节省有限的公共政策资源。反之，如果无效的公共政策继续执行而不及时终止，不仅无法给社会带来任何效益，而且会导致资源配置低效、无效或失效，从而浪费社会资源，加重政府的财政负担。及时地终结失效或无效的公共政策，可以将有限的资源投入到新的公共政策上去，产生更大的政策效益。2010年起，我国开始给予新能源汽车补贴，为国内新能源汽车提供发展契机。新能源汽车推行初期，最直接有效的消费激励政策就是政府补贴。到2017年，补贴标准首次下调，此后逐年退坡。当新能源汽车发展到一定规模的时候，走市场化的路线才是长久之计，政府补贴的退出是迟早的事。2020年4月，财政部等四部委联合发布的《关于调整完善新能源汽车补贴政策的通知》提出,将新能源汽车推广应用财政补贴政策实施期限延长至2022年底,平缓补贴退坡的力度和节奏。2021年底,财政部发布《关于2022年新能源汽车推广应用财政补贴政策的通知》,明确2022年12月31日新能源汽车购置补贴政策终止,12月31日后上牌的车辆不再给予补贴。

(二)有利于提高公共政策绩效

当一项公共政策在实施中失败,无法解决面临的公共政策问题时,旧政策的终结就意味着新政策的启动、新规划的诞生以及相关机构和人员的更新与发展。这无疑有利于更好地解决问题,促进公共政策绩效的提高。尤其是在当代社会,世界呈现多极化趋势,其影响所及,使得各国公共政策问题的类别、性质随时间和空间的变化也不断变化并日趋复杂。在存在种种障碍和制约因素(如信息的不完全、人类知识能力有限等)的条件下,公共政策决策者难免制定出无效的或是错误的公共政策。此时,一旦在变化发展的环境中发现某项公共政策无法解决面临的困难和问题,公共政策决策者就必须及时终止原来的公共政策,重新调整自己的政策行为。只有这样,才能在发展与变动的环境中充分运用有限的资源,取得最好的公共政策绩效。《关于深化机动车检验制度改革优化车检服务工作的意见》显示,2022年10月1日起,6—10年的9座及9座以下非运营小微型私家车,只有第6年、第10年需要上线检车,其间只需每两年申领一次检验合格标志即可。原政策则是第6、8、10年这三年都需要上线检测。新政策取消了第8年的上线检车,减轻了车主和检测机构的负担,提高了政策绩效。

（三）有利于促进公共政策的更新

所谓公共政策僵化，简单地说，就是指一项长期存在、没有及时予以终结的公共政策。在发展变化了的环境下，继续执行该项公共政策，不仅不能解决问题，反而会成为解决问题的阻力与障碍。公共政策僵化可能带来严重的不良后果。如果说，在生产规模不大、科学技术不发达的时代，公共政策僵化造成的危害还可以承受的话，那么，在科学技术迅速发展的当今社会，随着全球市场的出现，公共政策僵化会使一个国家陷入极端被动的困境。这是因为公共政策作为政府行为，一经颁布便具有了强制性，成为社会行动的准则。如果人们违背一项没有宣布予以终结的公共政策，这项具有合法性的公共政策必然会做出反应，给予相应的约束和制裁。公共政策僵化由此遏制了人们的积极性和创造性。例如，为了有效减轻义务教育阶段学生的作业负担和校外培训负担，2021年7月，中共中央办公厅、国务院办公厅印发了《关于进一步减轻义务教育阶段学生作业负担和校外培训负担的意见》，对教培领域和教育行业产生了重要的影响。

（四）有利于促进公共政策的优化

公共政策终结有助于促进公共政策的优化，这表现在两个方面：一是公共政策人员的优化。公共政策人员不仅包括公共政策决策者，还包括公共政策执行者以及参与公共政策过程的其他人员。由于公共政策终结意味着人员的裁减与更新，因此，终结旧公共政策有利于优化公共政策人员，促进公共政策向更高层次发展。二是公共政策组织的优化。公共政策组织的优化是公共政策优化的核心内容。如果仅仅是人员的优化，还达不到公共政策优化的目的。这是因为在当代社会中，公共政策人员只是公共政策组织的一分子，其公共政策活动必须通过组织机构才能进行。

二、政策终结的内容和形式

（一）政策终结的内容

作为政策过程的一个环节，公共政策终结往往导致现状的急剧变迁，某项与公共政策有关的组织和个人的利益会因此受影响，特别是那些公共政策受益者、公共政策决策者和原公共政策执行者的利益。因此，在公共政策终结前，必须先分析公共政策终结涉及的各方面的关系，界定终结的内容。一般地说，公共政策终结的内容包括以下四类。

1. 功能的终结

功能的终结即终止由执行所带来的某些服务。公共政策是为了重新分配社会利益而制定的，公共政策往往能提供这样或那样的便利和服务，因此，在公共政策终结的所有内容中，功能的终结最难。这具体表现在，一方面，功能的履行是政府提供一定的公共物品和服务以满足人民需要的结果，如果取消，势必会引起各方面的反对；另一方面，某项功能往往不是由某一公共政策单独承担的，而是由许多不同的公共政策和机构共同承担的，要予以终止，往往要做大量的组织和协调工作。

2. 组织的终结

任何一项公共政策活动都是通过组织来推动的，组织是公共政策制定和执行的载体，每项政策都要由一个或几个机构来承担。有些机构是专门为某项公共政策而设立的，随着公共政策的终止，机构也随之撤销。有些机构往往同时承担着多项公共政策和功能，某项公共政策的终止不足以导致机构的撤销，通常的做法是以缩小规模、减少经费等办法对机构进行缩减。伴随着公共政策终结而进行的机构缩减或撤销，就是组织终结。组织的终结通常比较难，因为它影响到组织中人员的切身利益，在实行组织的终结时有可能遭到他们的抵制。

3. 公共政策本身的终结

公共政策本身的终结，即承担公共政策活动的机构依然存在，而公共政策所担负的功能则由其他的公共政策来承担。与前两种终结相比，公共政策本身的终结所遇到的阻力较小。这是因为：第一，就某项具体的公共政策而言，其目标一般比较单纯，容易进行评估并决定取舍；第二，公共政策终结的成本比功能转变、组织调整要少得多，并且不涉及机构和人员，因而容易得到实际部门的认可。再加上公共政策的可选择性较大，也使得公共政策本身的终结在操作上比较容易实现，不像组织终结那样会受到多方面的牵制和约束。

4. 计划的终结

计划的终结即执行公共政策的措施和手段的终结。在所有终结内容中，计划的终结是最容易达成的。这是因为：仅仅停止执行某项公共政策，暂时还不会涉及政策组织和人员问题，阻力不会很大；公共政策无效带来的负面效果或者没有效果的公共政策所浪费的资源显而易见，停止执行比较有说服力；一旦某项公共政策被终结，对其执行的政策资源投入就会终止，执行活动很自然就会停止。

（二）政策终结的形式

由于政策终结涉及面广，影响大，而且直接关系到一部分人的切身利益，因此，为使政策终结得以顺利实施，减少终结时受到的阻力和不利影响，政策终结很少采取全面的、彻底的一次性终结方式，而多采取一些稳健的、局部性的渐进终结方式。针对政策终结内容的不同，可以将政策终结的方式区分为五种：

1. 政策替代

政策替代指的是以新政策代替旧政策，但其面对的问题不变，公共政策的目标不变，政策的作用对象不变，所要满足的要求也不变。公共政策替代产生的新政策在政策内容上有所变化，但更多的只是方法上和操作程序上的更改，其目的是更好地解决旧政策无法解决的问题，实现原定的公共政策目标。政策替代要注意新旧政策之间的连续性和相互衔接，保证新旧政策之间的平稳过渡，既要防止新旧政策同时实行，又要防止出现公共政策的中断现象。

2. 政策合并

政策合并指的是旧公共政策虽然被终止了，但公共政策要实现的功能并没有取消，而是将其合并到其他的公共政策中去了。政策合并有两种情况：一是将被终止的公共政策的内容合并到一项已有的公共政策当中；二是两项或两项以上被终止的公共政策合并到一起，形成一项新政策。

3. 政策分解

政策分解指的是将旧的公共政策的内容按照一定的原则分解成几个部分，每个部分各自形成一项新的政策。当原有公共政策因内容繁杂、目标众多而影响公共政策的效果时，运用分解的办法，将其分解为目标具体明确、操作性强的多项政策，往往能收到较好的效果。

4. 政策缩减

政策缩减指的是采用渐进的方式对公共政策进行终结，以消除公共政策终结所带来的负面影响。一般来说，政策缩减通过逐步减少对公共政策的投入，缩小公共政策实施范围，放松对公共政策执行的控制等措施，来达到最终完全终止公共政策的目的。

5. 政策废止

政策废止是对公共政策进行终结的最果断的方式。公共政策的废止就是使某项政策立即终止。如果一项政策针对的社会问题已经获得解决，政策目标已经实现，或由于某种原因已经不复存在，这项政策就应该立即被废止。同样，如果一项政策执行一段时间后出现了严重失误的情况，给社会带来了很大的负面影响，也应该立即废止，以防止引发更大的社会问题。当然，政策的废止未必出于正面的导向，例如《续资治通鉴·卷第一·宋纪一》记载："唐五代旧制，每逢国家大事，皇帝必召宰臣坐议，赐茶之后方退殿。建隆元年，赵匡胤代周建宋，宰相范质、王溥、魏仁浦等自认后周旧臣，难免受猜忌，加上太祖素有英名，于是请改旧制，遇有国事，宰相具札进呈，立听圣旨。此后，坐论之礼废。"

三、政策终结的障碍和策略

与政策评估相比，政策终结主要不是一种分析研究的过程，而是一种行动的过程。由于它涉及一系列的人员、机构和制度等复杂因素，因此，政策终结具有相当大的难度。在现实生活中，我们随时随处可以看到一些低效、无效甚至是完全没有必要的公共政策仍然在执行。许多应该终止的公共政策得不到及时终止，即使是一项出现明显失误的公共政策,要予以终止,也会碰到许多困难。因此,如何促进政策终结,已经成为当今各国政府在政策实践中面临的一个重要问题。分析政策终结面临的障碍和困难,目的在于探讨促进政策终结的有效策略。

(一) 政策终结的障碍

阻碍政策终结的因素涉及公共政策影响所及的方方面面。一般来说,一项公共政策影响范围越广,终结时所面临的障碍就越多。我们将终结一项公共政策会遇到的障碍概括为以下七个方面的内容。

1. 心理上的抵触

美国著名公共政策学家查尔斯·琼斯说:"那些与公共政策相关的人员都希望看到公共政策继续存在下去,却很少有人喜欢听到计划失败或计划改变。"[1] 这种心理上的抵触往往在公共政策面临终结时表现得尤为明显。具体地说,对公共政策终结存在抵触心理的主要有三种人:一是公共政策受益者。他们往往囿于既得利益,不愿看到公共政策有所变化,担心因公共政策的终结而丧失已有的实际利益,因此难免对某项公共政策的终结产生逆反心理。二是公共政策制定者。他们如果对公共政策问题缺乏高度的自觉性、责任感和科学态度,一般不愿承认公共政策的缺陷或失败。一方面,他们认为现有公共政策是通过周密考虑精心制定出来的;另一方面,他们感到承认公共政策失败等于承认他们工作的失误,甚至有可能影响其名利地位,因而会对某项公共政策终

---

[1] 陈振明. 政策科学——公共政策分析导论(第二版)[M]. 北京:中国人民大学出版社,2003:395.

结可能造成的后果具有本能的恐惧感。三是公共政策执行者。同样，如果对公共政策问题缺乏自觉性、责任感和科学态度，他们往往也不愿承认公共政策的失败，因为公共政策的实施凝聚着他们的精力、劳动和智慧，耗费了他们的心血。尤其是在实施某项公共政策能使他们获得某些实际利益，或是终结某项公共政策可能危及他们的发展前途时，对于公共政策终结的心理上的抵触就更为强烈。《续资治通鉴·卷第四十五·宋纪四十五》记载，吕夷简虽罢相，犹以司徒的身份预议军国大事，于是谏官蔡襄疏言："夷简被病以来，两府大臣受事于夷简之门，夷简为相，首尾二十余年，功业无闻，今以病归，尚贪权势，不能力辞，伏乞特罢商量军国大事，使两府大臣专当责任，无所推避。"之后，吕夷简请罢预议军国大事，宋仁宗批准了他的请求。

上述三类人的心态，往往成为公共政策终结的首要障碍。这是因为公共政策失败的主客观原因往往比较复杂，即使有明显的数据足以证明某项公共政策绩效不佳，也有一个辨析的过程。哪些问题应该归结于公共政策环境的变化和影响？哪些问题应从主观因素中寻找原因？在没有弄清楚这些问题之前，对公共政策终结的抵触心理就难以克服。而这种心理障碍的存在，又使人们在解释公共政策失败时，常常倾向于从环境因素中寻找原因，而不愿检讨公共政策本身的失误。

2. 机构的持续性

公共政策总是通过组织来实施的。为了将公共政策付诸实践，必须将实施公共政策的职责指派给某一现存的机构，或是为此目的建立一个新机构。而公共政策执行机构和其他社会政治组织一样，都具有自我膨胀的本性，总是会为自身的存在寻找理由，这就给公共政策的终结带来很大的困难。机构的持续性表现在三个方面：一是机构的惯性。当不同的机构相互配合并开始执行某项公共政策时，一种惯性就油然而生了。机构的惯性使公共政策执行一旦开始就很难停止。如果想要修改其方向或让其停下来，必须从外部施加很大的力量才能做到。这是因为机构固有的惯性使它本能地反对任何变化的要求。二是机构的生命力。机构如同人一样，生存的能力很强，詹姆斯·安德森认为："某一机构存在的时间越长，它被终止的可能性就越小，经过一定的时间，会形成对它的继续存在的条件和支持。"① 当公共政策终结危及组织机构的生存时，组织机构会千方百计地减轻面临的压力，或改变策略，或调整结构，以延缓公共政策终结的进程，给公共政策的及时终结带来消极影响。三是机构的动态适应性。机构本身都有一种动态的适应性，可以随环境和需要的变化而变动，甚至能针对公共政策终结的各种措施来调整自己的方向，使终结计划夭折或破产。

3. 行政机关的联盟

由于执行某项公共政策而获得利益的一些行政机关，为了维护自身的既得利益，往往会在公共政策面临终结时结成联盟，共同反对公共政策终结。这些行政机关，一方面会要求其内部成员齐心协力共同抵制政策终结；另一方面则会接近和拉拢政府内外有影响力的人士来抵制终结。这种由于执行公共政策而获得既得利益的行政机关一旦结成一个共同体，就能极为有效地延缓甚至阻止公共政策的终结，使公共政策终结难以进行。这是因为行政机关比其他社会组织具有进行政治活动的便利条件，它们可以利

---

① ［美］詹姆斯·E. 安德森. 公共决策［M］. 唐亮译. 北京：华夏出版社，1990：211.

用自身有利的地位对公共政策的终结施加影响。

4. 利益集团的影响

人们总是通过一定的团体来表达自己的利益，结成利益集团。由于公共政策大多涉及利益与价值的分配，因而各利益集团必然通过各种渠道努力影响公共政策。当一项公共政策将被终结时，反对公共政策终结的利益集团为维护既得利益，必然会采取各种合法或非法的途径，如游说或行贿等，以阻止公共政策终结。

5. 法律上的障碍

任何公共政策方案的抉择和合法化，以及政策制定和执行的组织机构的建立，都要通过一定的法律程序来进行，同样，公共政策的终结和组织机构的撤销，也必须按照法定的程序来办理。这一过程不仅耗时费力，而且操作起来往往十分复杂，有时还会延误公共政策终结的时机。特别是一些已经法律化了的公共政策，要使其终结更为困难。可见，法律上的障碍，也是影响公共政策终结的一个重要因素。许多公共政策的终结尤其是法律化的政策的终结，经常会受阻于法律的滞后性。

6. 公共舆论的压力

公共舆论确定了公共政策的基本范围和方向。在当代，随着新闻传播技术的日新月异，公共舆论借助于新闻传播媒介可以渗入社会的每一个角落，形成广泛的社会影响力和巨大的社会冲击力。如果某一项需要终结的公共政策受到舆论的广泛支持，其终结无疑会受到极强的阻力，所以詹姆斯·安德森说："由选举产生的任何一位公共官员，如果将公众意见完全忽略，不把它包括在决定标准之内，那他就是非常愚蠢的，很可能会在选举的时刻走背运。"①

7. 政策终结的代价

政策终结的高昂代价也是影响政策终结实施的一个关键因素。任何公共政策的制定和执行，都会有一定的资源投入，如果终结公共政策，则会使这些投入落空。公共政策终结的代价表现在两方面：一是现有公共政策的沉没成本；二是终结行为本身要付出的代价。现行的公共政策或组织机构已经投入了巨额的成本但没有得到回报，公共政策决策者面对投入的沉没成本，往往处于进退两难的境地。

（二）政策终结的策略

以上分析表明，政策终结面临着许多困难和障碍，实际上，只要是公共政策所涉及的方方面面，都有可能成为终结公共政策的阻碍因素。因此，要终止某一项公共政策，必须采取一定的策略，使得公共政策的终结活动能够顺利地进行。

政策终结是一项困难重重、十分复杂的公共政策行为，因此要求决策者运用高度的智慧和技巧，采取灵活的策略，加以妥善处理。从我国的公共政策实际出发，政策终结的策略包括以下几方面：

1. 重视说服工作，消除抵触情绪

为确保公共政策终结的顺利进行，公共政策决策者首先应该做好说服工作，消除人们的抵触情绪，提高人们的思想认识。应该通过有效的说服工作，让人们明白，公共政策终结并不是某些

---

① ［美］詹姆斯·E. 安德森. 公共政策制定［M］. 谢明等译. 北京：中国人民大学出版社，2009：158.

机构或个人前途的丧失，而是改变环境、寻求发展、迈向成功的新机会。及时终止那些有害的、无效的或不必要的公共政策，既可以防止出现新的政策问题，也可以充分运用有限的政策资源，以获得更多更好的公共政策绩效，从根本上来说，是于国于民都有利的事。只要人们能够认识到公共政策终结的积极意义，就能减少来自公共政策对象的阻力，促进公共政策终结的顺利进行。

2. 公开评估结果，争取支持力量

公共政策终结支持者的态度以及人数的多少，是决定公共政策终结成败的关键。公共政策终结的倡导者必须努力争取各种支持力量，以推动公共政策终结的实现。一般认为，如果变化涉及团体的所有人而不只是涉及团体成员的一部分，那么团体成员就会有效地接受变化。如何争取支持者呢？可以适时地公开公共政策评估结论，这是积极争取潜在支持者的最好方法。公开公共政策评估的结论，可以揭露某项公共政策是有害、无效或低效的，让人们了解继续执行该项政策将会对社会造成的危害和损失，从而转变人们对公共政策终结的态度，使人们从反对终结转而理解或支持终结。公共政策终结者还可以利用公开评估的结果，提出终结公共政策的立论依据，指出因环境的变迁和其他条件的变化，原有的公共政策已不适应新环境的需要，从而引导人们更新观念，改变态度。

3. 废旧立新并举，缓和终结压力

公共政策终结总是会使一部分组织和人员的利益受到损害。因此，这些组织和个人一般都不愿意看到公共政策的终结。但人们一般很少会立刻反对一个新的、较佳的公共政策的出台。为了缓和公共政策终结的压力，可以采用新公共政策出台与旧公共政策终结并举的方法，及时地采用新公共政策替代旧公共政策，使人们在丧失对旧公共政策期望的同时得到一个新的希望。这种做法往往可以大大减少在公共政策终结上的争议和阻力，削弱反对者的力量。不过，采用这种方法对于具体操作部门来说要求较高，因为终结旧公共政策和落实新公共政策两方面的工作若同时进行，工作量会很大，安排不当往往会顾此失彼，既会浪费大量的人力、物力、财力，又会影响新公共政策的执行和旧公共政策的终结。

4. 选择地传播试探性信息，减轻公共舆论给公共政策终结造成的影响

所谓传播试探性信息，就是政府在正式宣布终止某项公共政策之前，在一些非正式场合流露出进行终结的信息，以测定公共舆论对这一行动所持的态度。对于在终结之前是否传播试探性信息，学界有着不同的看法，因为试探具有双重效果：从正面看，这种试探性的公共政策终结信息有助于引起公众的广泛讨论，从而认清公共政策终结的必要性，减轻舆论给终结带来的困难。但从负面看，由于这种试探性的方法透露的信息往往不够完整，同时通过非官方的渠道进行传播，也容易造成失真，这会使人们误解公共政策终结者的意图，对终结做出错误的反应，同时也可能为反对力量的结盟提供时间。

5. 正确处理公共政策终结与政策稳定、政策发展的关系

正确处理公共政策终结与公共政策稳定、公共政策发展的关系，对于促进公共政策终结有着重要意义。这是因为无论是公共政策决策者还是公共政策执行者，大都非常重视政策的稳定性，担心旧政策的终结与新政策的出台会使人产生政策多变的错觉。

首先，公共政策是一个动态过程，它不仅仅是一项决议，而

且包括目的、计划、规则以及实现它的程序。公共政策问题与公共政策环境都处于复杂的发展变化中，这决定了公共政策的动态性。同时，公共政策又必须具有稳定性。公共政策的稳定性是与一个国家的政治稳定、经济稳定和社会稳定联系在一起的。如果公共政策不稳定，公共政策变化过快，公共政策对象在心理上和行为上难以适应这些变化，人们对公共政策的信任就会受到严重影响，产生一系列严重的后果，甚至会使公共政策权威丧失。公共政策需要稳定，但这种稳定应当是相对的，即稳定并不意味着停滞或僵化。例如，2020年我国已实现现行标准下农村贫困人口全部实现脱贫，贫困县全部摘帽，区域性整体贫困得到解决的目标。根据中共中央、国务院《关于实现巩固拓展脱贫攻坚成果同乡村振兴有效衔接的意见》，脱贫摘帽不是终点，而是新生活、新奋斗的起点。该政策明确提出，到2025年，要实现脱贫攻坚成果巩固拓展，乡村振兴全面推进，脱贫地区经济活力和发展后劲明显增强，乡村产业质量效益和竞争力进一步提高，农村基础设施和基本公共服务水平进一步提升，生态环境持续改善，美丽宜居乡村建设扎实推进，乡风文明建设取得显著进展，农村基层组织建设不断加强，农村低收入人口分类帮扶长效机制逐步完善，脱贫地区农民收入增速高于全国农民平均水平；到2035年，要实现脱贫地区经济实力显著增强，乡村振兴取得重大进展，农村低收入人口生活水平显著提高，城乡差距进一步缩小，在促进全体人民共同富裕上取得更为明显的实质性进展。

其次，从公共政策的发展上看，大多数公共政策都不是无中生有、凭空而来的，它们都是在原有公共政策及后果的基础上产生的。正是在这个意义上，查尔斯·林德布洛姆认为决策是渐进的，公共政策不过是政府活动的延伸。决策者通常是以现有的合法公共政策为主，在旧有的基础上对公共政策稍加修改。因为一项公共政策和以往的公共政策越不同，就越难预测其后果，因而也就越难获得一般人对这项公共政策的支持，其政策可行性就越低。

如果人们能够正确认识公共政策终结与公共政策稳定、公共政策发展的相互关系，就能有效地促进公共政策终结的进行，推动政府工作的发展。

第二节　政策周期

公共政策是一个运动的过程。从某项特定的政策来看，它总会经历一个从制定、执行、评估到终结的过程；而从整个公共政策体系来看，它又是一个旧的公共政策渐趋终结，新的公共政策不断产生，如此循环往复的周期过程。对于政策周期的研究，将有助于防止公共政策僵化，促进新的、充满活力的公共政策产生。

一、政策周期的内涵

政策周期的内涵是指：公共政策经过制定—执行—评估—终结这几个阶段后，形成了一个周期。当这个周期结束时，新的公共政策过程又开始了。新的公共政策常常是原有公共政策的延续，是为了适应新情况而对原有公共政策加以修改或调整，从而形成新旧公共政策的交替循环。

不同的政策周期的时间长度是不一样的。决定时间长度的因素很复杂，但主要和公共政策目标的大小远近、环境变化以及实施的难易相关。一般说来，公共政策目标越长远，环境情况变化越复杂，实施难度越大，政策周期就越长；反之，政策周期就越短。政策周期的长短还与具体公共政策的情况有关。一项错误的公共政策，人们自然希望它的周期短一些，尽快结束；一项经实践检验是正确的公共政策，人们则可能希望尽快用法律的形式将它固定下来，以便具有较强的稳定性。尽管政策周期有长有短，但是，一个完整的政策周期一般都包括政策制定阶段、政策执行阶段、政策评估阶段和政策终结阶段。

由于政策周期还意味着新旧公共政策的循环，因此，政策周期理论的研究还包括对新旧公共政策两者之间关系的研究。例如：旧公共政策成功或失败的原因是什么？导致失败或成功的具体因素有哪些？新公共政策应如何吸取旧公共政策提供的经验教训，使公共政策在新一轮的周期中不重蹈覆辙，以更好地解决社会问题？由于政策周期中的制定、执行、评估和终结都已成为公共政策过程中的独立研究对象，因此，对政策周期理论来说，新旧公共政策之间的关系才是研究的重点。对新旧公共政策更替中承上启下、周而复始、螺旋式上升现象的研究，可以促进公共政策效率的提高。这是因为，政策周期能反映出公共政策的效率：在相近的环境中运行周期相对短、公共政策目标率先实现的公共政策，其效益就相对高些；反之，公共政策的效率就相对低些。从这个意义上说，研究政策周期就是为了缩短政策周期，促进公共政策在相对较短的时间内实现其目标，同时也为新一轮周期的开始奠定一个良好的基础。

对于公共政策的生命周期，可以从三个方面来认识。[①] 一是把公共政策视为一个历史范畴和一种社会政治现象，其经历的产生、发展和消亡的过程，是与政治经济周期密切联系在一起的；二是公共政策过程具有周期性，它是一个经由制定、执行、评估、监控和终结等几个环节所形成的生命运动周期；三是公共政策的效力表现具有周期性，即在政策发挥作用时会经历一个增效期、低效期、减效期到无效期的运动过程。具体地说，就是从制定阶段开始，经历执行、评估阶段而到公共政策终结，这被视为一个政策生命周期。在政策生命周期的视野中，实际上所包含的是旧政策的终结和新政策的开始这样的涵义，其中，政策终结发挥了承上启下的作用。所以，政策终结并不是一种消极行为，而是具有积极意义的公共政策变迁和调整：既是前一个公共政策周期的终结，又是后一个公共政策周期的开始；既是一个公共政策周期的终点，又是一个新周期的起点。如果政策终结是一个自觉的过程，其积极性还会表现为主动地剔除上一个政策周期中过时的、消极的、无效的东西，吸取、借鉴上一个周期的教训和经验，保留上一个周期所取得的积极成果，并增添和融入新的元素与积极的因素，从而提高新的政策的科学合理性和政治合法性。所以在公共政策的终结中蕴含着一套期望、规则和行为发生更替的内容。一般说来，如果一项政策是针对具体的政策问题制定出来的，而且有着明确目标的话，在付诸实施的时候，在一开始会显得非常有效，但是在反复地被人们使用后，其效应便会呈现递减的状况，直至这种效应趋近于零，甚至会产生副作用。这一现象充分证明

---

① 张康之、范绍庆. 政策终结：政策过程中的重要环节 [J]. 福建行政学院学报, 2009 (2).

了政策的生命周期具有客观性的规律,在公共政策已经成为社会治理的基本工具的今天,我们需要自觉地认识和利用这一规律,根据政策在治理实践中的作用状况,在政策效力周期结束的时候及时地终结它,以防止它向负效力转化。

二、研究政策周期的意义

研究政策周期,既具有理论意义,又具有实践意义。具体地说,主要有以下几个方面的意义:

首先,政策周期研究是公共政策学研究的重要组成部分。研究政策周期,有助于建立完整的公共政策学学科理论体系。自公共政策学发展出现"趋后倾向"以来,对整个公共政策过程的研究日益受到重视。人们不再把公共政策学仅仅看成是改善政策制定系统的科学,而是认为它应该以整个公共政策过程为研究对象。这里所说的整个公共政策过程即是指一个完整的公共政策周期。目前,公共政策学不仅成为西方政治学中富有活力的新学科,而且也成为西方经济学的核心,当代西方经济学的各个流派无一不以提出一定的公共政策主张为理论研究的根本任务。美国麻省理工学院社会学教授拉纳(Daniel Lerner)在《从社会科学到政策科学》一文中,回溯了过去三个世纪公共政策课题的时代变迁与社会科学发展之间的相互联系后,甚至断言"公共政策切合性"构成了整个社会科学的核心。[1] 这是因为社会科学的一些学科,如政治学、经济学等的实现价值在很大程度上取决于它们的公共政策化程度,公共政策化是这些学科研究的直接归宿。换句话说,这

---

[1] [日]上沼正明. 政策科学的新观点 [J]. 刘绩生译. 国外社会科学, 1986 (7).

些学科的研究成果只有通过公共政策这个中介，才能转化为社会实践。自公共政策学进入中国以来，经过几十年的探索，我国的公共政策学研究已经取得了可喜的成绩，一些专著、译著陆续出版，一些高校也开设了公共政策学课程，甚至成立了公共政策学院。不少学者将国外的政策理论与中国实际相结合，在建立有中国特色的公共政策学科方面亦取得了显著的成就。但在已有的研究中，对政策周期的探讨还很欠缺，这使得我国的公共政策学学科体系尚不完整。注重研究政策周期，将填补我国公共政策学研究中的一个理论空白，进一步促进我国公共政策学的发展，形成有中国特色的公共政策理论，从而对我国的政策实践产生积极的推进作用。

其次，政策周期研究是提高公共政策决策科学性的需要。在现代社会中，政府对社会生活的管理主要是通过制定和实施公共政策来进行的。政策制定得科学与否，执行得有效与否，直接关系到社会的稳定与发展。政策周期研究有助于提高公共政策制定的科学性。这是因为，通过政策周期的研究，可以优化公共政策制定系统，促进公共政策决策的科学化，减少公共政策制定的失误，确保公共政策发挥应有的作用。改革开放以来，我国制定了一系列正确的公共政策，促进了我国的社会转型和经济发展。但也出现了一些失误，这些失误的原因主要是公共政策制定的程序化、科学化不足，对公共政策可能涉及的各方面和各种制约因素缺乏全面的分析和权衡，公共政策之间互不协调，互不配套。因此，加强对公共政策周期理论的研究，不仅有理论意义，还有现实意义。它有助于我们通过将公共政策制定进一步程序化和科学化，促进中国特色的公共政策制定体系的建立。

最后，政策周期研究有助于保持公共政策的连续性和稳定性。公共政策具有严肃性，因此每一项公共政策的制定和执行都要保持相对的连续性和稳定性。而公共政策的连续性和稳定性必须建立在对政策周期的研究之上。这是因为：（1）通过对政策周期的研究，公共政策制定者可以了解公共政策是否实现了预期的目标，公共政策执行是否产生了偏差，以及随着条件的变化，是否需要对公共政策进行调整。（2）通过对政策周期的研究，公共政策制定者可以根据原公共政策成功或失败的经验教训，使建立在原公共政策基础上的新公共政策在新一轮的周期中扬长避短，提高公共政策的功效。总之，如果没有对政策周期进行有效的研究，保持公共政策的连续性和稳定性就失去了依据。没有了依据，也就谈不上巩固和发展现行公共政策。

改革开放以来，我国公共政策领域中出现失误的原因固然是多方面的，但都与缺少对政策周期的研究有很大的关系。如公共政策朝令夕改，缺乏稳定性；一些公共政策之间互不配套，互相矛盾；前后公共政策之间缺乏连贯和衔接，"撞车"现象时有发生。如果对政策周期进行相应的研究和分析，这些失误很大程度上是可以避免的。

案例分析与练习

【案例分析材料】

材料来源于 2019 年甘肃公务员考试申论真题

材料 1

"合抱之木，生于毫末；九层之台，起于累土。"基层，是整个社会的"地基"。这个"地基"，幅员最广、人数最多，是社会的主体，也是时代的主流。基层干部，是党和国家工作的"基石"。他们奋战在改革发展的主战场、服务群众的最前沿，承担着基层社区、农村稳定和发展的任务，是党和国家路线、方针、政策的具体执行者，其素质能力的高低、作风的好坏，直接决定着基层政府执行力的强弱、办事效率的高低、干群关系的好坏，关系到全面建成小康社会的成败。习近平总书记高度重视基层干部队伍建设，他指出："在我们党的组织结构和国家政权结构中，县一级处在承上启下的关键环节，是发展经济、保障民生、维护稳定、促进国家长治久安的重要基础，也是干部干事创业、锻炼成长的基本功训练基地。""基层是一切工作的落脚点。我们的各项政策措施落实了没有，落实得好不好，基层群众最有实际感受。落实得好、落实得快，群众就拥护，落实得不好、落实得慢，群众就会有反映。"

材料 2

"这 5 户，是当年响应上级政策才搬迁来的移民。这个方案，你们把人家排除在外显然不行！"拿到 K 村的农村集体资产产权制度改革和"三变"改革试点工作实施方案，G 省 S 镇副镇长老姚一眼就看出了问题。

"三变"，是 G 省省委省政府在中央政策精神的指引下，在全省推行的农村"资源变资产、资金变股金、农民变股东"改革，主要目的是将农村的资产资源进行整合，增强集体经济实力，增加农民财产性收入。K 村是 S 镇 4 个试点村之一。这个村集体资产多，每年收入有 60 多万元。那钱怎么分呢？村民代表投票制定的"分红"方案，把 20 世纪移民至此的 5 户人家排除在外。"这肯定不符合政策，"老姚找到 K 村党支部书记老吴，"要一视同仁，除了明显不能享受分红的，都要给。"

这件小事，虽然不起眼，但很典型。"上面的政策千万条，作为基层干部一定要注意学懂弄通政策，只有这样才不会在工作中走弯路、出岔子甚至犯错误。"老姚说。担任副镇长之前，老姚一直在 S 镇下面的 Y 村做基层工作。"我干的第一件事，就是带领村民进行危房改造。"老姚说，拿着信用社的贷款，Y 村到 2009 年年底一共翻盖了 135 套房子。房子盖起来了，贷款怎么还？结合当时的土地确权工作，老姚有了想法。

S 镇土地面积大，人均五六亩地。Y 村按机井分地，一家 20 多亩地分散成十几块，多的甚至将近 20 块。地块分散，犁地、灌溉浪费时间、浪费劳力。"何不把土地集中起来？"老姚召集村民开会，现身说法，"我承包的农场，有 300 多亩地，浇地时水一开，流就是了，还能干其他活。"然而，田地有肥瘦之分，老百姓都觉得自己的地是宝贝。

不甘心的老姚继续做村民工作，摆事实、讲政策。终于，到了2010年年底,Y村把土地进行了重新分配和调整。土地集约之后,产业结构也进行了调整。2011年,Y村将全村土地流转给外地人种洋葱,一亩地1200块钱地租,还能帮人家打工。"一亩地需要8个工,一个工一天100块钱。老百姓流转出去一亩地,就能挣不少钱。"老姚说。2011年,老百姓收入就翻了一番,到2012年,修房的村民全部还清了贷款。

材料3

根据政策要求,A省H市各区从2018年开始,对辖区沿街商户实行市容和环境卫生责任区制度管理,加大对居民占用公共空间、流动摊点等的整治,每个社区还要配备一名正式的城管队员定人定责。政策要求合情合理,可到基层执行时却遇了难。

H市B区和平路街道茂林路社区党委书记老唐回忆,当时街道城管中队进行了多次治理,但收效甚微,"检查人员一来,他们就往回收,人走了就又出摊。执法本是为群众打造舒适环境,但往往不被理解"。

执法人员因为不被理解而感到委屈,居民对街道管理现状也不满意。上级的政策规定要执行,但不能机械化、僵硬化,对执行过程中出现的问题,需要及时调整施策,老唐想出了成立"城管群众议事会"的办法。通过居民投票、自我推荐,茂林路社区选出了10名热心社区工作的议事会成员,包括社区网格员、街道城管网格员、物业工作人员、经营户代表和社区居民,由过去的城管单方执法,转变为"众人的事众人商量"。

2018年3月,茂林路社区某商业街占道经营、餐饮油烟污染等问题严重,城管没有硬性执法,而是由"城管群众议事会"召开了商讨会，商量解决办法。环保治污的红线不可破，占道经营影响安居的行为要停止，这两个原则得到各方认可，最终形成了新的经营规范6项标准和整治方案，得到大家的拥护和执行。

截至目前，茂林路社区"城管群众议事会"共召开会议26次，参加居民585人次，受理具体问题191项，完成181个项目，取得了较好效果。H市决定在全市有条件的社区也推广设立，这个在基层落实政策过程中形成的创新做法走向了更广泛的区域。如今，"城管群众议事会"在H市的不少街道社区扎根、创新，一些街道推出了"升级版"——党群议事会，人员架构采取4+X的形式，4即党代表、党员代表、群众代表和社区民警，X即人大代表、政协委员、辖区和驻地单位负责人等，巡访问事、民主议事、合力干事、群众监事，逐渐形成了基层处理问题的成熟机制。

材料4

2018年12月，民政部、公安部、自然资源部、住房城乡建设部、交通运输部、国家市场监管总局联合印发《关于进一步清理整治不规范地名的通知》，对"大、洋、怪、重"等不规范地名的清理整治工作作出安排部署。为便于各地把握政策要求，通知还给出了不规范地名的认定原则和标准。摘录如下：

一、刻意夸大的"大地名"

1. 未经批准，随意使用"宇宙、中央、天下、世界、环球、欧洲、澳洲、美洲、中国、中华、全国、万国"等词语的地名。如：未经批准，某居民区命名为"宇宙城""中央首府""天下城""金科世界城""欧洲花园""澳洲阳光小区""万国城"等。

2. 未经批准，随意使用"特区、首府"等具有专属意义词语的地名。如：未经批准，某些不是特区的地区随意使用"特区"一词命名的居民区或建筑物，以求表达与众不同之意，让人产生歧义。

3. 通名层级混乱，刻意夸大地理实体功能的地名。如：未经批准，某些规模、体量较小且空间狭窄的居民区或建筑物称之为"广场"，给公众造成误导。

二、崇洋媚外的"洋地名"

1. 含有外国人名或其简称，容易造成误解的地名（历史上已经存在、具有纪念意义或反映中外人民友谊的地名除外）。如："林肯公寓""马可波罗大厦""哥伦布广场"等（"白求恩国际和平医院""列宁公园"等不属于此范围）。

2. 含有外国地名或其简称，容易造成误解的地名（地名用词含义符合汉语用词习惯、符合有关规定的除外）。如："曼哈顿社区""威尼斯花园""巴黎印象城""夏威夷小区"等（"西安凯旋门"等不属于此范围）。

3. 直接用外文命名的地名。如：某居民小区命名为"MOMOPARK""Villa 小区"等，群众不知如何称呼，也难以理解名称的含义。

4. 用外语词汉字译写形式命名的地名（经有关部门批准的除外）。如："帕提欧公馆"（帕提欧是 patio 的汉字译写形式）、"香榭丽舍小区"（香榭丽舍是 Champs-Elysées 的汉字译写形式）等（"希尔顿酒店""西门子公司"等不属于此范围）。

三、怪异难懂的"怪地名"

（一）用字不规范的地名

1. 纯粹用数字做专名且无特定含义的地名（经有关部门批准

的企事业单位名称及其派生地名、桥梁道路等名称除外)。如：未经批准，某居民区命名为"99大厦""1.1公寓""1201小区"等。

2. 未经批准，随意使用汉字与数字组合且无实际含义的地名。如：未经批准，某居民区命名为"加州1886""1加1大厦"等。

3. 未经批准，专名中使用"·""-"等非文字符号的地名。如：未经批准，某居民区命名为"中骏·世界城""M-3小区"。

(二) 含义怪诞离奇的地名

1. 含义不符合公众认知，故弄玄虚，难以理解的地名。如：未经批准，某居民区命名为"一瓶八斗""24克拉""8哩岛""蔚澜香醍"等。

2. 未经批准，随意使用具有特定含义的词语，容易产生歧义的地名。如：未经批准，某居民区命名为"公元99"，易使人理解为公元99年；"果岭100号院"易使人理解为该小区建在高尔夫球场上等。

3. 未经批准，随意使用拼音字母且无实际含义的地名(有特定含义且广为熟知的外文缩写词除外)。如：未经批准，某居民区命名为"DADA的草地""BOBO自由城"，难以理解(含义APEC、CBD、IT等缩写词的地名不属于此范围)。

(三) 含义低级庸俗的地名

含义不健康，有悖公序良俗的地名。如"黄泉路""土八路""哑巴路""杀人湾""癞疙宝大山"等。

(四) 带有浓重封建色彩的地名

未经批准，随意使用"皇帝、皇庭、御府、帝都、王府、相府"等古代帝王称谓以及历史上的官衔名、职位名等词语的地名(具有特定历史、宗教背景的除外)。如：未经批准，某居民区命名为"皇庭御景""皇家府邸""铂金御府"等。

四、重名同音的"重地名"

一个城镇内的居民区、建筑物和道路、街巷名称重名或同音。如：某城市内多处存在"建设路""人民路""公园路""解放路"等重名道路现象。

为积极贯彻落实民政部等六部门《关于进一步清理整治不规范地名的通知》要求，加强和规范地名管理，南方某市 W 区对辖区内"大、洋、怪、重"的不规范地名开展了清理整治工作并给予公示。但清理整治结果公示后，部分地名的整改引发了网友的热议。

【练习题】

1. 根据材料 2—3，归纳概括老姚、老唐等基层干部能落实好上级政策规定的主要原因。要求：全面、准确、简明，有条理，不超过 200 字。

2. 根据以上材料，对 W 区的不规范地名清理整治工作进行评析。要求：分析透彻，观点明确，350 字左右。

第九章　政策风格与政策悖论

大道至简。

——《老子·道德经》

大学之道，在明明德，在亲民，在止于至善。

——《大学》

公共政策总是呈现出一个动态的演变过程，政策如何变化发展的问题一直广受学界关注。政策风格与政策悖论正是以此为基本假设而提出的概念。政策风格是指在一定的制度环境中，公共政策及其制定过程所具备的客观特性以及从中显露出的政策活动者思维与行动的一贯性偏好，并且这种表征会在应对时代变迁、主体优化或是突发状况的过程中发生可以探察的改变。政策领域中悖论无处不在，悖论一方面会为政治生活创造有利因素，另一方面也会使公共政策陷入困境。决策者可以使用不同的方法去化解悖论冲突，疏导不同的价值观朝着公共利益的方向努力。

第一节 政策风格

一、政策风格概述

风格是指具有独特于其他人的表现、打扮、行事作风等行为和观念，通常用于个体层面。在史书典籍中，"风格"最早出现于晋代袁宏所著《后汉纪·桓帝纪上》中："膺风格秀整，高自标持，欲以天下风教是非为己任。"五代齐己《还黄平素秀才卷》一诗中云："如君好风格，自可继前贤。"南朝梁朝刘勰《文心雕龙·议对》中云："及陆机断议，亦有锋颖，而腴辞弗翦，颇累文骨，亦各有美，风格存焉。"宋朝司马光《虞部郎中李君墓志铭》中云："君喜为诗，有前人风格。"由以上可知，在古文中"风格"是形容与评判人的一项标准，它或意为风度、品格，或意为风采、气魄，是饱含褒扬语义之词。在英语中，风格对应的单词为"style"，通常指某种特点。

政策风格是指这样的一种状态——政策系统在政策过程的各个阶段形成某种特定的思维与行为习惯。政策风格能够反映出政府（政策系统）发现、分析与解决问题的偏好，体现着政府思维和行动逻辑。从微观主体认知、行为模式对风格的影响来看，政策活动者从来不是某种风格的被动支配者，其个性特征及其发现、分析与处理问题的习惯性方式不仅是我们识别政策风格的关键因素，并且这种特征和方式的优化也会给政策风格留下深刻印记。从风格稳定与变化的辩证关系考虑，政策风格也是在平衡与突破中保持着均衡，一般情况下，它会是一个渐进演化的过程，甚至让人难以察觉，但突发事件对于政策系统的冲击会加速或是打乱这个过程，使得政策风格发生显而易见的改变。①

对政策风格最著名的研究是《西欧政策风格》，作者理查森（Jeremy Richardson）等人将政策风格定义为："（1）政府解决问题的方式与（2）在政策过程中政府与其他行动主体之间的关系，两者间的交互作用。"② 作者认为，每个国家、政府、地区或公共部门往往因政策的连续性而形成不同的政策风格。例如，20 世纪英国的政策和过去一脉相传是十分明显的。这种既保守又要进取的状况，使英国政府具有了自我管制和灵活性的政策风格。而在法国，"由于历史上统治的软弱和不稳定性"③，法国的官僚制更符合韦伯的经典官僚制模式，这种官僚制政治具有常规化和非个人化、职位角色专业化、可预期性、专家治国的特性，这就使得法国形成了稳定的、缺乏创造力的、程式化的政策风格。解决问题的主要手段有两种——"前瞻式/主动式"以及"回应式"，与之相应，政府与社会之间的关系也可以类似地分为两种类型——"意见一致型"和"强迫接受型"（参见表 9-1）。

表 9-1　政策风格的一个早期模型

		解决问题的主要手段	
		前瞻式	回应式
政府与社会之间的关系	意见一致型	德国"理性主义意见的关系一致型"政策风格	英国"谈判式"政策风格

---

① 王丽丽. 风险社会境遇中的政策风格初论 [D]. 南京师范大学硕士学位论文，2012.
② [加] 迈克尔·豪利特, M. 拉米什. 公共政策研究：政策循环与政策子系统 [M]. 庞诗等译. 北京：生活·读书·新知三联书店，2006：322.
③ [美] 迈耶等. 比较政治学：变化世界中的国家和理论 [M]. 罗飞等译. 北京：华夏出版社，2001：195.

续表

		解决问题的主要手段	
		前瞻式	回应式
政府与社会之间的关系	强迫接受型	法国"协作式"政策风格	荷兰"谈判又斗争"政策风格

在《公共政策研究：政策循环与政策子系统》一书中，迈克尔·豪利特等人对政策风格进行了更为细致的研究（参见表9-2），提出影响政策风格的两个最重要的变量是：（1）相关的政策子系统的结构，包括观念的范围和其中的行动主体相互之间的关系，以及他们对公众支持的喜欢程度；（2）国家自主权，包括它的行政管理能力，以及它行使职能所受到的资源约束的性质。①

表9-2 政策风格的构成部分

政策循环阶段		共同构成政策风格的要素			
议程设定（见下面的模型）		发起者之外	发起者之内	统一的	动员式
政策规划	政策社群类型	支配式	强加式	无领导式	无政府主义式
政策规划	政策网络类型	官僚政治/共享的中央计划经济	客户型/夺取型	三方/社团主义	多元论者/问题
决策（决策风格）		累进式	满意型	最优化	理性化
政策执行（工具偏好）		市场为基础	管制/直接型	劝告式/补贴式	自调节/社团/家庭
政策评估（学习倾向性）		吸取教训式	正式评估	社会学习式	非正式评估

---

① ［加］迈克尔·豪利特、M.拉米什.公共政策研究：政策循环与政策子系统［M］.庞诗等译.北京：生活·读书·新知三联书店，2006：323.

除了具有主观与客观相结合、稳定与变化相结合等风格的一般特性外,政策风格还具有如下基本特征①:

首先,政治性。政策风格与政治生活密切相关。政策风格的主体是公共政策,是用来指导与规范政治生活的操作手册,它的形成与改变都处于整个政治框架当中。政策风格与诸如文学艺术风格等其他风格的不同之处正在于它描述的是某种政治状态或样貌。

其次,单一性与复杂性。政策风格在某一既定范围内是单一的总体倾向,然而公共政策纷繁复杂,可分为不同的层级和类别,参与的政策活动者也愈来愈呈多元化趋势。相应地,政策风格在不同级别、不同部门也会有差异,并会随着范围的缩小而愈加明确。历史上,个性鲜明的官吏所形成的风格多种多样。例如,《资治通鉴·卷第十七·汉纪九》记载,汲黯性情倨傲,缺少礼数,常当面使人难堪,不能容忍别人的过失。当时武帝正招揽文学之士和儒家学者,表达了很多要求,汲黯应声回答说:"陛下心中欲望太多,而表面上却做出施行仁义的样子,怎么可能效法唐尧虞舜那样的政治呢!"武帝沉默不语,生气起来,脸色很难看地宣布结束朝会,公卿大臣都替汲黯担忧。武帝退朝回到内宫,对左右侍从说:"汲黯的愚笨刚直也太过分了!"群臣中有人批评汲黯。汲黯说:"天子设立公卿等辅佐大臣,难道是让他们阿谀奉承,使君主陷入不仁不义吗?况且,我既然已经处在公卿的位置上,怎能只想顾全自身性命,而使朝廷蒙受耻辱呢?"汲黯病重时,庄助替

---

① 王丽丽.风险社会境遇中的政策风格初论 [D].南京师范大学硕士学位论文,2012.

他请假。武帝问:"汲黯这个人怎么样呢?"庄助说:"让汲黯任职当官,他的才能未必能超越常人;但要说到让他辅佐年幼的君主,他会坚定不移地维护祖先基业,有人以利禄引诱他,他不会前去投靠,君主言辞苛责地驱赶他,他也不会离去,即使像孟贲、夏育那样的人,也不能动摇他的意志!"武帝说:"说得对。古时有所谓的社稷之臣,说到汲黯,就很接近了!"《资治通鉴·卷第十九·汉纪十一》又记载,汉武帝延揽士子文人,常常怕人才不够用;但他性情严厉刻薄,即使是平日所宠信的群臣,偶然犯点小错,或者发现有欺瞒行为,也立即根据法律将其处死,从不宽恕。汲黯为此劝说道:"陛下求贤那么劳累,但还未发挥他的才干,就已把他杀了。以有限的士子文人,供陛下无限的诛杀,我恐怕天下的贤才将要丧尽,陛下和谁一同治理国家呢?"汲黯说这番话时非常愤怒,汉武帝笑着解释说:"无论什么时候,都不会没有人才,只怕人才不能被发现罢了。如果善于发现,何必怕无人!所谓'人才',就如同有用的器物,有才干而不肯充分施展,与没有才干一样,不杀他还等什么!"汲黯道:"我虽无法用言语说服陛下,但心里仍觉得陛下说得不对,希望陛下从今以后能够改正,不要认为我愚昧而不懂道理。"汉武帝转身对周围众臣说:"汲黯自称阿谀奉承,当然不是,但说他自己愚昧,那不是很恰当吗!"

最后,政策风格的影响重大而深刻。由于政治是具有强制力的上层建筑,任何决定都可能对整个社会秩序产生广泛而深远的影响,所以当形成相对固定的决策者、决策权、决策程序与原则时,社会的总体秩序就会产生某种程度的依赖,这种影响力是其他风格无法比拟的。

现实中的政策风格是纷繁复杂、多种多样的,因部门、层级、地域甚至某些特殊个人而异,根据以上对政策风格结构的论述,可以将之进行分类。① 具体如表9-3所示:

表9-3 政策风格的类型与其构成要素

政策价值	政策制定过程					政策风格
	议程设定	政策规划		政策合法化	工具选择	
		行动主体	互动关系			
危机观	封闭	政治官僚	命令支配—服从	行政机关委员会	集权的政治经济体制	官僚权威型
理性观	动员、外生	官僚、权威专家	命令宣传—服从	行政机关首长	双轨(体制内外)	专家影响型
渐进观	内生、外生、动员	三方团体	规则对话—协作	行政、立法机关	双轨(体制内外)	利益妥协型
社会观	外生	多元主体	规则协商—合作	行政、立法机关	求体制外自调节	多元合作型

二、新中国70年政策风格的演变

(一)1949—1978年:政治导向——官僚权威

新中国成立之初,中国共产党作为国家的领导核心,实施的是高度集权的政治经济体制,公共政策呈现出单纯的单向度的输出—接受、命令—服从的关系。用毛泽东的话概括就是"大权独揽,小权分散。党委决定,各方去办"②。该阶段的政策风格主要

---

① 王丽丽. 风险社会境遇中的政策风格初论[D]. 南京师范大学硕士学位论文, 2012.
② 中共中央文献研究室. 毛泽东文集(第七卷)[M]. 北京: 人民出版社, 1999: 355.

表现为"关门模式"和"动员模式"两种模式。①

关门模式里，没有公众议程的位置。议程的提出者是决策者自身，他们在决定议事日程时没有或者认为没必要争取大众的支持。在传统社会里，一般老百姓没有什么政治参与意识，决策者多采用关门模式设置议程。

动员模式里的议程也是由决策者提出的。与关门模式不同的是，在动员模式里，确定一项议程后，决策者会千方百计地引起民众对该议程的兴趣，争取他们对该议程的支持。也就是说，先有政策议程，后有公众议程。

在什么样的情况下，决策者会放弃关门模式而采取动员模式呢？首先，广大民众具有了强烈的参与意识，关门模式的正当性遭到普遍的质疑。其次，所涉及的议程在执行过程中需要得到民众普遍、自觉的合作。最后，决策者缺乏实施该议程所必需的资源。新中国成立初期，几乎每一次重大的、战略性的议程设置都采取了这种模式。动员模式一般包括四个阶段：第一阶段是"运动开始，发出文件"。文件既可采取中共中央、国务院文件的形式，也可采取《人民日报》社论、评论员文章的形式，甚至还可采取"毛主席最新指示"的形式。第二阶段是"层层传达，普遍宣传"。传达往往是先党内、后党外，先干部、后群众，要求做到家喻户晓、人人皆知。需要强调速度时，则要求传达不过夜。第三阶段是"认真学习，深刻领会"。学习是指学习文件、社论、辅导材料等，其目的是让大众吃透中央精神，包括为什么要提出新议程、什么是新议程的"精神实质"，以及落实新议程

---

① 王绍光．中国公共政策议程设置的模式［J］．开放时代，2008（2）．

的步骤、方法等。第四阶段是"抓住典型,以点带面"。典型既可以是正面典型,也可以是反面典型。典型的意义在于用实例向广大群众展示新议程的必要性、可行性和优越性。通过以上几个阶段的工作,动员模式希望能统一思想、达成共识,从而达到贯彻落实新议程的目的。

在这一时期,我国的政策价值理念与政策制定过程无不渗透和体现着马克斯·韦伯所提出的克里斯马型领袖的超凡魅力。以毛泽东为核心的领导集体创下的军事神话以及建立新中国的丰功伟绩,使其成为全民的偶像。在领袖崇拜与国家主导之下,这一时期的政策风格明确、易识别,表现为:政策制定过程中的思维偏好单一——一切"向上看",行动模式单一——一切"服从命令",整体上呈现自上而下、以官僚权威为核心的特点。这样的政策风格符合当时的历史环境和客观条件,有利于迅速有效地解决历史遗留问题,尽快恢复社会整体秩序,但也产生了诸如问题发现不及时、政策目标不合实际、经验决策科学性不足、缺乏监督、权力垄断、滋生腐败等弊端,从而造成了部分政策的失败。

(二) 1978—1992 年:经济导向——专家治国

1978 年,随着对真理标准问题的讨论,邓小平指出要"解放思想,开动脑筋,实事求是,团结一致向前看",确定了"对内搞活、对外开放"的基本方略,中国迎来了历史性的转折。以党的十一届三中全会为契机,邓小平通过渐进而有效地推进经济体制的改革,逐步地确立了社会主义市场经济体制,改革开放语境下的政策风格发生了一系列转变,在价值理念方面由迷信官僚权威转为对专业的知识技术和理性设计的推崇。该阶段的政策风格主要表现为"内参模式"。

在内参模式下，议程不是由决策者提出的，而是由接近权力核心的政府智囊们提出的。形形色色的智囊通过各种渠道向决策者提出建议，希望自己的建议能被列入决策议程。他们往往不会努力争取民众的支持，而更看重决策者的赏识；他们有时甚至不希望所讨论的问题变成公众议程，因为担心自己的议案可能招致民众的反对，最终导致决策者的否决。在这个模式里，没有民众与决策者的互动，只有智囊们与决策者的互动。

邓小平放眼世界发展潮流，立足中国科技与教育落后的现实，提出现代化建设必须紧紧依靠科技和教育，实现现代化的关键是科学技术，而基础在于教育。在科技方面，邓小平指出："我们已经承认自然科学比外国落后了，现在也应该承认社会科学的研究工作（就可比的方面说）比外国落后了。""我们的思想理论工作者必须下定决心，急起直追，一定要深入专业，深入实际，调查研究，知彼知己，力戒空谈。四个现代化靠空谈是化不出来的。"① 在邓小平的直接关注和支持下，改革开放后我国不仅在经济领域，而且在自然科学、哲学和社会科学领域取得了前所未有的成果。邓小平追求实效的务实精神集中体现在他提出的"生产力标准"和"三个有利于"标准上。在邓小平看来，判断工作是好是坏以及方针政策是否正确，不能仅仅停留在理论的表述上，而应看它产生的实际效果，看它给社会、给国家、给人民群众带来了哪些实际的利益。1986年3月3日，我国科学家王大珩、王淦昌、杨嘉墀、陈芳允等人致信邓小平、胡耀邦，就跟踪研究外国战略性高技术发展提出若干建议。邓小平于5日阅

---

① 邓小平. 邓小平文选（第2卷）[M]. 北京：人民出版社，1989：181.

后批示"这个建议十分重要",并提议请有关领导同志主持,"找些专家和有关负责同志讨论,提出意见,以凭决策。此事宜速作决断,不可拖延"①。据此,国家科委邀请部分科学家进行座谈。座谈中,与会者对选择高技术项目是以发展国民经济为主还是以增强军事实力为主,产生了不同意见。4月6日,邓小平阅读了关于座谈情况的来信,并做出批示:"我赞成'军民结合,以民为主'的方针。"② 11月,中共中央、国务院批准了《高技术研究发展计划纲要》,这就是在我国当代科技发展史上产生过重大影响的"863"计划。

在教育方面,邓小平提出了"教育要面向现代化,面向世界,面向未来",为我国教育的改革和发展指明了方向;同时提出要打碎套在知识分子头上的枷锁,并千方百计地创造条件以解除知识分子的后顾之忧,创造"尊重知识,尊重人才"的社会氛围。1985年11月初,国家教委所属36所大学校长反映,国家对教育基建的投资远远不能满足教育事业的发展需要,邓小平阅信后批示:"再穷,也要照顾科教经费。"③ 这个批示,后来在社会上演变成两句话:再穷不能穷教育,再苦不能苦孩子。

这一时期政策价值理念与政策制定过程在市场经济的背景下受到科学思潮与理性主义的深刻影响,重视标准的程序和现代化的技术,因而作为社会精英参与政策制定过程的专家(集体)成为尊重知识的象征,他们所奉行的理性的思维方式与行事风格也在政策过程中留下深深的烙印。

---

① 邓小平决策启动"863"计划[N]. 广安日报. 2017-03-07.
② 邓小平决策启动"863"计划[N]. 广安日报. 2017-03-07.
③ 尹韵公. 从批阅"内参"看邓小平如何治国理政[J]. 党的文献, 2012(11).

(三) 1992—2012 年：政经混合——利益妥协

从 1992 年到 2012 年这段时间，政策价值理念与政策制定过程发生了巨大的转变，科技创新与普及、社会经济腾飞、市场体制日趋完备、市场规则深入人心以及政府职能转变，这一切不仅导致了社会利益关系的全面变革，也使政府更为强调听取社会公众的声音，并将这些声音纳入政策方案的形成和政策意图的理解之中。该阶段的政策风格主要表现为"外压模式"。

根据王绍光的观点，只有在初始阶段，外压模式里的议题倡导者是可以确定的。随着议题影响力的扩大、议题支持者的增加，谁是倡导者越来越难分辨，他们的身份已越来越模糊。外压模式产生作用的前提是少数人关心的议题变成了相当多人关切的公共议程，否则压力便无从产生。由于在经济发展过程中不惜一切代价追求高 GDP 增长率带来一系列严重的问题，到 20 世纪 90 年代末，有些问题已变得触目惊心，包括环境问题突出、贫富悬殊（地区差距、城乡差距、居民收入差距）、经济与社会安全问题突出（大规模下岗失业、就学难、就医难、各类事故频发）等。人们切实体会到经济增长不等于社会进步。与此同时，社会分化程度越来越高。甚至不少社会精英认为中国的改革已经到了改弦更张、强调经济社会协调发展的时候了！这就是这一时期中国政府面临的社会压力所在。

随着个体意识的觉醒，政策风格不再以"理性"和"专家意见"为尊，体现出了政经混合的特点，较难识别。总的来看，政策制定的思维偏好不再"唯理"，出现了"唯利"的倾向，人们的思维普遍受觉醒的个人利益意识的引导，政策制定的行为模式打破了理性程序的条条框框，形成了更为活跃的多方互动。

(四) 2012 年至今：党的全面领导

迈入新发展阶段，党的全面领导成为中国特色、中国风格、中国气派公共政策的出发点和落脚点。党的十八大以来，习近平总书记多次强调，"党是领导一切的，是最高的政治领导力量"。在党的十九大报告中，习近平总书记指出"坚持和加强党的全面领导"，强调"党政军民学，东西南北中，党是领导一切的"。党的二十大报告则指出，"坚持党的全面领导是坚持和发展中国特色社会主义的必由之路"。

习近平总书记在论述全面深化改革的五个辩证关系时指出："要弄清楚整体政策安排与某一具体政策的关系、系统政策链条与某一政策环节的关系、政策顶层设计与政策分层对接的关系、政策统一性与政策差异性的关系、长期性政策与阶段性政策的关系。"① 在政策实践中，全党制定执行大政方针，要从党的政治路线出发；部署推进党和国家事业发展重大战略、重大任务、重大工作，要紧紧围绕党的政治路线来进行；各地区、各部门确定工作思路、工作部署、政策措施，要自觉同党的政治路线对标对表，及时校准偏差。

总之，从制度逻辑上看，党的全面领导延续了党的组织传统，体现了归口管理体制和民主集中制的有效结合。从组织效能上看，党的全面领导提高了执政党对于国家事务与经济社会事务的治理能力，在优化资源配置、协调部门联动、解决重大问题上展现出高超的执政水准。党的全面领导推动了国家治理体系和治理能力的进一步提升。

---

① 习近平. 习近平谈治国理政 [M]. 北京：外文出版社，2014：106.

第二节 政策悖论

公共政策领域处处存在着矛盾和悖论,其中政策目标之间、政策手段之间、政策目标和手段之间、政策目标和结果之间、政策手段和结果之间等的悖论关系非常普遍。更深层次的是制度与人性关怀之间的悖论,具体表现在它们之间的普适性和具体性、稳定性和灵活性、强制性和自由性、理性和感性。可以说,政策悖论总是在减少不确定性和探寻灵活性的过程中形成的。由于制度和人性关怀两者自身固有的性质、特点存在很大差异,因而在公共政策领域经常导致冲突。

一、政策悖论的内涵

政策悖论作为人们日常生活中的普遍现象,存在于政策过程的各个环节中。自政策科学诞生以来,理性分析在公共政策研究领域一直占据着主导性地位。德博拉·斯通(Deborah Stone)的《政策悖论》打破了以往的理性分析,他从政治角度对公共政策进行了研究,指出无论是设定政策目标,还是界定政策问题,抑或是判定解决方案,都要受到政治的影响。[①] 实际上,在各个政策领域,无论是方法还是结论,均不会是单向而没有异议的。相反,公共政策领域处处存在着矛盾和悖论,反映在政策制定与执行诸环节中,公共政策偏离了原来的问题、目标、准则或旨意的事例可谓比比皆是。

---

① [美]德博拉·斯通. 政策悖论:政治决策中的艺术[M]. 顾建光译. 北京:中国人民大学出版社,2006:前言.

政策悖论的内容既可以指在政策领域、政策目标之间和政策手段之间产生的矛盾状况，也可以指政策目标、手段与结果之间的相互背离。

（一）政策目标之间的悖论

政策的制定和选择是带有人的价值观和偏好的。在价值观和偏好中，公平和效率恐怕是最为突出的一对矛盾。公平是从属于价值理性范畴的概念，效率则被定位于工具理性的界限之内，两者作为公共政策的两种不同的价值目标和偏好，一直是学术界讨论的热点问题之一。国内外大多数学者在此问题上都承认，作为两种不同的政策价值观念，公平与效率有相互矛盾的一面。因而，效率与公平之间的广义冲突直接形成政策目标之间的悖论，从而造成政策认同危机。

（二）政策手段之间的悖论

政策手段主要包括行政手段、法律手段、经济手段和教育手段。一般认为，行政手段和法律手段直接作用于被管理对象的意志和行为，而经济手段和教育手段则间接地作用于被管理对象的意志和行为。行政手段具有直接、快速和强制性的特点；法律手段具有相对的稳定性和明确的规定性；经济手段具有关联性、指导性和间接性的特点；教育手段具有诱导性的特点。原本政策手段之间可以互相取长补短，相得益彰；然而事实上，政策手段之间特点的不同，同样会对政策本身以及政策相对人造成不同的影响。

（三）政策目标和手段之间的悖论

"上有政策，下有对策"是对政策目标和手段之间悖论的一种形象描述，其原因既在于政策主体之间存在利益博弈，也在于政策目标和手段之间本身存在不和谐。前一种原因的情况很复杂，需要具体问题具体分析，不能武断地一概否定。比如政策执行中中央与地方、上级与下级的利益博弈，常常导致执行主体利用政策手段曲解政策目标，从而形成悖论。后一种原因主要是指政策目标与政策手段之间在性质和特点上存在差异，比如本应该以法律、经济和教育手段为主，辅以行政手段实施的计划生育政策和房屋拆迁政策，却一贯以行政手段为主要方式，造成了政府与公民之间长期的紧张关系。

（四）政策目标和结果之间的悖论

"虽然人们经常说公共政策反映'人民'的要求，但这可能只是美国民主的神话，而不是现实。"[①] 其他国家亦是如此，这种情况可以概括为"政策失败"。一项具有良好目标的政策，未必能够产生良好的结果，有时会事与愿违。比如收容遣送制度，最初是用来对涌入城市的无业人员（盲流）和灾民进行收容救济，带有福利性质的政策，却演变成一种带有惩罚性的强制措施，产生侵犯被收容人员人身权、隐私权的不良结果。2003年的"孙志刚案件"就是该政策目标和结果之间悖论的最典型例子。

（五）政策手段和结果之间的悖论

政策手段仅是达到政策结果的工具，然而现实中，不同的政策手段可能导致不同的政策结果。一些本应该以说服教育为主的政策，却动辄挥舞行政或法律的大棒，引起政策相对人的反感和

---

① ［美］道格拉斯·C. 诺斯. 制度、制度变迁与经济绩效［M］. 刘守英译. 上海：上海三联书店，1994：19.

厌恶；一些必须通过法律强制或行政制止才能达到良好效果的政策，如食品安全政策，却经常只是隔靴搔痒地通过经济调控、行政罚款来实施，最终只能是"治标不治本"。再如，近几年政府审计部门的"审计风暴"审查出中央和地方部门挪用公款现象非常严重，却年年"审计疲劳"，改进欠佳。从政策分析来看，对于这种现象，必须采取法律手段才能达到政策效果（我国刑法明确规定，挪用公款是要承担法律责任的），有关部门却仅仅用通报批评、教育这种无关痛痒的方式来处理，难怪一些民众逐渐对审计失去信心。

二、制度与人性关怀悖论：公共政策领域最广义上的冲突

作为一系列影响人类行为的规则和规范的制度，诺斯认为："它们是决定人们的相互关系的系列约束。制度是由非正式约束（道德的约束、禁忌、习惯、传统和行为准则）和正式的法规（宪法、法令、产权）组成的。"① 同时，"制度是人类相互交往的规则。它抑制着可能出现的、机会主义的和乖僻的个人行为，使人们的行为更可预见并由此促进着劳动分工和财富创造"，然而，由于"公共政策——在追求某些目标上对政治手段的系统应用——通常是在既定的制度约束中展开的，但它也可以靠努力改变制度的方式来实施。制度变革既可以通过明确的直接方式来实现，也可以表现为公共政策行动的一种副效应"。② 所以，公共政策与制

---

① ［美］道格拉斯·C. 诺斯. 制度、制度变迁与经济绩效［M］. 刘守英译. 上海：上海三联书店，1994：3.
② ［德］柯武刚、史漫飞. 制度经济学：社会秩序与公共政策［M］. 韩朝华译. 北京：商务印书馆，2000：35、38.

度之间的互动备受关注。人性关怀是对人类生存境遇的关注,是对人的尊严和价值的肯定,是对人的自由、解放的追求。20世纪90年代以来,由于治理与善治理论异军突起,公共政策的人性关怀意义与价值成为各国政府政策理论研究和改革实验的主流。原本意义上的制度是个工具范畴,是协调人与人关系的手段或工具;人性关怀是个价值范畴,反映的是主观判断和人文精神的永恒追问。实际上,由于制度和人性关怀两者自身固有的性质、特点存在很大差异,因而在公共政策领域经常导致冲突,成为政策悖论中最醒目的一幕。

(一)制度的普适性与人性关怀的具体性共同构成了公共政策悖论

无论是作为制度的公共政策,还是作为公共政策的制度,其形成都经历了漫长的演变过程。正是由于制度是人类行为长期选择的结果,而更直接地体现为"一种关于人的社会秩序"[1],所以这种普适性构成制度的内在特性。然而,虽然人性关怀是一种普遍性的价值观,但它绝非抽象意义上的价值原则。不同社会阶层的人性发展要求是不同的,在涉及每一个政策对象时,这种人性关怀则有了具体性。在公共政策执行过程中,制度经常涉及具体的人性关怀,并往往与普适性的制度发生冲突。无论是收容遣送制度,还是房屋拆迁制度,都已经证明制度的普适性与人性关怀的具体性之间并非自然而然就能够和谐共处。一旦制度的普适性与人性关怀的具体性构成冲突,政策执行者通常都只是强调其制度的普适性,有意无意地忽略

---

[1] 顾自安. 制度发生学探源:制度是如何形成的 [J]. 当代经济管理,2006 (8).

政策对象的人性关怀。此种悖论通常显示出制度本身出现了问题。虽然政策执行者的上述行为会加剧政策悖论,然而真正需要做的是对制度本身进行反思。

(二)制度的稳定性和人性关怀的灵活性共同构成了公共政策悖论

新制度主义认为制度的稳定性源自"路径依赖",即制度把相关行动者特别是关键行动者锁定在其路径内,在短时期内无法获得制度变迁的资源与动力。人性关怀由于其价值的普遍性,在人性关怀的内容和方式上便具有了灵活性。中国社会正处于急剧转型中,人们的实践活动和人性发展变动较快,然而建立在人们的实践活动和交往关系基础上的制度却具有相对稳定性。稳定性走向极端就是僵化,制度僵化就会造成政策执行的机械化,就必然要限制人们的行为和人性的发展。当现实制度不再适合人性发展要求时,具备稳定性的制度与非常灵活的人性关怀之间的矛盾便凸显出来。此种情况下,政策执行者会更多地弃人性关怀而维护制度。其原因一方面是弃人性关怀承担的仅仅是道德谴责,而弃制度则可能承担相应的法律或行政责任,孰轻孰重已见分晓。所以即使政策执行者感受到制度的不公,但害怕反抗带来更大的利益损失,故习惯性地接受、沉默并继续制造不公。另一方面是选择对个体的人性关怀所得到的一般是诸如赞美、感谢之类的精神满足,而选择维护制度所得到的却不仅可能有领导赞扬、同事认同等精神满足,而且更有可能得到职位升迁、奖金鼓励等实质性的物质满足。基于效用最大化的考量,体制内的政策执行者的选择便一目了然。制度的稳定性无可厚非,然而一旦与人性关怀发生矛盾，人们必然要求变革社会制度以更多地满足自身的需要和发展。这时本应该变革旧的制度，构建新的制度，以促进人性关怀和人性发展，然而实际上，社会成本并不是政策制定者进行制度变迁的唯一原因，甚至不是主要原因，政治成本或经济成本才是是否终结该项政策的主要判断依据。

（三）制度的强制性和人性关怀的自由性共同构成了公共政策悖论

制度的一个重要特征是强制性和约束性，而人性关怀更多地强调人的自由性，两者之间既可以相安无事，亦能够产生激烈的矛盾。政治学家通常认为，为了不在战争状态中毁灭，人们相互同意订立一种强制性契约，从自然状态过渡到社会状态即国家状态。思想家亚当·弗格森（Adam Ferguson）也认为："自由，并不像这个名称本来的含义可能显示的那样，是指摆脱了一切限制，而是指使一切公正的限制最有效地适用于自由社会的全体成员，不管他们是权贵还是平民。"[①] 或许可以这样认为，自由就是在制度约束下选择的最大化。

然而实际上，这可能仅仅是理论家们的一厢情愿。政府通过公共政策这一载体，运用强制性权力干涉人们的私人生活，这种状况如果是不可预见的和不可避免的，就会导致最大的妨碍和侵害。在我国，更具有对王权的顶礼膜拜以及对集权保持根深蒂固的信奉和崇拜的长期传统。不言而喻，专制所衍生出来的命令—服从思想与契约精神所衍生出来的平等自由思想天然地存在矛盾。在西方，政府总是被看成一种"恶"，一种不得已而为之的组织模

---

① 董德利. 强化市场型政府研究评析 [J]. 现代经济探讨，2007（8）.

式；在我国，政府却被认为是最值得人民信任的组织。

（四）制度的理性与人性关怀的感性共同构成了公共政策悖论

在现代国家的建构过程中，国家通常被认为既是理性的行动者，又是制度综合体。因此，制度的成长主要体现为理性化的沿袭。制度的理性化既可以简化为仅仅将成本—收益作为其行为的首要原则，也可以被认为是指公共选择理论所称的"效用最大化"。然而，由于制度理性所具有的稳定性和强制性，把握不当则极易陷入集权主义、专制主义、保守主义的窠臼，并造成制度理性自身内在的紧张和矛盾。人的价值与行为是表现在制度理性之中的，因而理性制度在一定程度上也会造成对人性关怀的内在紧张。人性关怀的感性是因直接接触具体事件而产生的对事件或人具体形象的认识，因此往往具有直接性、具体性以及情绪化的特点。人性关怀的感性在公共政策中通常是一种油然而生的人性本能诉求，当制度的理性与人性关怀的感性发生冲突时，不能简单地认为感性一般只解决现象问题，理性才解决本质问题，而需要认真反思和检讨制度的理性为何与人性关怀的感性发生冲突。

三、将公共政策中的人性关怀置于应有的位置

制度与人性关怀之间的冲突是公共政策中最广泛的冲突。第一，制度与人性关怀可以构成政策目标的悖论。政策制定者及执行者既可以将作为制度的公共政策的理性和效率当成目标首选，也可以将公共政策中的人性关怀或"以人为本"置于最高目标之位。不同的价值偏好和行为选择构成截然不同的政策结果。第二，制度与人性关怀可以构成政策手段的悖论。比如，偏向制度理性

的易采用行政手段和法律手段，偏向人性关怀感性的则易施行经济手段和教育手段。第三，制度与人性关怀可以构成政策目标和手段之间的悖论。本应选择行政手段和法律手段，制度理性偏爱者却采取经济手段和教育手段，或本应选择经济手段和教育手段，人性关怀偏爱者却采取行政手段和法律手段，从而构成政策目标和手段之间的重重悖论。第四，制度与人性关怀可以构成政策目标和结果之间的悖论。不言而喻，不同价值偏好的人，其行为选择会大为迥异，所以政策目标和结果经常出现偏差。第五，制度与人性关怀可以构成政策手段和结果的悖论。正如前所述，具有不同价值偏好的人，对政策手段的偏好亦有不同，这最后就会导致不同的政策结果。

公共政策中的制度特性与人性关怀的表征之间的紧张关系已经引起了人文学者和社会学者的关注与担忧。即使制度可能是重要的，但它们不能单独地发挥作用。好的制度当然是重要的，然而坏的制度即使在有利的环境中也会敲响发展的丧钟。著名的全球发展问题专家杰弗里·D.萨克斯（Jeffrey D. Sachs）甚至认为："制度的性质对于经济发展具有重要影响，但并非决定发展的首要因素。"① 我们不能想象一个没有制度的社会，因为那将回到霍布斯所描述的自然状态下"人对人是狼"的情形。同样，我们更难以想象在公共政策领域出现没有人性关怀的制度，因为那将导致在社会状态下"人对人是狼"的恶果。正如美国学者德博拉·斯通在《政策悖论》一书结尾所说的："当你迷失方向

---

① ［美］杰弗里·D.萨克斯. 制度不是发展的首要因素［J］. 何百华译. 国外社会科学文摘，2004（5）.

的时候,你可以回到目标上去。一再地自问,你想要达到的目标是什么,以及为什么你认为它是正确的。"① 因此,有必要充分检讨现实生活中的公共政策,将人性关怀放在原本应该置于的位置。

《庄子·秋水》有一个著名的故事:在河流涨水期,水流浩大,河伯为河流的壮阔而欣然自喜,但当他顺着河流往东走,来到海边,面对浩瀚无边的大海时,则自惭形秽。海神于是这样开导他:"井蛙不可以语于海者,拘于虚也;夏虫不可以语于冰者,笃于时也;曲士不可以语于道者,束于教也。"意思是说,对于井底之蛙,无法和它谈论大海,因为它被生存的地域限制住了;对于夏天的虫子,无法和它谈论冰雪,因为它被生存的时间限制住了;对于固执己见的人,无法同他谈论大道,因为他被自己所接受的教育限制住了。庄子敞开自我,面对天地自然,充分意识到人类面对的空间、时间和文化的局限,并表达了对这三种局限的突破意向,由此达到一个更为高远和宽广的境界。这对于着眼于解决公共问题、实现公共利益目标的公共政策而言,具有非常大的启示意义。

---

① [美]德博拉·斯通. 政策悖论:政治决策中的艺术 [M]. 顾建光译. 北京:中国人民大学出版社,2006:402.

案例分析与练习

【案例分析材料】

材料来源于2021北京公务员考试申论真题

材料1

近年来,随着法治国家建设进程的推进,法律规范愈来愈多地被用于精神文明建设领域,成为推动核心价值观建设、促进社会文明行为的重要手段。

2020年6月1日,《北京市文明行为促进条例》正式施行,明确了各个领域的不文明行为以及值得倡导的文明行为。该条例是对以往相关法律规章的梳理、总括和深化。在此之前,已有《北京市市容环境卫生条例》《北京市控制吸烟条例》《北京市物业管理条例》《北京市环境噪声污染防治办法》等地方法规规章,对促进各个领域的文明进步作出了相应的规定。如2013年1月1日,《北京市公园条例》施行,其中特别对影响园容和游览秩序的行为作出了明确的处罚规定。2016年9月19日,《北京市旅游不文明行为记录管理暂行办法》出台,意在提升人们文明出游的意识。此外,全国各地如贵州省、天津市,以及深圳、太原、杭州等24个城市,也先后制定出台了地方文明行为促进条例,沈阳、南昌等16个城市也在积极启动文明行为立法进程。

这些地方立法明确了不文明行为的主要类型和处罚办法。《北京市文明行为促进条例》明确了重点治理六大领域不文明行为,包括遛犬不牵引,犬便不清理;采挖景区植物,攀折花木,损坏草坪、树木；拨打骚扰电话，发送骚扰短信等。《郑州市文明行为促进条例》明确规定，随地吐痰、便溺，现场拒不整改的，将被处以50元的罚款。

各地的立法也加大了对文明行为的鼓励力度。《昆明市文明行为促进条例》鼓励用人单位在签订劳动合同时，同等条件下优先聘用道德模范、身边好人、文明市民、见义勇为人员、优秀志愿者等先进人物。《天津市促进精神文明建设条例》规定，对于获得国家或者市级精神文明表彰的人员，市、区人民政府应当将其纳入政府公共就业服务范围，对符合就业困难条件的优先纳入就业援助；对申请在本市落户的，予以加分奖励；鼓励用人单位在招聘招录时，同等条件下优先聘用录用获得精神文明表彰的人员。

各地还多策并举，努力创造更好的文明氛围。《无锡市文明行为促进条例》明确提出，鼓励和支持国家机关、企业事业单位和社会组织利用本单位场所、设施设立学雷锋志愿服务站、爱心服务点，为环卫工人和其他需要帮助的人员提供饮水、加热饭菜、遮风避雨等便利服务。《滨州市文明行为促进条例》规定，大众传播媒介应当按规定刊播公益广告。户外广告牌、电子广告屏、地名牌、公交候车亭、建筑围挡等社会媒介设置公益广告总量占比不低于广告数量的30%。鼓励、支持、引导单位和个人以提供资金、技术、劳动力、智力成果、媒介资源等方式参与文明宣传。《太原市文明行为促进条例》规定，机场、车站、医院、大型商场等公共场所应当配备独立母婴室；女职工集中的国家机关、企业事业单位可以按照有关规定配备独立的母婴室。道路广场、公园绿地、商业经营场所、文化娱乐活动场所、体育活动场所、医院、住宅小区等公共场所，应当按照规定的标准配套建设公共厕所并保持开放。

材料 2

《北京市文明行为促进条例》（以下简称《条例》）实施以后，为便于公众的理解，记者对一些专家进行了专访。以下是部分内容。

问题 1：《条例》在罚则规定方面有什么特点？

答：《条例》分三个方面构建法律责任体系。首先，《条例》做到了和其他相关法律法规的罚则有序衔接。比如，《北京市市容环境卫生条例》《北京市养犬管理规定》《北京市道路交通管理规定》等单行立法已经有的罚则，《条例》就不作重复规定。其次，对于现行法律法规没有规定的一些不文明行为，比如，共享单车乱停乱放等，《条例》就规定了具体的罚则。

此外，对于拒不改正或者有多次不文明行为的，《条例》规定可以从重处罚，加大处罚的力度。

问题 2：有哪些惩戒手段和保障措施？

答：《条例》提出，"有关行政执法部门应当加强对不文明行为的日常检查，及时发现、劝阻、制止、查处不文明行为，并按照有关规定向本市公共信用信息平台归集执法信息""完善信息共享、案件移送、证据互认机制，对严重不文明行为开展联合惩戒"。

针对不文明行为面广量大而执法资源有限的难题，《条例》明确了物业、保安、环卫等行业和服务企业，以及其他单位和个人劝阻、制止不文明行为的权利义务，这就是发动社会力量来一起治理。

问题3：用立法来提倡文明行为的意义是什么？

答：一般认为，法律是用强制力预防和惩处违法犯罪行为，底线标准不能用于评判和约束道德。然而，如今某些个人行为的后果难以预测，需要法律对可能产生危害的行为进行规制。比如说，"吃野味"作为不少国家和地区的风俗，可能带来公共卫生安全风险，但可能不触犯当地约束性法律。那么作为文明行为的倡导立法，就能有前瞻性地防范和避免这种制度真空的尴尬和危险，因而具有积极意义。

陈规陋习不是一天形成的，也不可能一蹴而就地解决。需要构建现代治理体系，包括法律倡导和约束、行政执法、社会共治甚至经济激励等。法律以其权威性能起到引领作用，同时其他手段也可以用法律形式固定下来。

问题4：市民应该如何看待这部法规？

答：社会文明是现代文明的重要组成部分。对于社会中存在的一些不文明现象、一些人实施的不文明行为，大部分人都很反感。但社会文明又是件很模糊的事情，很难判断哪些行为文明，哪些不文明。《条例》的出台，初步确立了判定社会文明行为的基本尺度。它不仅给市民提出了"最底线"的行为要求，就是不能做六大领域29项不文明的行为，同时也明确了一些鼓励和倡导的行为，如实行分餐制、使用公筷公勺、咳嗽时遮掩口鼻、见义勇为、义务献血、拾金不昧等。

《条例》规定，任何单位和个人看见不文明行为，都可以劝阻、可以举报，还可以拍照、录音录像，提供给执法机关作为执法的参考。

《条例》规定，对见义勇为、志愿服务、慈善公益等文明行为信息进行记录,这里有个"等"字,意味着做了文明的事、劝阻或者是制止不文明行为,都值得纳入文明行为记录中,并可以据此在公共福利、公共服务等方面享有相应的礼遇或优待。

材料 3

《北京市文明行为促进条例》(以下简称《条例》)正式施行至今已半年多。记者从有关部门了解到,几个月来,北京市通过多形式、多渠道、多媒介刊播公益广告和宣传图画等,让《条例》遍布大街小巷,走进千家万户。通过开展《条例》宣讲,组织专家学者到各基层单位进行解读阐释,帮助党员领导干部系统深入掌握《条例》内容。

围绕《条例》中"不文明行为治理"条款,各相关单位针对群众关切的疫情防控、垃圾分类、交通陋习、不文明游园、制造噪音等突出问题启动了专项治理,取得明显成效。如,市公安交管局针对早晚高峰时段存在的机动车乱插队、乱鸣笛、乱停靠等不文明行为,开展"点穴式"精准执法。2020 年 6 月份以来,先后多次约谈部分快递企业、行业协会和外卖企业负责人,将 9584 起外卖电动车违法信息分别转递相关企业,督办落实内部处理措施。市城管执法局以"门前三包"为切入点,列出《城管执法部门文明行为重点执法事项清单》,共查处不文明行为 3070 起。市园林绿化局与首都文明办、市文化和旅游局等单位联合印发《北京市文明游园整治行动实施方案》,在全市公园联合开展不文明游园专项整治行动。市公园管理中心将天坛公园作为治理不文明旅游行为先行试点,全面开展噪音扰民、文保区域放风筝、占道锻炼等专项治理。

据了解,今后北京市将重点围绕环境卫生、垃圾分类、交通陋习等着力开展不文明行为专项治理,持续解决重点领域存在的突出问题。同时,围绕《条例》的施行,正在就公共文明引导员管理、文明行为记录、互联网文明行为规范、道德典型礼遇、文明行为白皮书发布等相关配套制度机制的研究制定,抓紧开展前期调研,为《条例》的贯彻落实提供制度保障。各区也将《条例》的宣传贯彻落实与文明城区创建、文明实践活动等相结合,进一步提升市民文明素质和社会文明程度。

材料4

2020年,A省计划在全省推广餐饮分餐制,使用公筷公勺。该省B市于4月初制定并实施了《餐饮分餐公筷公勺分餐夹使用规范》,并拟将其作为全省地方标准予以发布。值得注意的是,《规范》极为细致,操作性很强:"公筷外形尺寸应当明显区别于其他备用筷,其长度比普通筷子长3—4厘米,便于取食,避免混用;在公筷公勺上宜印制'公筷(勺)'的标识或提示语;公筷公勺和私筷私勺之间宜通过造型、质料和色彩来区分;公筷公勺宜为红色或白色,明显区别于其他备用筷。"在推广和使用中,B市还明确,餐饮经营者应提供公筷、公勺和分餐夹,消费者应"积极配合""自觉使用"。

据B市有关单位负责人介绍,这一政策是分类分步实施推进,从大、中型餐馆入手,逐步向集体聚餐场所、小型餐馆拓展延伸。市文明办、市场监管局、商务局持续加大对各餐饮单位落实公筷公勺分餐夹情况检查指导力度,不按要求设置摆放的要立即整改。据统计,实施首月,公筷公勺在全市3600余家大、中型餐饮服务单位推广实施，成为城市用餐的新风尚。

近期，这股刚刮起来的"餐饮新风尚"出现了消退的迹象。记者走访B市多家餐饮企业发现，部分店家曾经悬挂、张贴或摆放的提示牌或提示桌卡已经"黯然褪色"，甚至不知所踪。在一些餐企，公筷公勺、分餐制处于"不反对""不提醒""不敢说"的随意状态。如果消费者不提出使用公筷公勺，餐厅不闻不问。

一家餐馆经营者介绍说："开始，我们会特意在餐桌上多摆放一双公筷，虽然没有烫金字'公筷'但这双筷子会比普通筷子长出一段来，客人也很容易区分。但最近一段时间，我们发现大部分的公筷用着用着就不知去向了。出于成本的考虑，我们就不再购买新的公筷，只在摆桌子的时候另外多放一双普通的筷子，但顾客的使用率不是很高。"

26岁的王来在B市一家国企工作，周末经常会约着朋友聚餐。"我喜欢大排档的氛围，夏天和朋友在一起吃小龙虾、喝啤酒，轻松又解压，这时谁还记得用什么公筷公勺啊，要是那么讲究，氛围就被破坏了。"

有关人士分析指出，推广"分餐夹""公筷公勺""分餐制"等餐饮新风，立法仅仅是第一步。"公筷公勺"政策的落实，要打通"最后一公里"，还面临着诸多困难，需要"市场"与"公益"的多方加持。

【练习题】

1. 根据给定材料，概括当前政府为提升人们文明行为水平所采取的具体措施。要求：准确全面，语言简练，字数不超过300字。

2. 根据材料4，针对B市在实施《规范》中出现的问题，就A省推广使用公筷公勺提出对策建议。要求：建议合理可行，针对性强，条理清晰，语言简练，不超过400字。

3. 结合给定材料，以"文明的养成，重在_____"为题，题中画线部分自拟，自选角度，写一篇文章。要求：联系实际，观点鲜明、正确，分析深入、合理，语言流畅，字数控制在800—1000字。

图书在版编目(CIP)数据

公共政策学 / 姜国兵编著. — 北京：商务印书馆，2023
ISBN 978-7-100-22023-1

Ⅰ.①公… Ⅱ.①姜… Ⅲ.①公共政策—高等学校—教材 Ⅳ.①D035-01

中国国家版本馆CIP数据核字（2023）第030918号

权利保留，侵权必究。

公共政策学
姜国兵　编著

商　务　印　书　馆　出　版
（北京王府井大街36号　邮政编码 100710）
商　务　印　书　馆　发　行
南京新世纪联盟印务有限公司印刷
ISBN 978-7-100-22023-1

2023年3月第1版　　开本 880×1240　1/32
2023年3月第1次印刷　印张 10¾

定价：59.00元